D1101244

Openbare ~~bibliotheek~~
SPD
Spaarndammerstraat 490
1013 SZ Amsterdam
Tel.: 020 - 682.70.26
Fax: 020 - 681.63.43

afgeschreven

Grenzeloos

Kim Moelands

the house of books

Oorspronkelijke titel
Grenzeloos
Uitgave
Copyright © 2012 by Kim Moelands
Copyright voor het Nederlandse taalgebied ©2012 by The House of Books,
Vianen / Antwerpen

Omslagontwerp
Marion Rosendahl
Omslagfoto
Wim van de Hulst
Visagie
Ronald Huisinga
Kleding Kim
Aukje Styling, Vleuten
Trouwfoto's
© Stefan Heijdendael
Opmaak binnenwerk
ZetSpiegel, Best

ISBN 978 90 443 3276 6
D/2012/8899/38
NUR 320

www.kimmoelands.nl
www.thehouseofbooks.com

All rights reserved
Niets uit deze uitgave mag worden verveelvoudigd en / of openbaar gemaakt door middel van
druk, fotokopie, microfilm, of op welke andere wijze ook, zonder voorafgaande schriftelijke
toestemming van de uitgever.

Voor de bijzondere vrouw die mij het cadeau van het leven schonk en zonder wie ik dit boek nooit had kunnen schrijven. In eeuwige dankbaarheid.

*En voor jou, Jan, mijn man, mijn alles. **ALS IK JOU NIET HAD,** dan was ik nergens. We hebben samen heel wat noten moeten kraken, maar **THE BEAT GOES ON!***

Als je niet kunt wat je wilt, moet je willen wat je kunt
Willem Duys

Proloog

Ik sta aan de rand van een ravijn en kijk achterom. Achter me een ga-pend gat. Hoe ben ik in godsnaam aan deze kant gekomen? Er ligt geen brug, er is geen kabelbaan te bekennen. Ik peins en ik peins, maar in mijn hoofd blijft het leeg. Hiaat confisqueert herinnering. Diep van-binnen voel ik dat ik hulp heb gekregen. Mijn raadselachtige overtocht werd geleid door een anonieme gids. Ik weet dat het een vrouw is en dat ik haar nooit zal kennen. Toch zal ze vanaf nu de basis zijn van elke stap die ik zet. Als een schaduw onlosmakelijk met me verbonden. Ze droeg me op mijn donkerste dag naar het licht aan de overkant. En nu sta ik hier. Alleen. Maar met haar sporen stevig in mij verankerd.

Ik neem het gebied aan de overkant in me op. Daar waar ik vandaan kom is het grotendeels dor, maar her en der staan wat prachtige bloe-men die de barre omstandigheden hebben overleefd. Ik kijk naar mijn hand. Ik hou een bosje bloemen vast. Ze lijken verdacht veel op de bloemen aan de overzijde. Lange, groene, stelen met donzige haartjes. Helder gekleurde blaadjes, ragfijn en teer. Een zachte, zoete geur. Ik snuif hem op. Dieper en dieper. Er zit geen rem op mijn ademtocht. Lucht, lucht, heerlijke lucht kietelt mijn longen. Ik steek mijn neus diep in een van de bloemen en kom tot de kern. Een hart vol zaadjes die een mooie oogst voor de toekomst moet opleveren. Geen plek meer voor de troosteloosheid die nu achter me lijkt te liggen.

Het is tijd om verder te gaan. Ik doe mijn schoenen uit. Vaste grond wil ik voelen onder mijn voeten. Pure aarde tegen mijn huid. Zo kan ik beter aftasten waar ik stabiel kan staan.

Ik ben overdonderd door het landschap dat voor me opdoemt. Talloze onbetreden paden die leiden naar onbekende vertes. Welke route moet ik kiezen? Welk pad brengt me naar het mooiste eindpunt? Nergens bordjes met aanwijzingen. Moet ik links, rechts of toch rechtdoor? Besluiteloos blijf ik staan. Ik zet aarzelend een stap vooruit. Dan weer twee stappen terug. Als de wanhoop me bijna in zijn greep heeft, snap ik ineens hoe het zit. Het maakt niet uit welke route ik kies. Als het eindpunt me niet bevalt, kan ik gewoon weer teruglopen en een ander pad kiezen. Het is niet erg als ik af en toe moet zoeken of de weg kwijt ben. Alles ligt weer open, een deadline is er niet. Ik gooi mijn schoenen over mijn schouder en zet een grote stap vooruit. Ik wankel nog een beetje. Nog een stap, iets zekerder dit keer. Mijn reis is begonnen. Ballast afgeworpen. Mijn enige bagage een bosje bloemen, mijn innerlijk kompas en haar cadeau. Ik leef. Ik begin te zingen.

Aarzelend op weg in het donker, door de dagen naar het licht
Dan de seconde waarin alles anders is
Het brengt me naar een nieuw begin
En plotseling terwijl de regen valt, voel ik de zon op mijn gezicht

En ik leef
Ik leef zolang ik jou maar niet vergeet
De wereld schittert in een ander licht
Ik voel de zon op mijn gezicht
Zolang ik jou maar niet vergeet

De deur achter me dicht
Ik draai me om
Ik zie dat alles open ligt

IK LEEF!!!
(Vrij gezongen naar: 'Ik Leef' – Van Dik Hout)

Wat voorafging

Ik heb mijn lieve schat in mijn armen. Voor de laatste keer. Zijn hartslag vertraagt, evenals zijn ademhaling. Ik voel hem wegglijden, steeds verder van mij vandaan. De tijd staat stil, de wereld is gestopt met draaien. Alles draait om hem en mij, onze liefde. Ik heb het gevoel dat ik boven een ravijn hang. Krampachtig hou ik me vast aan de rotsen, aan hem. Ik wil niet vallen, ik zal de klap niet overleven. Hij redt me altijd, zorgt dat ik veilig ben. Wie moet dat nu doen? Maar hij drijft verder weg en ik raak mijn houvast kwijt. Zijn hart tikt nog maar twintig slagen per minuut. De realiteit slaat in als een bom. Ron ligt gewoon keihard dood te gaan. Dan een laatste hartslag, een laatste zucht en hij is echt weg. Foetsie. En ik val. Dieper en dieper dat zwarte gat in. Ik weet niet wanneer de klap komt, maar ik hoop dat-ie me doodmaakt. Hoe moet ik verder in mijn eentje zonder hem? Ik wil het niet, ik kan het niet. Het reddingsteam dat mij uit dit gat moet halen zal van goeden huize moeten komen. Vooralsnog blijf ik voor dood liggen. Laat me maar, ik ben kapot. Mijn hart is gebroken in duizend stukjes, lijmen lijkt me een onmogelijke opgave. Dat was het dan. Tien jaar lief en leed, plezier, goede gesprekken. Een decennium totaal geluk. Hij was mijn thuis. Nu ben ik dakloos.

Juni 2008. Ron is nu ruim drie jaar dood. Ik ben gewend aan het alleen zijn, het grote lege bed, het gemis van zijn heerlijke lach en de veiligheid van zijn armen om me heen. Het verdriet is er nog steeds, maar de scherpte is wat afgesleten door het vele gebruik. Verdriet als een bot mes dat langer blijft hangen op taaie stukken. Het is een pijnlijk en langdurig proces dat me soms dagen opslokt. Ik ga erdoorheen, ik moet wel. Wegrennen heeft geen zin. Die les heb ik inmiddels wel geleerd. Laag voor laag snijd ik mijn droefheid weg in een poging de onverteerbare stukken kwijt te raken. Soms denk ik dat het einde in zicht is, maar dan stuit ik toch weer op een diep verborgen fractie van het geheel dat zich naar de oppervlakte heeft weten te duwen. Dan sta ik ineens te huilen op straat omdat er een hardloper langs me stuift die hetzelfde loopje heeft als Ron, of knal ik bij een stoplicht bijna tegen de auto voor me aan omdat de chauffeur hetzelfde blonde haar heeft als hij. Maar dat zijn incidenten die me overvallen, even gijzelen en me dan zonder kleerscheuren of blijvend letsel weer laten gaan.

Het leven zonder Ron is tegen al mijn verwachtingen in leefbaar geworden. Ik heb geleerd ook zonder hem te genieten van het leven en Balou heeft me geleerd van mijn huis weer een thuis te maken. Haar keiharde gesnurk vult de stille ruimte, haar vrolijke gekwispel werkt positief op mijn humeur. Haar rol als praatpaal draagt ze moedig; slechts wat verveeld gegeeuw als mijn monologen te lang duren, of niet over eten of andere hondse zaken gaan.

De eerste versie van mijn debuut *Ademloos* is ingeleverd bij mijn uitgever. De cover wordt ontworpen en de auteursfoto is gemaakt. Het schrijven heeft me veel energie gekost. Ik heb al mijn gevoel in het boek gelegd en dat heeft me uitgeput. Twee keer heb ik mezelf letterlijk ziek geschreven en was een ziekenhuisopname onvermijdelijk om de ontsteking in mijn longen te beteugelen. Het herstelvermogen dat ik vroeger had is verdwenen en ik heb steeds meer chemicaliën nodig om te overleven.

Als ik er echt even niet meer uitkom, sta ik mezelf een bezoekje aan medium Yvonne Belle toe. Ik heb nog steeds gesprekjes met Ron via haar, maar niet te vaak. Ik ben beducht voor verslaving en ben van mening dat het 'gezond' is om zo veel mogelijk op eigen benen te staan. Ook Verena, de maatschappelijk werkster van het ziekenhuis, is nog steeds een grote steun. Zij weet me als geen ander op mijn plek te zetten. Ik hou van haar recht voor z'n raap-communicatie en haar grote psychische inzicht in mijn warrige geest. Ze legt loopplanken over mijn valkuilen en laat me eerlijk naar mezelf kijken. En zo kom ik stap voor stap vooruit op mijn ontdekkingstocht naar mezelf.

Groot hart

Ik staar naar het beeldscherm van mijn laptop. Letters dansen voor mijn ogen in een waas van tranen.

Ademloos
Dring je tot me door
En eigenlijk hou je me al dagen bezig
Mag ik adem aan je geven
Lucht om van te leven
Onbeperkt en ongestoord
Ontroer je me tot diepste tranen
Spontane lach, oneindig mooi.

Poeh, komt dat even binnen. Vooral dat adem aan je geven, lucht om van te leven raakt me tot in mijn kern. Want lucht is waarnaar ik verlang nu het ademen steeds moeilijker gaat. Ik ben benieuwd naar de persoon achter deze mooie woorden. Het enige wat ik van hem weet is dat hij Jan heet, een collega is van een vriendin en dat hij het manuscript van *Ademloos* heeft gelezen. Blijkbaar heb ik hem net zo geraakt als hij mij. Hoewel ik iemand ben die mensen graag in de ogen kijkt om te weten of het klikt, is er toch iets aan deze man wat me nieuwsgierig maakt. Ik ga er eens goed voor zitten en mail hem terug.

Ik loop nerveus door de kamer. Balou kijkt me geïrriteerd aan. Hoe haal ik het in mijn hoofd om haar te storen tijdens haar middagdutje. Ze geeuwt luidruchtig mijn kant op. Als ik bij haar ga zitten draait ze op haar rug zodat ik haar buik kan aaien. 'Baasje is een beetje zenuwachtig, Lou. Jan komt vanavond eten.' Ze reageert niet, ze kent geen Jan en het klinkt niet eetbaar. Ze trappelt met haar poten in de lucht om aan te geven dat ik door moet gaan met aaien. Afwezig krabbel ik achter haar oor. Wat moet ik aan? Wat ga ik koken? Ik lijk wel een verliefde puber, maar ik heb de man nog nooit gezien. Het is gewoon gezonde spanning omdat ik voor het eerst weer een man te eten krijg. Ron staart me aan uit een lijstje aan de wand. 'Wat vind jij er nou van?' zeg ik tegen zijn portret. Ik zou zweren dat ik hem hoor gniffelen. Waarom heb ik überhaupt ingestemd met een ontmoeting? Het is vragen naar de bekende weg. Ik heb de afgelopen weken eindeloos met Jan heen en weer gemaild. Hij is net zo'n muziekfreak als ik, houdt erg van lezen, kan niet tegen onrecht, is een echte levensgenieter, sociaal dier, zeer maatschappijbewust en bovenal is hij een van de weinigen die niet schrikt van mijn brute grappen, sterker nog, hij weet ze af en toe zelfs te toppen. En daarom mag hij dus komen eten.

De bel gaat. Ik zat erop te wachten maar schrik toch nog. 'Zit mijn haar goed, Lou?' Ik moet het doen met een diepe zucht als antwoord. 'Doe nou maar open, baas,' kwispelt ze. Balou is gek op bezoek. Ik open de deur naar de gang en Balou schiet langs me heen. Ze kijkt verheugd naar de grote schim die voor de deur staat. Ze houdt van mannen en hoe groter ze zijn, hoe beter. Ik haal nog een keer diep adem en open dan de deur. Daar staat hij. Ik kijk in zijn ogen en *bam*. Daar zijn ze. De ogen waarnaar ik op zoek was, waar ik me bij thuis voel. Ze zijn groen met een bruin randje. Ik vind ze mooi. Ze stralen, hebben de goede vibe. Duizend en een gedachten gaan als een wervelstorm door mijn hoofd. Geloof ik in liefde op het eerste gezicht?

'Hoi, ik ben Jan,' haalt hij me uit mijn overpeinzing.

'En ik ben Kim,' antwoord ik. We geven elkaar drie brave zoenen op de wang en ik stap opzij om hem binnen te laten. Balou staat ongeduldig te kwispelen tot zij hem mag begroeten. Ik zie aan haar snoet dat hij ook bij haar in de smaak valt. Jan steekt me een prachtige bos zonnebloemen toe en het tijdschrift Jan. 'Jij hebt straks een boek, maar ik heb mijn eigen tijdschrift,' verduidelijkt hij. Ik moet lachen. Terwijl ik de bloemen in het water zet, neemt Balou de rol van gastvrouw op zich. Ze gaat naast hem op de bank zitten, kijkt hem diep in de ogen en steekt haar pootje uit alsof ze zich officieel voor wil stellen. Als Jan haar aait en zacht toespreekt laat ze zich met een diepe, tevreden zucht tegen hem aan vallen. Koppie tegen zijn been alsof het nooit anders is geweest. En dat is precies het gevoel dat ik ook heb. Alsof het de normaalste zaak van de wereld is dat Jan op de bank zit op de plek die ooit van Ron was. Hoe kan dat?

Ik doe de deur dicht. Ga ertegenaan staan, mijn armen gekruist op mijn rug. Het is drie uur 's nachts en Jan is net weg. Bij vertrek gaf hij me twee nette kussen op mijn wang en een voorzichtige op mijn mond. Mijn lippen tintelen nog na. Moeiteloos, dat is hoe het was. Ik heb voor hem gekookt en het eten viel in de smaak. Het feit dat mijn bloesje nog even wit is als vanmiddag zegt ook genoeg. Als ik nerveus ben, word ik altijd ontzettend klunzig en knoei ik alles onder. Geen spatje dit keer. Ik moet me dus wel heel erg op mijn gemak hebben gevoeld. Ook Balou lijkt onder de indruk. Met een dromerige blik ligt ze in haar mand voor zich uit te staren. 'Hij is leuk hè, Lou?' Ze kijkt me aan en zucht eens diep. Ik ga bij haar zitten en streel afwezig over haar kop. *Pling*. Sms'je. Van Jan.

Wat ben jij een prachtvrouw. Ik vond het heel gezellig. Snel weer afspreken? X J

Ik sms terug: *Lieve Jan, ik vond het ook heel gezellig. Snel weer! X Kim*

'Hij wil weer afspreken, Ron,' zeg ik tegen de foto aan de wand. 'Ik vind hem leuk.' Op het luidruchtige gesnurk van Balou na blijft het stil in de kamer. Ik ruim de vaatwasser in, ga naar bed en lig wakker. Pas als Balou de slaapkamer binnen trippelt en languit naast me op bed gaat liggen, begint de slaap het te winnen van mijn gepieker. Ik kruip tegen haar aan, sla mijn arm om haar heen. 'Nog even lepeltjelepeltje met jou, Lou.'

Ik heb verkering met Jan. Dikke verkering. We zijn stapelgek op elkaar. We zitten in de auto. Grote grijns op mijn gezicht. Jan heeft een verrassingstripje geregeld. Ik ben gek op verrassingen en hoop op een bestemming in Frankrijk. Ik kijk naar links, naar Jan. Stoere zonnebril op zijn kop, een hand ontspannen op het stuur, tevreden glimlach om zijn mond. Zijn armspieren duidelijk zichtbaar. Ik hou van zijn armen. Vind ze mooi. Als hij ze om me heen slaat en ik er zo heerlijk in verdwijn, dan kom ik helemaal tot rust. Dan lijkt alle ellende en vermoeidheid van de afgelopen jaren van me af te vallen. Verstandelijk snap ik het nog niet. Hoe kan het dat Ron misschien toch niet de enige prins op het witte paard was? Kan een mens meerdere prinsen hebben? Ik dacht altijd van niet, maar soms maken de omstandigheden dat je een overtuiging moet aanpassen. Wat me ook verbaast is het feit dat ik Jan niet vergelijk met Ron. Ron is Ron en Jan is Jan. Ik hou van allebei, oprecht en diep. Hoewel ik me eerst schuldig voelde, begin ik nu te zien hoe mooi het is dat mijn hart groot genoeg is om van meerdere mensen te houden, zonder een van hen tekort te doen.

We rijden de Belgische grens over. Al snel staat het plaatsje De Panne op de borden langs de weg. Een gevoel van nostalgie overvalt me. Ik denk terug aan de vakantie die ik daar ooit met papa, mama en zus had:

Ik ben acht jaar en voel me al een heel grote meid. Ik heb een beetje buikpijn van de spanning. We gaan op vakantie naar België, naar het kustplaatsje De Panne. Ik vind het zo leuk en spannend! Mijn eerste keer naar het buitenland. Zo stoer! Omdat ik ziek ben durven papa en mama niet zo goed op vakantie naar verre landen. Ik snap het wel, maar vind het ook jammer. Na de schoolvakantie ben ik de enige zonder verhalen over Spanje, Frankrijk en Italië. Maar dit jaar zal het anders zijn. Dit jaar kan ik vertellen over België! O, papa roept dat de wagen volgeladen is. Joepie, we gaan! Ik dender de trap af en krijg een hoestbui. Ik probeer hem zo veel mogelijk in te houden. Straks bedenken papa en mama zich alsnog en durven ze toch niet met me naar het buitenland.

België is fantastisch! Ik zit op mijn knieën in het zand en ben druk in de weer met emmer en schep. Ik bouw een kasteel met slotgracht eromheen. Nu moet er nog water in. Ik vraag papa om even op mijn kasteel te passen terwijl ik een emmertje water haal. Ik wacht zijn antwoord niet eens af en ren op blote voeten naar de zee. Mijn emmertje slingert wild aan het hengsel. Ik gil zachtjes als het koude zeewater over mijn voeten spoelt. Ik durf niet te ver het water in. Bang dat ik op een vis, kwal of krab stap. Ik wacht tot er een golf aankomt en vul mijn emmertje. Rustig loop ik terug. Ik wil geen water verspillen. Het emmertje is best zwaar. Ik hijg en begin te hoesten. Ik moet het emmertje even neerzetten. Ik ga erbij zitten tot mijn hoestbui voorbij is. Papa kijkt me op afstand bezorgd aan. Om te bewijzen dat alles oké is, sta ik weer op en hervat mijn tocht. Naar adem snakkend bereik ik mijn kasteel.

Geconcentreerd laat ik mijn gracht vollopen met water. Teleurgesteld bekijk ik het resultaat. Het zand slurpt het water bijna volledig op. Dat was niet de bedoeling. Papa denkt dat ik nog veel emmertjes water moet halen voordat het water in de gracht blijft staan. Opgeven is nooit mijn sterkste punt geweest. Als ik iets in mijn kop heb... Vele emmertjes later ben ik tevreden. Mama en mijn kleine zusje komen mijn kunstwerk ook bekijken. Ik ben apetrots.

Daarna rijden we met de auto naar het centrum. Tijd voor een ijsje om af te koelen! Zonder te knoeien werken we de heerlijkheid naar binnen. Ik geniet van het krakende geluid van de spikkels tussen mijn tanden en de zoete smaak die zich in mijn mond verspreidt. Die plakkerige lippen neem ik op de koop toe. Als we het gesjok van winkel in winkel uit zat zijn, rijden we nog even naar de grens met Frankrijk.

Samen met papa ga ik het strand op. Hij vertelt me dat we op het punt waar we nu staan in België zijn, maar dat een paar meter verderop de grens met Frankrijk ligt. Ik ben verbaasd. Nog niet eerder heb ik zo concreet kennisgemaakt met een grens. Ik ben zwaar onder de indruk. Tot nu toe waren landen voor mij niet meer dan een gekleurde kaart in de Bosatlas. Dat al die kaarten staan voor echte huizen, met echte mensen, voor de zandkorrels waar ik nu bovenop sta, is bijna niet te bevatten.

Ik wil naar Frankrijk en trek papa mee naar de plek verderop. Hij trekt een streep in het zand en zegt dat ik in Frankrijk ben als ik eroverheen ben gestapt. Met een grote sprong spring ik over de grens en land op Franse zandkorrels. Ze voelen anders dan de Belgische. Ik weet het zeker. Jippie, ik ben in Frankrijk! Ik voel me er gelijk thuis. Ik laat het Franse zand door mijn vingers gaan. Vind een krabje en een schelp. Ik neem ze allebei mee om ze aan mama en Juul te laten zien die verderop staan.

Ik hou de schelp tegen mijn oor. Hij klinkt als een Frans chanson. Als we teruglopen naar de auto weet ik zeker dat ik ooit weer terugkom in Frankrijk.

Als we inderdaad de Franse grens passeren, kijk ik Jan dolgelukkig aan. 'Je had me geen groter plezier kunnen doen!' Ik geef een dikke zoen op zijn hand en doe het raampje open. Ik wil de Franse lucht opsnuiven. Die heerlijke, zoetige haardgeur die als een deken over het land hangt. Mijn ogen slurpen gulzig het landschap op. Weidse landerijen, glooiende heuvels, riviertjes. Ik ben benieuwd waar de reis zal eindigen. De tomtom verraadt nog niets, laat me alleen weten dat we nog een uurtje moeten rijden.

'Oké, even je ogen dichtdoen, want ik moet nu de eindbestemming instellen.' Braaf sluit ik mijn ogen, koekeloer zelfs niet stiekem door mijn wimpers.

'Ja, doe maar weer open.' De grijns op Jans gezicht wordt steeds groter naarmate tomtom minder reistijd aangeeft. 'Nu goed opletten,' zegt hij ineens. We rijden op een tweebaansweg met veel bochten. Ik volg de route met mijn ogen. Nog een bocht.

Ik slaak een kreet. Voor me het mooiste uitzicht dat ik ooit gezien heb. Prachtige witte krijtrotsen aan de kustlijn, die als wijze oude mannen neerkijken op een blauwer dan blauwe zee. Diamantjes van zonlicht op het water. Jan parkeert de auto en ik spring naar buiten. Wind in mijn haren, zon op mijn gezicht. Ruisende golven. De wind blaast het geluid met een krachtige zucht naar de kust, kleine zoute spettertjes op mijn wangen achterlatend. Jan komt naast me staan. Ik spring in zijn armen. 'O, wat mooi.'

'Dit moest ik je laten zien,' fluistert hij in mijn oor. We zoenen en maken een foto van ons tweetjes met het schitterende panorama op de achtergrond. Daarna draai ik me weer om. Ik denk dat ik hier de rest van mijn leven blijf staan. Alleen maar kijken en genieten. Jan naast me, Ron boven me. Puur geluk.

'Kom, ik ga je naar onze eindbestemming brengen.' Jan pakt mijn hand en trekt me mee naar de auto. Met moeite ruk ik me los van het dromerige uitzicht. Voor mij is de vakantie nu al geslaagd. We rijden verder. Ik zit met mijn neus tegen het raam geplakt om maar niks te missen. Ik vergaap me aan de prachtige, schilderachtige huizen met gekleurde steentjes, torentjes en andere bouwkundige details. 'Kijk, schat.' Jan wijst naar rechts. Mijn ogen volgen zijn hand. Aan de rechterkant rijst een prachtig kasteel op. We rijden erlangs. Een kilometer verder remt Jan ineens af. Hij keert de auto. Terug richting kasteel.

'Zullen we het even van dichtbij gaan bekijken?' stelt Jan voor. Ik knik gretig. We rijden de oprijlaan op. Het grind kraakt onder de banden Jan stopt de auto voor de ingang, kijkt me aan en zegt: 'Zo prinses, we zijn er.' Ik kijk hem niet-begrijpend aan. 'De prins heeft een kamer voor zijn prinses geboekt in dit kasteel,' zegt hij grinnikend. 'Niet waar!' roep ik uit. 'Ja, wel waar,' is het antwoord. Ik kan het nog steeds niet geloven. Het is zo mooi en sprookjesachtig. Aarzelend stap ik uit.

Ik denk terug aan een paar maanden geleden toen ik bij medium Yvonne Belle was en wanhopig uitriep: 'Wanneer krijg ik nou eens echt rust!' 'In een kasteel,' was het korte en bondige antwoord. Jan kende ik toen nog niet eens. Zal wel, dacht ik toen. In een kasteel. Natuurlijk. Waarom heb ik daar zelf niet eerder aan gedacht. Maar zoals al vaker, lijkt ze toch weer gelijk te krijgen en moet ik mijn schampere reactie nuanceren.

Jan pakt mijn hand en we lopen naar de receptie waar we door een alleraardigste Française worden begroet. Gewapend met kamersleutel en beveiligingscode, rijden we even later naar de achterkant van het kasteel. Tussen de klimop zit een trapje en een deur met cijferslot. We toetsen de code in en gaan naar binnen. Onze kamer ligt op de eerste verdieping, want rez-de-chaussee was al bezet. Jan loopt voorop met onze bagage alsof het niks is en ik sjok er hijgend en puffend achteraan. Mijn longfunctie heeft de laatste tijd meerdere deukjes opgelopen en ik krijg steeds meer moeite met fysieke inspanning. Als ik eindelijk boven ben aanbeland, moet ik eerst even uitrusten voordat ik verder kan. Ik steek mijn armen in de lucht en vouw mijn handen achter mijn hoofd in een poging zo veel mogelijk lucht binnen te krijgen. Jan laat me rustig bijkomen voordat hij de kamerdeur openmaakt. 'We gaan samen naar binnen.' Ik kijk hem dankbaar aan.

Hij draait de sleutel om en zwaait de deur open. Voor ons een lange hal, warme kleuren op de wanden. Rechts een deur naar het toilet en iets verder een deur naar de badkamer met een douche en bad op pootjes. Geweldig! We lopen door naar de slaapkamer. Sfeervol ingericht vertrek met een oude, houten vloer, vrolijke lampjes, geruite gordijnen en een dressoir met koffiezetapparaat en waterkoker. Wanden in een warmgele tint behangen, donker plafond met prachtig houtsnijwerk. Het tweepersoonsbed ziet er zalig uit. Ik laat me erop ploffen en beweeg wat heen en weer. De stevige matras voelt aangenaam in mijn rug. Inmiddels heb ik ook de elektrische bodem ontdekt. Ik druk op de knopjes van de afstandsbediening en laat het bed omhoog en omlaag gaan. Jan kijkt me lachend aan en laat zich naast me op bed vallen. 'En hoe bevalt het mijn prinsesje in haar kasteel?' Ik kijk hem diep in zijn ogen, schenk hem mijn mooiste lach en *seal it with a kiss*.

Ik word wakker. Als vanzelf valt mijn oog op de houten vloer. Ik krijg kippenvel. Het kan niet waar zijn wat ik zie. Ik moet haast wel dromen. Ik maak Jan wakker. Ook hij kan zijn ogen niet geloven. Voor ons op de vloer een enorm hart van zonlicht. Kippenvel staat ook op Jans armen. We kijken elkaar aan. Zien we dit goed? Hoe kan dit? Ik check de luiken, maar daar is geen uitsnede van een hart in te ontdekken.

Ook de gordijnen laten geen hartvorm door. We zijn allebei beduusd en ontroerd door dit wondertje. Het voelt als een goedkeuring van de zon, van Ron. Jan en ik mogen samen zijn, ongedwongen, stralend. Een weergave van onze liefde, besloten in een hart van licht en warmte. We kijken elkaar aan. Het is goed. Dit is een teken van hogerhand. Dat kan niet anders. Hoe moet je dit onverklaarbare fenomeen anders uitleggen?

Ik kus Jan en we vrijen gepassioneerd en intens, elkaar koesterend, terwijl het hart langzaam vervaagt. Als geluk in een moment is te vatten, dan heb ik het nu te pakken. Ik wil het vasthouden, nooit meer loslaten, vereeuwigen als het hart van zonlicht op die oude houten vloer dat mijn netvlies nooit meer zal verlaten. Ik kijk naar Jan en zie dat hij hetzelfde voelt als ik. Ik duik weg in zijn armen, laat me opslokken. Ik voel zijn hart, kloppend tegen het mijne. Ik kan zo uren blijven liggen,

Een klop op de deur onderbreekt mijn gemijmer. Het ontbijt staat voor de deur. Ik voel me net Roodkapje als ik het rieten mandje met typisch Frans ontbijt de kamer binnensleep. Stokbrood met jam, croissantjes, koffie en thee. Jan valt aan als de grote boze wolf en zet zijn tanden gretig in het knapperige stokbrood. Ik haal de paté en de Franse smeerkaas uit de koelkast die we gisteren kochten voor het hartige effect. *La vache qui rit* lacht me vrolijk toe als ik mijn stokbrood ermee besmeer. Ik nip genietend van mijn koffie die net een tikje te sterk is om mijn slaperige roes in stand te houden.

Ik ben nog nooit in het deel van Frankrijk geweest waar Jan me mee naartoe heeft genomen. Ik wil zo veel mogelijk van de omgeving zien. Met de auto toeren we langs leuke dorpjes en mooie natuurgebieden. Het kustplaatsje waar we nu zijn aanbeland wil ik te voet verkennen. We parkeren de auto en stappen uit. Verlangend kijk ik naar de krijtrots voor me. Hoe zou het uitzicht daarboven zijn? Maar één manier om daarachter te komen

'Kom Jan, ik wil naar boven!' Sputterdesputter, mompeldemompel. Jan is duidelijk minder enthousiast.

'Ik kan het van hieruit ook prima zien, hoor.'

'Watje,' kan ik niet nalaten te zeggen. 'Wat jij doet moet je zelf weten, maar ik ga die berg op.' Kordaat ga ik op pad. Kijk schalks achterom en wat ik hoopte gebeurt: Jan volgt. Al na een paar stappen kom ik in ademnood. Poeh, dat valt tegen. Nu merk ik pas hoe erg mijn conditie en longfunctie achteruit zijn gegaan, ondanks mijn wandelingen met Balou. Maar het is mijn eer te na om op te geven. Ik zál naar boven om het uitzicht te zien. Ik stap dapper door. Ik voel dat mijn hoofd steeds roder wordt en mijn gehijg en gepuf steeds zwaarder. Een bonkende koppijn doemt op. Beetje zuurstofgebrek vrees ik.

Jan kijkt me bezorgd aan. 'Gaat het?' Ik knik, niet in staat om te praten. Heb al mijn lucht nodig voor elke stap. Als we bij een plateau met een bankje aankomen, ga ik uitgeput over de reling voor de afgrond hangen in een poging tot herstel. Mijn kop knalt bijna uit elkaar van de hoofdpijn. Na een minuut of tien ben ik weer in staat om rechtop te gaan staan en naar het bankje te strompelen. Het uitzicht op zee is prachtig. Ondanks de fysieke ellende geniet ik met volle teugen. Ik laat me tevreden tegen Jan aan zakken. Een brutale meeuw gaat voor ons op de reling zitten. Knabbelt wat aan zijn veren en tuurt dan net als wij in het oneindige.

'Ik ben blij dat je me naar boven hebt gesleept,' fluistert Jan in mijn oor. Ik werp hem een luchtkus toe, terwijl mijn ogen twinkelen van de pret. 'Zullen we nog een stukje?' Ik ben voldoende hersteld om weer wat meters te klimmen. Ik sta op zonder Jans antwoord af te wachten. Een diepe overtuiging maakt zich van me meester. Waar ik ook ga, Jan zal volgen. Hij zal elke zware klim met me aangaan, naast me lopen door de dalen en me dragen als ik zelf niet meer kan lopen. Mijn hart maakt een verliefd sprongetje.

Doodvonnis

Mijn boek *Ademloos* is verschenen en ik weet niet wat me overkomt. Beduusd ben ik van de overweldigende reacties. De pers is op me gedoken en ik vlieg van het ene interview naar de volgende fotoshoot. Van radio naar tv en weer terug. Het put me uit en ik verlang naar mijn oude leventje waarin ik anoniem ronddartelde. Ook Balou wordt tegen wil en dank in de hectiek meegesleept. Fotografen willen haar per se op de foto. Balou gaat daar zo op haar eigen manier mee om. Vindt ze de fotograaf leuk, dan werkt ze braaf mee, maar ze reageert ronduit sikkeneurig als ze niks met hem of haar heeft.

Als mens maak je iemand niet zo snel ongezouten kenbaar dat het niet gaat werken. Laat ik voor mezelf spreken, ik vind dat best moeilijk. Ik ben een zogenaamde pleaser die het anderen graag naar de zin maakt. Daardoor kan het gebeuren dat ik voor de lieve vrede over me heen laat lopen of dat ik dingen doe waar ik niet helemaal achter sta omdat de ander dat van me verwacht. Gelukkiger werd ik daar uiteindelijk niet van. Het roer moet om! brulde ik mezelf toe na een wijntje te veel. *Oprechtheid gaat voor op sociaal wenselijk* werd mijn nieuwe motto en Balou is mijn grootste leermeesteres. Ze heeft *What you see is what you get* tot een ware kunst verheven. 'Oprechtheid duurt het langst, baas. Ik mag dan wel uit Bosnië komen, maar daar is geen woord Spaans aan.' Helder. Duidelijk. Geen speld tussen te krijgen. Om te checken of ik haar goed begrepen had, besloot Balou een van de fotosessies te gebruiken als praktijkopdracht. Op weg naar het park vlak bij ons huis huppelt ze enthousiast voor me uit. 'We gaan een heus rollenspel spelen, baas! En, voor het geval je het nog niet door mocht hebben, ik speel mezelf.'

'Ja, ja, what you see is what you get,' dreun ik braaf haar stokpaardje op.

'Zou je eens een voorbeeld aan moeten nemen,' werpt ze me toe als ik de man die mij en Balou op de foto moet zetten de hand schud alsof hij mijn beste vriend is. Heeft ze een punt, want ik merk meteen dat er tussen mij en de fotograaf niet meer klik zal zijn dan het geluid dat zijn camera maakt als hij afdrukt. Balou weet hem behendig te ontwijken als hij haar wil aaien. De fotograaf kijkt wat geërgerd, maar schiet direct weer terug in zijn ik-vind-mezelf-te-gek-modus. 'Zullen we dan maar?' zegt hij, terwijl hij wat lichttestjes uitvoert.

Balou doet ondertussen uitgebreid onderzoek naar de grasmat om zich ervan te verzekeren dat er goed op gespeeld kan worden. 'Even de rolverdeling doornemen, baas.' Hoofdrol: Balou als Balou. Vrouwelijke bijrol: Baasje als 'De Pleaser'. Figurant: De Fotograaf als Mr. Kiek.

'Take one!' Ik verval in mijn oude patroon en spring meteen in de houding voor Mr. Kiek. Mijn kaken schieten in een kramp door mijn geforceerde lach. 'Kun je die hond even wat dichter bij je laten zitten!' commandeert Mr. Kiek. Balou verschuift echter geen millimeter en wendt haar kop van de camera af. Ze geeuwt verveeld mijn kant op. 'Kom Lou, even je beste pootje voorzetten,' smeek ik haar. Ook Mr. Kiek trekt alles uit de kast. Rollend ligt hij voor haar op de grond terwijl hij 'poesje, poesje' kirt. Balou steekt slechts haar neus in de lucht. In plaats van een gedroomde pose draait ze zich resoluut om en keert hem haar kont toe. 'Kiek my ass!'

'Eh, ik denk dat ze haar dag niet heeft,' verontschuldig ik me met inmiddels niet-fotogenieke rode konen. 'Baloutje, doe het voor mij!' fluister ik suikerzoet in haar oor. 'Je zet me voor luhul...'

'Oké, alleen voor jou... En een halve zak Frolic,' laat ze er na een korte stilte snel op volgen.

'Nou, jij stapt ook makkelijk van je principes af,' kan ik niet nalaten te zeggen. 'What you see is what you get mijn reet!'

'Jullie houden hier toch zo van polderen? Soms moet je toegeven ten faveure van het hogere doel,' verduidelijkt ze. 'En ik wil mijn eigen roots ook niet verloochenen. Als de kluif vet genoeg is moet je erin bijten, zeiden we in Bosnië altijd.'

'Een kwart Frolic van tevoren en de rest als we een bruikbare foto hebben,' onderhandel ik stevig door. Ze laat mijn voorstel even op zich inwerken en zet als teken van akkoord haar bek open. Ik overlaad haar met het gevraagde lekkers dat ze niet met haar beste tafelmanieren nuttigt.

'Oké, we zijn er klaar voor, hoor.' De fotograaf zucht maar eens. Even lijkt het of Balou me in de steek laat. 'Een hond een hond, een woord een woord, Balou,' sis ik haar toe. Ze draait zich om richting camera en kijkt er recht in. Als een echte professional knijpt ze haar ogen een klein beetje dicht en kijkt wat boos. 'Dan krijg je de beste foto's,' laat ze me weten. Ik tover mijn boer-met-kiespijnlach weer op mijn gezicht en hoop dat mijn mondhoeken stoppen met trillen. Overrompeld door onze 'perfecte' pose mist Mr. Kiek nog bijna het moment. Net op tijd weet hij iets bruikbaars te knippen.

Af en toe moet ik ook zonder Balou mijn vrouwtje staan. De uitnodiging van Pauw & Witteman was alleen aan mij gericht. Ik ben behoorlijk nerveus. Gelukkig is Jan mee om me moed in te spreken. De andere gasten zijn Jan Marijnissen, Ronald Giphart en Hans van Baalen. Ik hoop maar dat ik tegen zoveel verbaal geweld op kan. Aan mijn make-up zal het niet liggen. De dame van de visagie heeft ontzettend haar best gedaan. Ze heeft mijn rode koortsblossen tot een gezond kleurtje weten om te toveren. Mijn benauwdheid kan ze helaas niet camoufleren. Ik hoop dat ik genoeg lucht heb om een gesprek te voeren. De opnamestudio ligt boven in het gebouw en ik heb te weinig lucht om de trap zelf te beklimmen. Ik moet me naar boven laten dragen. In de studio aangekomen word ik naar de stoel gebracht die voor mij gereserveerd is. Naast Jan Marijnissen en tegenover Ronald Giphart. Hij komt net als ik iets over zijn nieuwe boek vertellen. Het mijne ligt gezellig naast het zijne op tafel uitgestald.

De uitzending begint. Marijnissen en Van Baalen leven zich uit op Obama versus Bush. Dan mag Giphart. Zojuist heeft hij zijn boek plompverloren op dat van mij gelegd, zodat het niet meer te zien is. Ik ben verbaasd over zoveel flauwheid. Jeroen Pauw heeft het ook gezien en haalt Giphart weer van me af. Een klein triomflachje kan ik toch niet onderdrukken.

Mijn verhaal wordt ingeleid met beelden uit reportages waaraan ik ooit meewerkte. Ineens komt Ron levensgroot in beeld op zijn hardloopband. *Bam.* Dat hadden ze me van tevoren wel even mogen vertellen. Ik hou mijn gezicht in de plooi, maar heb gemengde gevoelens over deze 'verrassing'. Het gesprek komt als vanzelf uit op orgaandonatie, het grote tekort aan donoren en het falende overheidsbeleid op dat gebied. Ik raak in een verhitte discussie verwikkeld met Hans van Baalen. Hij is pertinent tegen het ADR-systeem (dat wil zeggen: je bent automatisch donor, tenzij je bezwaar maakt). Het is in strijd met het zelfbeschikkingsprincipe en het individualisme, waarvan hij een fervent aanhanger is. Hij vindt dat het systeem mensen hun vrije keus afneemt. Ik bestrijd dat fel.

'Nee zeggen is ook een keuze, meneer van Baalen.' Hij sputtert wat. Hij wil verder onderzoeken, praten enzovoort, enzovoort. Alle vrienden die ik verloren heb omdat donorlongen voor hen te laat kwamen, trekken als een film aan me voorbij. Ik ben woedend.

'Realiseert u zich, meneer Van Baalen, dat er mensen doodgaan terwijl u druk bent met praten? Actie moet er komen!' De man begint steeds ongemakkelijker op zijn stoel te schuiven. Ik krijg bijval van Marijnissen en Giphart.

De eindtune geeft aan dat er afgerond moet worden. Van Baalen kijkt opgelucht. Als de camera's uit zijn geef ik iedereen aan tafel een exemplaar van *Ademloos*. Van Baalen staat er wat onbeholpen mee in zijn hand en vraagt me er een handtekening in te zetten. Met tegenzin krabbel ik, maar zet er geen woord extra in. Dat ik daar goed aan gedaan heb, blijkt als we na de uitzending nog wat naborrelen.

Van Baalen verkondigt dat als het om zijn eigen zoontje zou gaan, hij het wel zou weten. Dan zouden die organen er komen, linksom of rechtsom, al moest hij ze uit India halen. 'Dat zeg ik als mens.' Ik verslik me bijna in mijn drankje. Wat een hypocrisie! 'Maar als politicus blijf ik tegen aanpassing van de wet,' laat hij erop volgen. Morgen stemt de Tweede Kamer namelijk over aanpassing van de wet op de orgaandonatie, net als in 2005, op de dag dat Ron stierf omdat er geen longen waren. Toen was er geen Kamermeerderheid voor een aanpassing van de wet op de orgaandonatie. Ook nu heb ik er geen goed gevoel over. Die nacht slaap ik slecht en zelfs Jans armen brengen me dit keer niet helemaal tot rust.

Mijn vermoeden wordt waarheid. De Tweede Kamer stemt tegen het ADR-systeem. Vlak na de stemming belt de redactie van Pauw & Witteman of ik een blog wil schrijven over mijn ervaring in hun uitzending. Ik stem meteen in en schrijf mijn frustratie van me af:

Mijn eerste keer bij Pauw & Witteman en ik word letterlijk op handen gedragen, al voor de uitzending. Ik fantaseer dat het is omdat ik een goed boek heb geschreven, of omdat ik zo gezellig kan kletsen voor de camera, of dat Jeroen Pauw me gewoon een lekker wijf vindt. De realiteit ligt iets anders. Ik ben heel ernstig ziek en het verwoestende proces in mijn longen maakt dat ik simpelweg niet in staat ben om de enorme trap naar de studio zelf te bestijgen. Daarom tillen twee sterke mannen me naar boven. Ondanks hun zware inspanning hijg ik het hardste van ons drieën. Ik ben ontzettend benauwd. Eenmaal aan de ovale tafel constateer ik dat mijn rode truitje leuk kleurt met het decor. Ik hijg en ik puf. Ik voel me als een ballon in een doos. Ik wil vliegen, zweven, maar door mijn ziekte zit ik klem in een te kleine doos. Ik ga verder met fantaseren. Ik denk aan donorlongen. Aan de tweede kans die ze me zouden geven, aan het genot van vrij kunnen ademhalen, vrij kunnen leven. Ademloos inruilen voor moeiteloos.

Ik kijk op en zie Hans van Baalen. Ras-VVD'er. Hij is tegen het wijzigen van de huidige Wet op de orgaandonatie. Hij heeft principiële bezwaren tegen het ADR-systeem – je bent automatisch donor tenzij je actief aangeeft dat niet te willen zijn. Hij wil overleggen, plannen vergelijken. Maar dat ene plan dat als beste uit de bus komt na gedegen onderzoek van de commissie-Terlouw wil hij niet overwegen. Ik vraag hem of hij zich realiseert dat terwijl hij praat en overlegt, mensen op de wachtlijst voor een donororgaan sterven. Hij wordt rood tot achter in zijn nek. Net als mijn rode truitje kleurt hij ineens ook heel gezellig bij het decor. De Nederlandse bevolking is massaal vóór het ADR-systeem. We leven in een democratisch land. De wens van de bevolking dient volgens de democratische principes door de volksvertegenwoordigers uitgevoerd en gerespecteerd te worden. Ik vraag om uitleg. Meneer Van Baalen, ik wacht op antwoord. Een zinnig antwoord. Het blijft uit.

Tijdens de borrel na de uitzending lijkt meneer Van Baalen toch wel met de situatie in zijn maag te zitten. Hopelijk niet te erg, want een maagtransplantatie wordt een lastig verhaal dankzij zijn principiële bezwaren. En dan spreekt hij de legendarische woorden: 'Als het om mijn eigen zoontje ging, dan zou ik wel weten wat ik zou willen...' Voel ik me even genaaid... Ik maar denken dat ik in een democratisch land leefde. Maar nee, ik ben voor het lapje gehouden. We leven in een land waar opportunisme regeert. Meneer Van Baalen trekt zijn principiële bezwaren net zo makkelijk door de plee als minister Klink het ADR-voorstel van de commissie-Terlouw. En meneer Van Baalen is niet de enige. Nederland beweert principieel tegen de doodstraf te zijn, maar vanmiddag tekende de Tweede Kamer met grote meerderheid mijn doodvonnis en dat van vele anderen.

Met de handrem erop

'Zeg, Kim, gaat het wel goed met je?'

'Onkruid vergaat niet, hoor.' Mijn standaardreactie als mensen weer eens zorgelijk mijn kant op kijken als ik puffend en hijgend achter ze aansjok. Ik betrap me erop dat ik deze dooddoener sinds een aantal weken nogal eens verruil voor: 'Ach, een mens moet toch een keer dood.'

Ik choqueer mijn omgeving met dit soort uitspraken, maar ben ik zelf wel shockproof genoeg om mijn brute woorden te incasseren. De laatste weken mep ik mezelf nogal eens met een onverwachtse rechtse of linkse om de oren. Als een volleerd bokser probeer ik de klappen te ontwijken, maar ik ben er nog niet zo bedreven in. Grappen maken over doodgaan is gemakkelijk, behalve als het over jezelf gaat. Al die keren dat ik spotte met mijn eigen dood, ging het namelijk niet over mij. Niet echt. Geen idee over wie dan wel, maar niet over mij. Kom op, zeg, kijk nou naar me! De levenslust knalt uit mijn ogen en op straat fluiten ze me nog steeds na. Plannen te over, *places to go*. Ik dood? Ben je belazerd! Ik zou niet weten wanneer ik het moet inplannen in mijn drukke leven. In het januarinummer van *Jan Magazine* staat het ook: 'Als ik naar mezelf kijk, zie ik een jonge vrouw aan wie je in principe niks ziet. Gaat zij dood? denk ik dan.'

Maar waarom ben ik na drie weken infuus niet opgeknapt? Dat is me nog nooit overkomen. Waarom werd ik vandaag even stil toen ik mijn arts aan de lijn had?

'Ik ben voor geen meter opgeknapt van deze kuur, maar ik ben wel heel gelukkig,' vertrouwde ik dokter Hugo tijdens een telefonisch consult toe. Mijn knipoog kon hij niet zien door de telefoon, maar die klonk vast door in mijn stem. Normaal zegt hij dan: 'Dat is ook heel belangrijk, een mens is meer dan longfunctiegetalletjes.' Vandaag bleef dat antwoord uit.

Zijn reactie was: 'En we willen graag zien dat je nog een tijdje gelukkig blijft.' Hé! *What's up, doc?* Dit zijn geen grappen. 'Ik wil je eigenlijk drie weken opnemen in het ziekenhuis, want zo schiet het niet op.'

'Ja maar...'

'Denk er maar eens rustig over na.' Dokter Hugo weet dat mij en ziekenhuis in één zin noemen niet zo goed werkt. Thuis een paar weken aan het infuus is nog tot daaraan toe, maar mij drie weken opsluiten in een kamertje van drie bij vier is geen goed plan. Na een week hang ik al in de gordijnen.

'Je leeft in twee werelden, Kim. Je probeert uit alle macht de wereld die chronisch ziek heet uit te bannen door maar te rennen en te vliegen in die andere wereld, maar soms gaat dat gewoon even niet. Iedereen moet wel eens pas op de plaats maken. Uiteindelijk breekt je lichaam je eigen verzet.'

Zeg, Hugo, moet jij niet verder met je spreekuur of zo? Ik geef een klap op mijn mobiel. Stom ding, waar ben je nou als ik je nodig heb? Altijd maar zonder reden uitvallen terwijl ik midden in een belangrijk gesprek zit en nu die lijn een beetje openhouden!

'Wat was die klap, liet je iets vallen?' vraagt Hugo.

'Eh, nee, ik stootte ergens tegenaan,' antwoord ik betrapt. Ik ziek? Ach, iedereen heeft toch wel eens zijn dag niet. Of zijn week, of zijn maanden...

'Weet je wat, kom maar langs voor een longfunctieonderzoek en dan beslissen we daarna definitief welk strijdplan het gaat worden.' Slimme Hugo, zijn plannetje eerst in de week zetten en dan toeslaan. Pak me dan, als je kan, ik trek vast een sprintje. O nee, dat hou ik niet vol met mijn huidige longfunctie. De grinnik bevriest in mijn keel. Dat was er weer zo een. Zo eentje uit onverwachte hoek en het doet verdomd zeer. Misschien is het inderdaad tijd om even een stapje terug te doen. Misschien moet ik voor één keer mijn verlies incasseren. Me gewonnen geven om op te laden voor het volgende gevecht.

Als Jan 's avonds thuiskomt en ik een lekker potje heb gekookt, bespreek ik mijn gesprek met Hugo.

Ik weet dat je een enorme hekel hebt aan het ziekenhuis, maar ik
ık dat je het moet doen om erger te voorkomen. Je gaat op het mo-
nt wel erg hard achteruit en bent amper nog in staat om trap te
en of Balou uit te laten. Dat is wel eens anders geweest.' Ik kan niet
ders dan beamen wat hij zegt. Helaas.
Als ik het doe, dan doe ik het voor jou,' mompel ik.
'Je moet het niet voor mij doen, Kim, maar voor jezelf.' Voor mezelf
an ik dat offer niet brengen, voor jou wel, denk ik zwijgend. Jan kijkt
f hij mijn verborgen woorden in mijn ogen leest. Ik besluit Hugo
morgen te bellen om hem te zeggen dat ik overstag ga en dat hij een
kamertje in 'De Bunker' (mijn koosnaampje voor het ziekenhuis) voor
me mag reserveren.

4 dagen, 96 uur, 5760 minuten of 345.600 seconden en ik ben besmet.
Het Toedeloe-virus heeft me flink te pakken. En dat terwijl de incubatie-
tijd 21 dagen is. Blijkbaar ben ik er nogal bevattelijk voor. Ik pieker me
suf. Waar haal ik een medicijn vandaan dat me in één klap geneest? Ik
kijk met een schuin oog naar mijn infuus, maar dat gaat niet werken.
Ik probeer wat met muziek, talloze foto's en een flesje wijn. Het helpt
niet echt en ik weet waarom. Het virus is alleen te genezen met Optimisme en dat ontbreekt. Waar haal ik zo snel mogelijk Optimisme vandaan? Ik mag mijn kamer niet af om het te zoeken. De dokter is al naar
huis en kan geen recept meer schrijven. De muren komen op me af, de
atmosfeer voelt zwaar en ik voel me beroerd. Ik moet er bijna letterlijk
van kotsen. Ik wil wegrennen, vluchten voor het donker dat mij omhult.
Vanmiddag was het er ineens en zelfs mijn vrolijke lampjes konden
het niet verjagen. Ziek zijn is eenzaam en soms vliegt me dat enorm
aan. Jij samen met je lijf, dat is de kern. Hoeveel mensen er ook om je
heen staan, jij bent degene die elk pijntje voelt, elke hoestbui moet
doorstaan, moet rondslepen met een lijf dat niet doet wat je wilt. Een
arm om je heen verlicht, verzacht, maar neemt nooit weg. Ziek zijn is
een klotejob en vandaag wil ik niets liever dan spijbelen. Even een dag
geen strijd, geen gezwoeg, geen pijn, geen gehoest. Gewoon een dagje

vrij om uit te rusten, te ontspannen, op te laden. Even vergeten wat mij en mijn dierbaren allemaal nog te wachten staat.

Maar hoe ontspan ik in een kamer van drie bij vier? Ik heb ruimte nodig. Hoe laad ik op terwijl de antibiotica me sloopt met al zijn bijwerkingen? En hoe stop ik met mezelf zielig vinden, want dat is wat ik doe. Geheel tegen mijn eigen regels in. In mijn boek probeer ik mensen te laten zien dat je kunt kiezen voor je eigen geluk, dat het uit jezelf moet komen. Maar ik faal vandaag schromelijk en kan mijn eigen voorbeeld niet volgen.

Uit zelfbescherming probeer ik niet te denken aan Jan, aan Balou, want als ik dat doe ga ik kapot van de pijn, van het gemis. Maar hoe kan ik niet aan ze denken? Ik hoef mijn ogen maar te sluiten en ik voel Jans sterke armen om me heen, kijk in zijn mooie ogen. Met één hand streel ik zijn baardstoppels, terwijl mijn andere hand rust op de zachte vacht van Balou. Als Jan bij me is, dan durf ik hem nauwelijks vast te pakken. Bang dat ik hem niet meer kan loslaten als hij later weer naar huis gaat. Zonder mij. Mijn tijd is beperkt en daarom wil ik elke seconde bij hem zijn tot ik hem moet verlaten. Het gemis van de toekomst nu alvast compenseren. Ik probeer het afscheid uit te stellen door me te laten opsluiten in een kamer waar hij niet is, maar wel de antibiotica die ik zo hard nodig heb. Dat voelt tegenstrijdig. Is dit de juiste keuze of verspilling van mijn kostbare tijd? Over 17 dagen, 408 uur, 24.480 minuten of 1.468.800 seconden weet ik het antwoord. Dan is mijn kuur afgelopen en mag ik weer naar huis.

Ik ben weer thuis uit het ziekenhuis. Of ik ervan ben opgeknapt laten we maar even in het midden. Balou en ik logeren een paar daagjes bij Jan in Amsterdam. Het heen en weer reizen begint me steeds zwaarder te vallen en de wederzijdse logeerpartijtjes van Jan en mij worden steeds langer. We proberen een beetje te om-en-ommen voor de goede verdeling. Jan is vanochtend al vroeg naar zijn werk gegaan en Balou en ik hebben een beetje uitgeslapen. Ik uit fysieke noodzaak, Balou gewoon omdat ze ervan houdt. Ik heb mezelf zojuist de douche in gesleept om er nu druipend van het water weer uit te stappen. Balou ligt voor de badkamerdeur elke beweging die ik maak nauwlettend in de gaten te houden. Als ik haar kant uit kijk, zet ze het op een luidruchtig gapen. Gaat het nog lukken vandaag, baas? zie ik haar denken. Begrippen als 'lichaamstaal' en 'sprekende ogen' krijgen bij Balou een heel nieuw elan. Het is elf uur en terwijl ik mijn ochtendplasje al gedaan heb, houdt zij nog steeds angstvallig haar beentjes bij elkaar. 'Sorry, Lou, maar ik heb nou eenmaal wat meer werk dan jij om goed voor de dag te komen.'

'Ik ben dan wel een natural beauty maar bij mij gaat het allemaal ook niet vanzelf, hoor,' demonstreert ze met een grote lik over haar vacht. Ik haal een borstel door mijn natte haar en pak de föhn. Balou beweegt goedkeurend het puntje van haar staart. Föhn = baasje bijna klaar en Baloutje *Pipi machen*. Ze proest overdreven als ik mijn kapsel met wat haarlak op zijn plek probeer te houden. Ik doe mijn best haar enthousiast kronkelende lijf in een tuigje te hijsen maar ze weet zich steeds als een Houdini te bevrijden. 'Zonder tuig niet naar buiten,' zeg ik streng na herhaalde pogingen. Dat dreigement maakt indruk; zonder problemen weet ik haar eindelijk aan te lijnen en we vertrekken naar het hondenuitlaatveld.

Scherven voor mijn geluk

Foto's, overal foto's aan de muur. Mooie lijstjes eromheen. Eén heb ik er vast. Ik kijk ernaar en dan een klap. Ik schrik. Het is net of iemand de lijst uit mijn handen slaat. Glas en hout spatten uiteen alsof het niks is. Rons foto ligt ertussen. Hij kijkt me lachend aan maar ik kan wel janken. Zuchtend pak ik stoffer en blik. Hij lacht onverstoorbaar door. Alsof er niks aan de hand is. Ik ruim de scherven op, raap ze bij elkaar zoals ik mezelf na zijn dood bij elkaar heb geraapt. Ron. Daar lig je dan. Alleen nog zichtbaar op papier, alleen nog voelbaar in mijn hart. Van onze oude woonkamer is niks meer over. Alle meubels vervangen, totaal andere stijl. Zou je het mooi hebben gevonden? Weer een stukje loslaten, weer een stukje afscheid. Houdt het ooit op? De tranen branden achter mijn ogen. Linkeroog van verdriet, rechteroog van geluk. Balans ver te zoeken. Misschien viel ik daarom vandaag languit in een diepe plas toen ik iets uit de auto tilde. 'Ik vergeet je nooit, Ron, dat weet je toch?' Stilte. Ik haal nog twee andere foto's van de muur. Het doet pijn, maar voelt ook goed.

Want nu is er Jan. Hem kan ik echt zien, hem kan ik echt voelen en hij maakt me dolgelukkig. En daarom moet ik, daarom wil ik steeds verder loslaten. Loslaten is niet vergeten, het is liefhebben op een andere manier. Jan is geen vervanging van Ron. Jan is Jan in al zijn eigenheid. Nooit gedacht dat ik nog eens zo diep en oprecht van iemand zou kunnen houden na Ron, maar het gaat moeiteloos. Met Jan gaat alles moeiteloos. Ik wil een toekomst met Jan, de rest van mijn leven met hem samen zijn en daarom moeten de foto's van de wand, op eentje na. Ik stop Ron niet weg, maar ik geef Jan wat meer ruimte. We zijn toe aan een volgende stap. Mijn woonkamer moet de woonkamer van Jan en Kim worden. Hoewel ik volledig achter mijn keuze sta, gaat het me niet gemakkelijk af. Op het moment dat ik aarzelde, me schuldig voelde, hielp het lot me een handje. *Beng,* fotolijst kapot en beslissing voor mij genomen.

Ik hou het niet meer vol, het gependel tussen Utrecht en Amsterdam. Mijn longfunctie gaat met enorme sprongen achteruit, evenals mijn gewicht en ik word steeds zwakker. Ik heb een plek nodig waar ik in alle rust kan proberen de fysieke achteruitgang te stoppen. 'Wat zou je ervan vinden als we in één hok kruipen,' stel ik aarzelend voor aan Jan als we in bed liggen, de kamer pikdonker. Moeilijke onderwerpen bespreek ik liever in het donker. Dat voelt veiliger. Ik voel me een beetje bezwaard dat ik Jan deze vraag stel. Ik wil hem niet haasten, maar door mijn fysieke toestand kan ik niet anders.

Tot mijn opluchting reageert Jan heel enthousiast. Hij pakt me stevig vast en zegt: 'Het lijkt me ontzettend gezellig om met jou in één hok te kruipen. Wil je dat ik naar Utrecht kom?'

'Nee,' zeg ik beslist.

'Maar mijn huis vind je ook niks,' pareert hij mijn antwoord.

'Je huis vind ik niks, maar Amsterdam wel. Ik wil graag een nieuwe plek zoeken, samen met jou, zodat we een frisse start kunnen maken.'

'Dat lijkt me een prachtig plan. Ik ben eigenlijk wel blij dat je dat zegt, want ik wil niet weg uit Amsterdam. Ik zou voor je naar Utrecht komen, maar Amsterdam is mijn stad.'

Een week later komt er een geweldig appartement met groot dakterras op ons pad. Alsof het zo heeft moeten zijn. Bij de eerste bezichtiging zijn we verkocht. Meteen bij binnenkomst voelen we ons welkom. Na wat gesteggel over de prijs, sluiten we de koop. Zo heeft Jan ineens een huisje, een vrouwtje en een beestje en voor het boompje is meer dan genoeg plek op het dakterras.

De verhuizing heeft me gesloopt. Ik ben nauwelijks in staat om Jan te helpen met spullen uitpakken en inruimen. Mijn hart maakt overuren in een poging mijn lijf van voldoende zuurstof te voorzien, maar het lukt niet meer op eigen kracht. 's Nachts gebruikte ik al extra zuurstof, maar dokter Hugo vindt het nu toch echt tijd dat ik het vierentwintig uur per dag ga gebruiken. Ik moet even flink slikken als hij me ervan overtuigt dat dit het beste voor me is. In de auto op weg naar huis schieten Jan en ik gelijk in de praktische regelmodus. Eerst de zaakjes voor elkaar maken en dan is er tijd voor emoties. In huis kan ik rondhobbelen aan een tien meter lange zuurstofslang die is aangesloten op het zuurstofapparaat dat ik 's nachts al gebruikte. Het werkt op elektriciteit en zet de omgevingslucht om in zuurstof om het vervolgens via een zuurstofslang mijn neus in te blazen. Maar buitenshuis kan ik daar geen gebruik van maken en heb ik een mobiele vorm van zuurstof nodig.

En daar lopen we gelijk tegen een probleem aan. Vloeibare zuurstof waar je vanuit een moedertank draagbare tankjes van een kilo of drieënhalf mee kunt vullen, wordt alleen maar geleverd op de begane grond. De moedertank weegt zo'n tachtig kilo en is onmogelijk een trap op te sjouwen. Ons appartement is op de eerste etage, dus deze optie valt af. Dat zou betekenen dat er alleen nog de mogelijkheid van zuurstofcilinders overblijft, maar die dingen zijn zo groot en zwaar dat ik ze onmogelijk kan dragen, laat staan me ermee verplaatsen buiten de deur. Onder het motto 'we zijn vast niet de enigen die tegen dit probleem aanlopen' kruipt Jan achter Google en vindt de perfecte oplossing.

Een zuurstofapparaat zoals ik al in huis heb staan, maar dan met een zogenaamde vulunit erbovenop, waarmee je zelf onbeperkt tankjes kunt vullen. Deze tankjes wegen amper drie kilo en zijn goed hanteerbaar. Wat ons vooral ook aanspreekt aan dit apparaat is de enorme vrijheid die het met zich meebrengt. Voor de conventionele zuurstofleveringen ben je afhankelijk van een bedrijf dat één keer in de week gevulde tankjes komt brengen, terwijl je bij dit apparaat kunt vullen naar eigen behoefte, wanneer je maar wilt. Jan neemt contact op met het bedrijf dat het wonderapparaat levert. Ik mag het uitproberen als we de strijd aangaan met de verzekering, want vergoeding en gebruik ervan worden tegengehouden door de grote 'zuurstofboeren' die voor grof geld gevulde zuurstofcilinders verkopen, terwijl je ze thuis voor een paar cent zelf kunt vullen. Dat patiëntenbelang ondergeschikt is aan geld, blijkt maar weer. Jan krijgt mijn verzekeraar uiteindelijk zo ver dat ik het apparaat mag uitproberen om alle geruchten die erover de ronde doen te bevestigen of te ontkrachten. Het apparaat doet alles wat het beloofd heeft en ik ben er dolgelukkig mee.

Het kost me twee dagen voordat ik psychisch zo ver ben dat ik met een zuurstofslang in mijn neus naar buiten ga. Ik kan niet langer voor de buitenwereld verbergen dat er 'iets' mis met me is. De eerste dagen ga ik bijna letterlijk gebukt onder de starende blikken als ik Balou uitlaat met een zuurstoftank op mijn rug. Ik durf mensen niet recht in de ogen te kijken en maak mezelf nog kleiner dan ik al ben. Ook voor Jan vind ik het vreselijk dat hij met een zichtbaar zieke vrouw op pad moet. Maar de enige die echt moeite heeft met mijn metamorfose, ben ik zelf. Onze vrienden behandelen me niet anders. Iedereen helpt ons en is attent op een prettige manier. Ik voel me duidelijk beter met die extra zuurstof en na een paar weken ligt de balans tussen houden van en vervloeken van die slang op fiftyfifty. Toch blijft mijn longfunctie achteruitgaan, ondanks de zuurstof en de vele antibiotica. Mijn rolstoel, die ik sinds 2006 niet meer nodig heb gehad, moet definitief uit de mottenballen worden gehaald.

Als blijkt dat ik in een jaar tijd dertig procent van mijn longfunctie heb ingeleverd, gaan de alarmbellen rinkelen. De vrije val lijkt niet meer te stoppen. Nog een keer zo'n slecht jaar en dan ben ik dood. Het is tijd om me af te vragen of er toch een reddingsplan mogelijk is in de vorm van een longtransplantatie. Door het grote tekort aan donororganen heb ik het altijd als een zo goed als kansloze exercitie beschouwd. Bovendien heb ik al een mooier leven gehad dan ik verwachtte.

Maar de paniek slaat toe bij het idee dat Jan en ik als het zo doorgaat niet meer veel tijd samen hebben, en dat ik papa, mama, zus Juul, Baloutje en alle anderen die me lief zijn moet achterlaten. Ik geloof niet dat ik daar al klaar voor ben. Ik hou te veel van het leven om het los te laten. De dood drijft mij steeds verder met mijn rug tegen de muur. Tussen de stenen door groeit slechts één strohalm. Aarzelend steek ik mijn hand uit. Dan een tweede hand. Ik raak de halm aan, voorzichtig. Koester hem. Ik durf hem nog niet te plukken. Bang dat-ie breekt en voortijdig afsterft, samen met mij.

Kiezen voor het leven

De kogel is door de kerk. Dokter Hugo heeft me aangemeld voor de screening voor longtransplantatie. Een twee weken durend traject in het Universitair Medisch Centrum Utrecht, waarin ik helemaal binnenstebuiten gekeerd zal worden om te kijken of mijn lichaam sterk genoeg is om een longtransplantatie te kunnen overleven. Pas als uit al die onderzoeken een groenlichtvonnis komt, zal ik op de wachtlijst geplaatst worden. Ik zie het meeste op tegen de hartkatheterisatie, omdat ik als kind een boek las van een hartpatiëntje dat dit onderzoek moest ondergaan. In haar beleving was het een gigantisch drama en dat is ergens op mijn harde schijf blijven hangen. Maar goed, doodgaan is erger dus ik probeer mijn angst aan de kant te schuiven. 'Leven gaat niet vanzelf, Moelands,' in een poging mezelf op te monteren.

Vandaag beginnen we met een oriënterend gesprek met dokter De Koning, een van de longtransplantatieartsen uit het UMC Utrecht. Daar zal ik uiteindelijk geopereerd worden, mocht ik het lang genoeg volhouden tot er donorlongen zijn. Ik ben ontzettend nerveus voor het gesprek. Ik ben bang dat de artsen me nog 'te goed' vinden voor een longtransplantatie, terwijl ik aan alles voel dat het echt nu of nooit is, gezien mijn snelle achteruitgang en de lange wachtlijsten. De angst dat ik niet ziek genoeg ben om aan de screening deel te nemen en weer onverrichter zake naar huis word gestuurd, is flink aangewakkerd door een van de *nurse practisioners* die ik een week daarvoor aan de lijn had. 'O, je longfunctie ziet er best nog goed uit, dus ik vraag me af of ze je überhaupt wel uitnodigen voor een gesprek.' De schrik sloeg me om het hart. Is 38 procent best goed? Hoe kan ze dat nou zeggen? Ze is geen arts en baseert zich slechts op één facet in het totaalplaatje. Ze voelt mijn lijf niet, heeft me nog nooit ontmoet, maar heeft wel haar oordeel klaar. Een oordeel dat voor mij leven of dood kan betekenen.

Sinds haar uitspraak heb ik slapeloze nachten. Steeds maar weer vraag ik aan Jan of ik 'echt te goed' ben.

'Nee, schat, dat ben je niet,' antwoordt hij keer op keer geduldig. 'Je bent niet eens meer in staat om jezelf te wassen en aan te kleden, je komt het huis niet meer uit zonder mijn hulp, je kunt Balou niet meer uitlaten, je leven bestaat uit een bank en een bed... Moet ik nog even doorgaan?'

'Eh, nee hoor, ik denk dat ik je punt wel begrepen heb. Maar vinden ze dat in Utrecht ook?' begin ik weer. De blik die Jan me geeft is voldoende om me te laten zwijgen.

Hoe dichter we het ziekenhuis naderen, hoe meer buikpijn ik krijg. We rijden de parkeergarage van het ziekenhuis binnen en vinden er zowaar een plekje. De parkeergarage is al vanaf het eerste begin veel te klein voor het grote ziekenhuis. In de jaren negentig ben ik er nog een paar jaar onder controle geweest bij de longarts voordat ik overstapte naar dokter Hugo, bij wie Ron al onder behandeling was. Ik vond het grootschalige en de afstandelijkheid in het Utrechtse ziekenhuis niet prettig. Nu ben ik er helaas weer toe veroordeeld. Jan helpt me uit de auto, zet me in de rolstoel en hangt twee zuurstoftankjes aan de rugleuning. Daar moeten we de komende uren mee door kunnen komen.

Jan rijdt me de lange galerij op die naar de ingang van het ziekenhuis leidt. Als we de draaideuren doorgaan, nemen de zenuwen nog meer toe. We zoeken de poli waar we moeten zijn en een aardige vrouw bij het secretariaat begroet ons hartelijk en vraagt of we koffie willen. Ze begeleidt ons vast naar de spreekkamer. 'Ik heb dokter De Koning laten weten dat jullie er zijn,' zegt ze als ze terugkomt met twee bekertjes koffie. Ik kijk haar dankbaar aan. Ik ben al bekaf van de reis zonder dat ik het belangrijke gesprek heb gevoerd. Als ik zie hoeveel energie dit tripje me al kost, dan vraag ik me af hoe ik twee weken met zware onderzoeken moet volhouden. Dat is van later zorg, spreek ik mezelf toe. Eerst maar eens zien dat je überhaupt mag screenen.

De deur gaat open en dokter De Koning komt binnen. Hij geeft ons een hand. Ik kijk hem onzeker aan. Gelukkig opent hij het gesprek en hoef ik niet zelf het initiatief te nemen. Ik ben te benauwd om veel te praten. Jan houdt mijn hand vast. Dokter De Koning legt mijn long-functie-uitslagen en de brief van dokter Hugo voor zich op zijn bureau, bestudeert alles en fronst. Ik kan hem alleen maar gespannen aankijken, terwijl ik Jans hand fijnknijp.

Dokter De Koning zet zijn bril af en kijkt me van onder zijn zware wenkbrauwen aan. 'Nou, dat lijkt me helder.' Hij laat een pauze vallen. Ik kijk hem vragend aan. Wat lijkt hem helder? Dat mijn uitslagen nog te goed zijn en dat ik weer naar huis mag tot ik verder ben afgetakeld? Of dat mijn absurd snelle achteruitgang inderdaad reden is tot een plek op de wachtlijst voor longen?

'Je longfunctie zit nog iets boven de ondergrens die we normaal han-teren...' Ik bevries. Zie je wel, mijn kansen zijn verkeken. 'Maar dertig procent longfunctie verliezen in een jaar is meer dan genoeg reden voor het inzetten van de screening. Snelle achteruitgang die niet te stoppen is, weegt zwaarder dan dat ene getalletje. We kijken naar het totaalplaatje.'

De kleine zucht die ik kan laten ontsnappen staat niet in verhouding tot de grote blijdschap die ik voel. Ik moet me beheersen om niet in huilen uit te barsten, zo opgelucht ben ik. De spanning van de afgelo-pen week valt een beetje van me af. Stap één is gezet.

'Ik ga het secretariaat vragen alle onderzoeken voor je in te plannen. Dan wil ik nu nog even naar je longen luisteren, je buik onderzoeken en je bloeddruk checken.' Ik sjok langzaam naar de behandeltafel ach-ter me in de kamer, kleed me van boven uit en ga erop zitten. Ik doe mijn best diep te ademen als de koude stethoscoop mijn huid raakt. Het geduw en gedoe in mijn buik onderga ik met een strak gezicht. Dat was vroeger in het kinderziekenhuis wel anders. Daar kreeg ik altijd de slappe lach omdat ik niet tegen kietelen kon. Ik laat mijn arm af-knijpen door de bloeddrukmeter die dankzij de hulp van een pilletje een prima uitslag geeft.

'Kleed je maar weer aan. Ik weet genoeg.' Jan komt naar me toe en helpt me in mijn T-shirt. Ik heb het zwaar door ademnood. Ik ga uitgeput in mijn rolstoel zitten. Dokter De Koning neemt afscheid en we verlaten de kamer. Op naar huis met gemengde gevoelens. Enerzijds blij dat ik ziek genoeg ben om aan de screening te beginnen, anderzijds verdrietig, want we kunnen er nu echt niet meer omheen. Het is de dood of de gladiolen.

De screening verloopt tot nu toe zeer rommelig en niet zonder ergernis. Er gaan te veel dingen mis. Bij elke nieuwe onderzoekspoli blijken verkeerde telefoonnummers van mij in omloop te zijn. Twee nummers zijn wel enigszins naar mij te herleiden, maar ze zijn oud en niet meer in gebruik. Een derde nummer dat men mij heeft toebedeeld, is zelfs van een onbekende man die al een paar keer is gebeld over mij. Uiteindelijk bereikte mij dan via via weer het bericht dat ze me niet konden bereiken. Ja duh... Hoe vaak we het ook doorgeven, het wil maar niet lukken om het permanent aangepast te krijgen.

Het intakegesprek op de longafdeling verloopt ook niet volgens het protocol waar academische ziekenhuizen zo gek op zijn. De verpleegster in kwestie onderbreekt vijfmaal het gesprek, laat ons keer op keer alleen in de kamer achter en presteert het zelfs om tussendoor uitgebreid te gaan lunchen terwijl de intake nog niet is afgerond. 'Ik kom straks weer terug, ik heb nu pauze,' deelt ze ons mede. Als ik een enorme hoestbui krijg, vraagt ze: 'Heb je daar vaker last van?' Ik kijk Jan vol ongeloof aan. 'Nee joh, ben je mal, ik kom hier voor mijn zweetvoeten,' puf ik haar cynisch toe.

'Nou, dat geeft vertrouwen,' zeg ik tegen Jan als ze vertrokken is om een broodje te gaan eten, terwijl wij voor de vijfde keer slechts wachttijd moeten herkauwen in de hoop dat ze ooit weer terugkomt. Ik ben inmiddels bekaf en beroerd. Het voeren van een gesprek kost me veel kracht omdat ik zo benauwd ben en ik moet me steeds opnieuw weer opladen door de onderbrekingen. Uitgeput laat ik me op het ziekenhuisbed vallen. Mijn batterij is leeg, ik wil alleen maar slapen. Jan is verbijsterd en boos. 'Onbestaanbaar,' hoor ik hem nog roepen voor ik in slaap val.

De absolute nummer één-positie op het gebied van screeningsbloopers wordt echter met glans bezet door een allergoloog die wat allergietests moet uitvoeren op medicatie die ik straks na de transplantatie zal moeten slikken. Als we daar binnenkomen en haar de hand schudden windt ze er geen doekjes om: 'We moeten met spoed die tests doen, want die longen liggen op je te wachten in de diepvries, toch?' Ik denk eerst nog dat er een vrouw voor me staat met héél véél humor en dat dit haar grap van de dag is. Helaas is ze bloedserieus en denkt ze echt dat donororganen naar behoeven gewoon uit de diepvries gehaald kunnen worden. Ik hou het maar op zeer gedisciplineerd met je eigen discipline bezig zijn. Of zo.

De hartkatheterisatie waar ik zo tegen opzag is wel een grote meevaller. Via mijn liesslagader gaan ze met een katheter naar mijn hart en longslagaders om te checken of alles daar in orde is. Ik mag meekijken op de monitor en probeer de uitleg te volgen. Het rustgevende pilletje dat ik van tevoren heb gekregen, maakt dat ik me lastig kan concentreren. Ik en tranquillizers gaan niet goed samen. Ik word er zo stoned als een garnaal van en ga ontzettend veel onzin uitkramen. Mijn lies is gelukkig goed verdoofd, dus pijn doet het nauwelijks als de katheter wordt ingebracht, hoewel ze toch flink moeten wroeten voordat ze het goede bloedvat gevonden hebben. Voor ik het weet is het onderzoek voorbij. Geen abnormale afwijkingen geconstateerd. 'Je hebt een klein maar goed hart.' Ik krijg een stevig drukverband om de wond en wordt teruggebracht naar het kamertje waar Jan op me wacht. Daar moet ik nog een paar uur plat liggen om nabloedingen in mijn lies te voorkomen, voordat ik naar huis mag. Als afscheidscadeautje krijg ik drie weken antibiotica met infuus mee.

Alle onderzoeken hebben me zo gesloopt dat mijn longfunctie in twee weken tijd zeven procent is gezakt: 31 procent geeft het blaasapparaat onverbiddelijk aan. Nog één procentje naar beneden en ik zit ook op dat gebied gebeiteld. Dat ik toch niet voor mijn zweetvoeten kwam, is inmiddels wel duidelijk.

Het prinsessengen

Het is november 2009 en het gaat steeds slechter, maar ik sta op de wachtlijst. Ik ben nog nauwelijks bijgekomen van de zware screening. Jan blijft steeds vaker thuis van zijn werk om me te verzorgen. Het lukt me amper nog zelf. Er zijn dagen dat ik me zelfs in huis niet goed kan redden. De antibioticakuur is niet aangeslagen en mijn longfunctie niet meer bijgetrokken. Soms ben ik zo moe en benauwd dat ik ervan moet huilen. Wanhopig van de ademnood, van de pijn in mijn longen, uitgeput van de vele hoestbuien die me bijna doen flauwvallen. Verlangend naar dat verlossende telefoontje dat er donorlongen voor me zijn die bij me passen qua formaat en bloedgroep. Hopen tegen beter weten in, want de wachttijd voor mensen van mijn categorie met mijn lengte en bloedgroep kan in uitzonderlijke gevallen zelfs oplopen tot zeven jaar door het grote tekort aan donoren.

Er bestaat ook nog een hoogurgentielijst. Een lijst die voorgaat op de 'gewone' wachtlijst en bedoeld is voor mensen die nog een levensverwachting van een halfjaar hebben. Maar op dit moment vindt men mij nog niet ziek genoeg om daarvoor in aanmerking te komen. Ik voel aan alles dat het de verkeerde kant op gaat, dat die urgentielijst mijn enige redding is. Maar artsen baseren zich op cijfers en niet op intuïtie, want het is dringen op de lijsten en de organen zijn schaars.

Als ik op een avond weer ontzettend benauwd ben en in Jans armen hang, krijg ik een hoestbui die me bijna het bewustzijn doet verliezen. Jan ondersteunt mijn buik met zijn handen om mijn spieren wat extra kracht mee te geven voor de hoestbui. Als ik eindelijk ben bijgekomen, barst ik in huilen uit. Hij houdt me troostend vast en fluistert in mijn oor.

'Liefje, wat zou je ervan vinden om mijn vrouw te worden? Wil je met me trouwen?' Ik draai me om, kijk hem in zijn ogen. Meent hij dat nou? Wil hij trouwen met een vrouw die doodgaat? Ja, hij meent het, ik zie het in zijn ogen. Ik begin keihard te janken. Ik ga op mijn knieën voor hem zitten, pak zijn hand en geef er een kus op.

'Ja, ik wil met je trouwen, niets liever dan dat,' snik ik het uit. Tranen druppen op zijn hand, op de vloer. Ik ben blij voor mezelf, maar heb intens verdriet voor Jan. Ik ga dood, lieve schat, zou ik het liefste tegen hem schreeuwen. Waar begin je aan? Zoals altijd hoef ik niets te zeggen, Jan leest mijn gedachten toch wel.

'We gaan het redden, schatje, jij krijgt nieuwe longen. En mocht het onverhoopt toch niet lukken, dan hebben we er het maximale uit gehaald. Niemand weet hoe de toekomst verloopt. Je bent veel te leuk om te laten lopen. We genieten van de tijd die we samen hebben en we zien wel hoelang het duurt. Je maakt me dolgelukkig en ik ben smoorverliefd op je. Ik laat me toch niet weerhouden door een stomme ziekte nu ik de liefde van mijn leven heb gevonden?'

Hij trekt me overeind en neemt me in zijn armen. Bryan Adams zingt op de achtergrond het prachtige 'When You Love Someone'.

When you love someone you'll do anything
You'll do all the crazy things that you can't explain...

Zuurstof, check. Rolstoel, check. *Bride to be,* check. Floor loopt nog een keer na of we alles hebben. Vandaag gaan mijn vriendin en ik trouwjurken kijken, gewoon voor de gein. 'Ik huur wel een jurk of zo,' deelde ik Jan gisteren nog stoer mede. 'Zo zonde om veel geld uit te geven aan een jurk die je maar één dag in je leven draagt.' Maar passen en ideeën opdoen kan geen kwaad. Floor is net zo sceptisch als ik. Lacherig fantaseren we in de auto hoe de mevrouw van de bruidswinkel eruit zal zien. Hoog geblondeerde suikerspincoupe, ultralange gelakte nagels, veel rinkelende armbanden en andere versiersels. Enorme rood gestifte lippen, iets te strak geëpileerde wenkbrauwen en schoenen met hakken waar je u tegen zegt. '*We've created a monster,*' gier ik het uit tegen Floor.

Tomtom brengt ons naar de juiste straat waar we gelukkig dicht bij de winkel kunnen parkeren. Floor takelt eerst al mijn hulpstukken uit de auto en dan mij. Als ik in mijn rolstoel zit en de zuurstoftankjes aan de rugleuning hangen, bedenk ik ineens dat ik mijn tas in de auto heb laten liggen. Zonder na te denken sta ik op om hem te pakken. Niet handig. Zonder mijn gewicht is de rolstoel topzwaar door de zuurstoftankjes. Het hele ding lazert naar achteren en belandt op straat. De zuurstofslang in mijn neus komt volledig strak te staan en trekt mijn hoofd achterover. Floor is er als de kippen bij om de rolstoel weer overeind te zetten. Opgelucht beweeg ik mijn hoofd als de zuurstofslang weer wat ontspant.

'Ik wilde mijn tas uit de auto pakken,' verontschuldig ik me.

'Laat mij dat nou doen.'

'Kan ik heus wel zelf, hoor.'

'Ja, dat hebben we gezien, hoe goed jij dat kunt.' Floor is altijd duidelijk en spaart me gelukkig niet. Ze zet me in de rolstoel, pakt mijn tas, checkt of de zuurstof nog goed zit aangesloten en duwt me naar de ingang van de winkel.

Om binnen te komen moeten we een trapje van een paar treden op. Probleempje, mijn rolstoel kan niet traplopen en ik ben er zelf ook niet meer zo goed in. Floor houdt de rolstoel goed vast als ik uitstap. Ik neem het zuurstoftankje dat aan me vastzit onder mijn arm. Er zit niets anders op dan zelf het trapje te bedwingen terwijl Floor de rolstoel omhoog zeult. 'Leuk hè, met een gehandicapte op pad,' kan ik niet nalaten te zeggen.

Sinds ik rolstoelafhankelijk ben, valt het me op hoe moeilijk het is om je buitenshuis te verplaatsen. Winkels en horecagelegenheden zijn er duidelijk niet op bedacht. Veel zaakjes hebben onhandig hoge drempels of trapjes voor de ingang en naar het toilet gaan in een café of restaurant is meestal schier onmogelijk. De meeste wc's zijn alleen bereikbaar via een trap. Net als Balou heb ik dus maar een stalen blaas gekweekt en als ik echt in de problemen kom, draagt Jan me. Ik wil het Floor niet aandoen om in haar armen te springen zodat ze me over de drempel kan dragen. Ik strompel dus naar de ingang en hou de deur open voor Floor met de rolstoel. Ik probeer wat op adem te komen voor ik naar binnen ga.

De winkel is knus en modern. Mooie strakke vloer en jurken, overal jurken. De vrouw achter de balie begroet ons vriendelijk en lijkt niet onder de indruk van mijn rolstoel en zuurstof. Ze ziet er compleet anders uit dan het prototype bruidswinkelmevrouw dat Floor en ik bedacht hadden. 'Hallo, ik ben Kim Moelands en ik heb om één uur een afspraak.' Ze gaat ons voor naar een zithoekje. 'Tilly komt er zo aan. Vast een kopje koffie of thee?' Daar zijn we wel aan toe. Ik pak mijn zuurstoftankje en als Floor de rugzak met het andere tankje van de rolstoel heeft gehaald, sta ik op en ga op de bank zitten. Snel is de dame terug met een dienblad. Twee dampende koppen koffie, een kannetje melk en suikerklontjes in een hartvormig bakje. Ik kijk Floor aan en kan mijn lachen amper inhouden. Wat zoet, suikerklontjes in een hartvormig bakje!

Ik doe mijn best om de klontjes met het daarvoor bestemde tangetje in mijn koffie te droppen. Klont één glipt uit de tang en plonst in de zwarte koffie. Oeps, voetenbadje. Klont twee en drie pak ik toch maar met mijn vingers. Floor drinkt haar koffie zwart en ziet mijn gestuntel met lede ogen aan. Even roeren en dan pak ik kop en schotel voorzichtig op.

Er gaat een belletje ten teken dat er iemand binnenkomt. 'Daar zal je Tilly hebben,' fluister ik. Ook zij is het tegendeel van hoe ik me haar had voorgesteld. We schudden elkaar de hand. Ook zij wordt niet warm of koud van mijn zuurstoftankje en behandelt me normaal.

'Had je al een bepaald model jurk in gedachten?' vraagt Tilly.

'Nee, niet echt. Ik heb geen idee wat er allemaal te koop is, dus verras me maar.'

'Ga eens staan.' Ik kom overeind. Tilly scant mijn lijf en duikt vervolgens een rek met jurken in waar ze een aantal modellen uit haalt. Sommige vind ik mooi, andere niet. 'Je mag zelf ook wel kijken, hoor, of je er iets tussen ziet hangen.' Samen met Floor stort ik me op de rekken. Keer op keer grijp ik dezelfde jurk beet om dan steeds te ontdekken dat ik het exemplaar had afgewezen toen Tilly hem aan me liet zien. Als Floor zomaar ook twee keer die jurk uit het rek haalt, besluit ik hem te passen. Een jurk die zo opdringerig is, verdient het om aangetrokken te worden, zodat ik kan zeggen dat we geen match zijn.

Tilly gaat ons voor naar de paskamers. Floor stuurt mijn rolstoel er behendig achteraan. Omdat ik zo benauwd ben, heb ik hulp nodig bij het aan- en uitkleden. Tilly assisteert met de zuurstof alsof ze nooit anders gedaan heeft. Ik voel me op mijn gemak bij haar. De eerste jurk die ik aantrek is niet meteen de beste. Te veel decolleté en ik wil op mijn trouwdag niet de hele tijd naar beneden kijken of 'ze' er niet uitvallen. Jurk twee is al beter, maar ook nog niet helemaal wat ik zoek. Wat zoek ik eigenlijk? Als derde is de jurk aan de beurt die erom schreeuwde om gepast te worden. Als ik erin ben gehesen, krijgt Floors gezicht ineens een andere uitdrukking. Ik loop naar de spiegel en dan zie ik het ook.

Dit is hem. Of haar. Ik kijk nog eens goed. Ben ik dat? Wauw. Ik lijk wel een prinses. Floor heeft tranen in haar ogen. Nuchtere Floor. Ook bij mezelf voel ik wat nattigheid.

'Prachtig,' zegt Tilly. 'Deze jurk is voor jou gemaakt.' Ik geloof haar. Ik, de zogenaamd nuchterste bride to be van Nederland wil maar één ding. Deze jurk hebben. Dat het ding een godsvermogen kost kan me niet schelen. Weg zijn mijn huur- en leenambities. Op de mooiste dag van mijn leven wil ik de mooiste jurk. Wie weet hoelang ik nog te leven heb en ik kan mijn geld toch niet meenemen in mijn graf. Ik verzin de argumenten pro jurkaankoop waar je bij staat. '*Game, set and match*,' zegt Floor. Ik vraag Tilly of ik de jurk een dagje apart kan laten hangen. Ik moet eerst met Jan overleggen. Het zou jammer zijn als ons voorgenomen huwelijk al strandt op een meningsverschil over een veel te dure jurk.

Tilly vindt het geen probleem en ik beloof haar dat ik de volgende dag laat weten of ik de jurk koop of niet. Als Floor me weer thuis afzet, geef ik haar een dikke zoen. 'Je moet hem kopen, hoor, desnoods houden we een inzamelingsactie. Als Jan moeilijk doet, dan bel ik hem wel even. Ik mail je zo meteen de foto's even door, dan kun je nog een beetje nagenieten.'

Als Jan 's avonds thuiskomt, val ik hem om zijn nek. 'En, iets gevonden?' vraagt hij. Ik kijk hem aan en krijg de gelukzalige grijns niet van mijn gezicht. 'Haha, je straalt helemaal. Jij was toch zo nuchter?'

'Dat dacht ik ook, maar ik heb vandaag ontdekt dat ik het prinsessengen heb... Ik heb vandaag de allermooiste jurk gevonden die er bestaat.'

'Heb je hem gekocht?'

'Nee, nog niet. Hij is een ietsiepietsie duur en ik wilde eerst met jou overleggen.'

'Wat mot dat kosten dan?' zegt Jan lachend. Ik noem het bedrag.

'Wat zeg je?' Jans ogen rollen bijna uit zijn kassen. Ik herhaal het bedrag. Dit gaat niks worden, hij vindt het te duur. En hij heeft ook gelijk, maar ik móét die jurk hebben. Ik voel tranen prikken achter mijn ogen. Ik voel me een klein kind dat haar zin niet krijgt. Bah, waar slaat dit op, zo ken ik mezelf helemaal niet.

Jan tilt me op, kust me en zegt: 'Alleen het mooiste is goed genoeg voor mijn aanstaande vrouw. Als jij een prinsessenjurk wilt, dan krijg je die. Alleen die lach op je gezicht maakt het bedrag al meer dan goed.' Ik kijk hem aan. 'Echt waar?' Ik overlaad hem met kusjes en kan niet meer stoppen met lachen.

Als het een paar uur later bedtijd is draagt Jan me naar de slaapkamer. 'Ga je mee naar de bedstee, miss *glow in the dark*?' Om zijn woorden kracht bij te zetten laat hij in eerste instantie het licht uit. 'Jij straalt genoeg om een woonwijk te verlichten.' 'Erg hè,' zeg ik ietwat beschaamd. 'Schatje, ik vind het helemaal geweldig, jou blij en gelukkig zien is me alles waard.' Terwijl Jan zich nog even onderdompelt in bad, sms ik Floor dat ze haar strijdplan ter confisquatie van de jurk mag vernietigen. De dag erna bel ik Tilly dat ik het doe.

Tijd om te sterven?

Wanneer gaat-ie nou, die stomme deurbel? Het blijft stil. Onrustig loop ik door de woonkamer. Elke stap een gevecht, maar ik kan niet op mijn kont blijven zitten. Ik hoest. Ik hoor een vreemd geluid, het lijkt ergens onder mijn oksel vandaan te komen. Raar. Het klinkt als lucht die door een veel te klein gaatje probeert te ontsnappen. Het gepiep van een klein babymuisje dat om zijn moeder roept. Ik til mijn arm op en kijk met mijn linkeroog in mijn rechteroksel. Strak geschoren, niets te zien. Muizenissen in mijn hoofd en oren. Ik hoest nog eens. Hoor ik het nou weer? Ademen gaat moeizaam. Ik ben de afgelopen twee weken elke dag weer een stukje benauwder geworden. Dan gaat de bel. Eindelijk! Ik probeer zo snel mogelijk naar de deur te komen. Daar staat hij, de aardige Marokkaanse postbode die altijd met een grote glimlach pakketjes naar één hoog brengt, omdat ik de trap niet meer goed kan nemen.

'Het is zwaar, hoor,' waarschuwt hij terwijl hij me een stapel pakketjes in handen duwt. Ik probeer alles dapper aan te pakken, maar ademen en tillen gaan niet goed samen. Attent als hij is, pakt hij de stapel weer van me aan.

'Ik leg het wel even binnen voor je. Op de bank?' Ik knik dankbaar, te benauwd om te praten. Hij kijkt me bezorgd aan.

'Gaat het wel?' Ik knik weer. Onderdruk een hoestbui. Ik strompel naar de bank en ga naast de pakketjes zitten. Ik verspreid ze over de bank tot ik dat ene pakje heb gevonden waar ik zo naar uitkeek.

'Tot de volgende keer.' Ik zwaai hem na terwijl hij zachtjes de deur achter zich dichttrekt.

De doos is hermetisch afgesloten met tape. Met de sleutelbos die ik van de tafel gris, rats ik hem open. En daar ligt-ie dan, vers van de pers. Mijn tweede boek, een psychologische thriller. De tranen springen in mijn ogen. *I did it again!* Ik pak het boek voorzichtig uit de doos. Druk het tegen me aan, als een kind aan de borst. Ik zet mezelf en het boek op de foto en stuur hem door aan Jan. 'Geweldig, ben zo trots op je!' sms't hij vrijwel meteen terug.

Nooit gedacht dat ik genoeg fantasie had om een fictieverhaal te schrijven. Het was zalig om te verdwijnen in de fictieve wereld van mijn hoofdpersonen. In die wereld was er even geen ziek en zeer. Alles kon en mocht. Ik kon er rennen en vliegen zonder moe te worden. Dansen, springen, me in onmogelijke bochten wringen. Een wereld zonder beperkingen, waar ik zuurstof gewoon uit de lucht haalde en niet uit een slang. Schrijven was geen vlucht, maar een adempauze, die de bittere waarheid even naar de achtergrond verdrong.

Want bitter is de waarheid, ik ben dood- en doodziek en heb niet lang meer te leven. Dokter Hugo vertelde me laatst nog onomwonden dat een jaar in mijn geval nog lang is, toen ik hem vroeg hoe ik er voor stond. Bij de pakken neer gaan zitten is nooit mijn sterkste kant geweest, origami en ander knutselwerk ook niet. Maar typen kan ik als een razende, vier vingers, niet blind. Om de wachttijd op nieuwe longen te doden en mezelf in leven te houden, stortte ik me helemaal op project *Weerloos*, met als resultaat het driehonderdtwintig pagina's tellende boek dat ik nu in mijn handen hou. Er waren momenten dat ik bang was dat ik de verschijning ervan niet meer zou meemaken. Dat mijn nieuwe boek het levenslicht zou zien, terwijl het bij mij doofde. Nu duurt het nog maar een klein weekje voordat *Weerloos* in de winkels ligt. Dat moet ik toch kunnen halen.

Weer een hoest, weer dat rare piepgeluid. Zou het mijn bh zijn die kraakt in zijn voegen als mijn borstkas zich aanspant tijdens het hoesten? Maar één manier om dat uit te vinden: hoesten zonder bh. Ik leg mijn nieuwe kind voorzichtig op de bank en strompel naar de slaapkamer. Op weg ernaartoe moet ik twee keer stoppen wegens ademnood. Dankbaar laat ik me na mijn monstertocht op bed vallen. Balou is met me mee getrippeld en gaat kwispelend naast me zitten.

Met moeite trek ik mijn shirt en bh uit. Eerst bijhijgen, voordat ik een hoest kan forceren. Ik neem de tijd. Inademen, hoesten. Oren gespitst. Het geluid is er nog steeds. Een beginnende angst grijpt me naar de keel. Het zal toch niet? 'Beginnende klaplong, beginnende klaplong,' zegt een zacht stemmetje in mijn hoofd. Voor de tweede keer vandaag tranen in mijn ogen. De kans dat ik in mijn huidige conditie een klaplong overleef is niet groot.

Ik beweeg wat heen en weer terwijl ik diep in- en uitadem. Als ik wat naar rechts hang, is het gekke piepje er weer. Dit keer heb ik niet eens gehoest. Een beetje druk op mijn ademhaling zetten is al genoeg. Heb ik pijn met ademen? Nee. Ben ik extra benauwd? Niet benauwder dan de afgelopen veertien dagen voor mijn gevoel. Mijn rechterlong voelt wel een beetje vreemd aan, maar het gevoel lijkt in de verste verte niet op de klaplong die ik in 2006 kreeg. Ik verging toen vanuit het niets ineens van de pijn en werd acuut heel benauwd. Wat moet ik doen? Afwachten of laten checken in het ziekenhuis? Alleen naar Den Haag rijden is geen optie. Te vermoeiend en te gevaarlijk. Jan is nog niet thuis van zijn werk. Hem bellen? Ik wil hem niet ongerust maken. Ik trek mijn kleren weer aan en begin de terugtocht naar de bank.

Weerloos ligt er machteloos bij. Ik baal dat ongerustheid mijn blijdschap overschaduwt. Het had anders moeten gaan. Het begint meer regel dan uitzondering te worden dat ik moet accepteren dat het lot zijn eigen draaiboek heeft. Dat mijn lichaam steeds meer een onbeheersbare pop begint te worden, die mij niet langer aan de touwtjes laat trekken. Ik pak mijn telefoon en zoek het nummer van Ciska op. Aarzel nog even voordat ik daadwerkelijk bel.

'Met Ciska van Heteren, CF-consulent.'

'Hoi Ciska, je spreekt met Kim Moelands.' Ik beschrijf mijn klachten. Geen duidelijke tekenen van een klaplong, maar het is goed om het zeker te weten. Omdat ik aangeef niet benauwder te worden, spreken we af dat ik de volgende dag naar het ziekenhuis zal komen om een longfoto te laten maken. Ik ben er nog steeds niet gerust op. Ik pak een grote weekendtas en begin wat spullen in te pakken. Mocht ik in het ziekenhuis moeten blijven, dan ben ik in ieder geval voorbereid en hoeft Jan niet extra te rijden. Het inpakken valt me meer dan zwaar. De tas naar de woonkamer slepen is bijna niet te doen. Mijn oog valt op de klok, het is inmiddels vijf uur. Jan zal binnen nu en een halfuur thuis zijn, verwacht ik. Een kwartier later zie ik hem zijn auto parkeren tegenover ons appartement. Hij stapt uit, samen met een collega die is meegereden. Hij heeft zijn telefoon aan zijn oor en die van mij begint te rinkelen. Ik neem op terwijl ik enthousiast naar hem zwaai. Hij zwaait terug.

'Ik doe nog even een biertje met Sander en dan kom ik lekker voor je koken, schat.'

'Eh ja,' zeg ik aarzelend. 'Blijf je niet te lang weg, want ik denk dat ik misschien een beginnende klaplong heb.' Oeps, nu heb ik het er toch uitgeflapt.

'Wat zeg je? Ik kom er nu aan.' Ik hoor hem in steno tegen Sander vertellen wat er aan de hand is. 'Later,' neemt hij gehaast afscheid. Rennende voetstappen op de trap. In *no time* hoor ik de sleutel van de voordeur omdraaien en pakt hij me vast.

'Heb je het ziekenhuis al gebeld?'

'Ja, ik heb Ciska gesproken en omdat ik niet extra benauwd ben, mag ik tot morgen wachten met langskomen voor een foto.'

'Niet extra benauwd? Kind, je bent strontbenauwd in vergelijking met vanochtend toen ik naar mijn werk ging! We gaan helemaal niet tot morgen wachten met die foto, ik ga nu Ciska bellen dat we eraan komen.'

'Oké, als jij denkt dat dat beter is...'

Tijdens het bellen verzamelt hij alvast zuurstoftankjes voor onderweg. Ik zit er wat schaapachtig bij.

'Omdat de röntgenafdeling al gesloten is, moeten we een foto laten maken op de eerste hulp. Ciska legt de aanvraagformulieren daar klaar en laat ze weten dat we eraan komen.'

'Oké.' Ik pak mijn tasje met medicijnen en insuline van de salontafel en laat me gewillig overzetten op een mobiel zuurstoftankje.

'Laten we die tas dan ook maar voor de zekerheid meenemen,' wijs ik naar de grote sporttas die ik met bloed, zweet en tranen heb gevuld.

'Wanneer heb je die ingepakt?' vraagt Jan.

'Vanmiddag nadat ik Ciska had gebeld. Voor het geval het mis is en ik in het ziekenhuis moet blijven,' verduidelijk ik mijn actie.

'Gek dat je d'r bent,' zegt hij hoofdschuddend. 'Dat had je mij toch kunnen laten doen.' Ik haal verontschuldigend mijn schouders op. 'Jij doet al zoveel.'

'Schat, we doen allebei wat we kunnen. Jij geeft net zo goed honderd procent als ik.'

'Ja, maar mijn honderd procent is nog geen tiende van jouw honderd procent,' sputter ik.

'Waarom heb je die tas trouwens in de woonkamer gezet? Je weet toch dat je niet mag tillen als je verdacht wordt van een klaplong.'

'Er zitten wieltjes onder de tas,' verdedig ik mezelf. 'Voortslepen is geen tillen.'

'Je praatje is goed, maar je smoesje deugt niet.' Jan is onverbiddelijk. Ik steek mijn handen in de lucht in een gebaar van overgave. Hij geeft me een zoen.

'Kom, we gaan.' Hij pakt de sporttas op. Ik neem het mobiele zuurstoftankje in mijn armen als een baby en volg hem moeizaam, maar niet voordat Balou een aai over haar bol heeft gehad.

'Moet ik je dragen?' vraagt Jan als ik hijgend bij de trap sta.

'Nee, ik loop wel.' Hij denkt er het zijne van, maar laat me mijn gang gaan. Ik voel me grijs als de bekleding van de trap. Daar gaan we, op naar De Bunker. De plek die als geen ander tegenstrijdige gevoelens in me oproept. Ik wil er niet zijn, ik heb een enorme hekel aan dat blok beton, gevuld met pijn, ellende en nare herinneringen. Maar op momenten dat mijn schip stuurloos is, gooi ik het roer om en moet kapitein Hugo me weer de veilige haven insturen. Dit is zo'n moment.

Tijdens de rit naar Den Haag praten we nauwelijks. Jan houdt mijn hand vast en kijkt me af en toe bezorgd aan. Ik probeer hem met mijn glimlach gerust te stellen. Ik geloof niet dat het lukt.

Gelukkig is er een invalidenparkeerplaats bij de eerste hulp vrij. We melden ons bij de receptie. Ciska heeft haar werk weer uitstekend gedaan. Alle formulieren liggen klaar en ik word direct naar een apart kamertje gebracht. Binnen vijf minuten word ik opgehaald voor de longfoto. Dan is het wachten op de uitslag. We krijgen een kop koffie aangeboden. Een vlotte, blonde arts komt ons kamertje binnen. Ze stelt zich voor en vraagt of de foto al gemaakt is. Ik knik beamend. Ze vraagt me of ze even naar mijn longen mag luisteren. Ik trek mijn shirt uit en zet me schrap voor het koude metaal van de stethoscoop op mijn huid. Ik probeer met geforceerd hoesten het rare geluid te produceren. Het lukt niet. Zul je altijd zien.

'Ik hoor ademgeruis over je hele long, dus dat pleit ervoor dat je geen klaplong hebt. Kleed je maar weer aan, dan ga ik de foto even bekijken.' Weer is het wachten. Ik trommel zenuwachtig met mijn vingers op mijn knie. Buikpijn van de stress. De deur gaat weer open.

'Ik heb de foto voor de zekerheid even doorgemaild naar dokter Hugo. Ik twijfel een beetje over je rechterlongtopje. Daar lijkt een soort blaas op te zitten, maar het is niet helemaal duidelijk of het randje ook wat ingezakt is.'

'Kut!' flap ik eruit. Mijn literaire aspiraties zijn plotseling ver te zoeken. Al snel belt dokter Hugo zijn bevindingen door. Er zit inderdaad een blaas in de top van mijn rechterlong, maar er lijkt geen sprake van een beginnende klaplong. Ik laat het beetje lucht wat ik nog heb ontsnappen. Pfff. Op het moment dat ik uitblaas, klinkt het piepje weer. De dokter hoort het ook. Het vonnis is in mijn voordeel uitgepakt, maar de afwikkeling is onbevredigend. Het voelt als een gerechtelijke dwaling. Er is wel degelijk iets aan de hand, maar ik kan ontsnappen aan gepaste maatregelen door gebrek aan bewijs.

'Nou, dan gaan we maar weer. Bedankt voor de snelle service.' Ik geef de dokter een hand en Jan volgt mijn voorbeeld. Het loopt inmiddels tegen achten. We hebben nog niets gegeten.

'Zullen we een broodje halen bij die KlysmaClown?' stel ik voor. Jan grinnikt en weet meteen wat ik bedoel. We hebben al vaker smakelijk gelachen om de Ronald McDonald-donatieclown, waar de behoeftige snacketer zijn overtollige kleingeld in kwijt kan voor het goede doel, om zo toch nog een prettig gevoel over te houden aan het zondige snacken. Clown Ronald gaat nog een stapje verder dan Holle Bolle Gijs. Hij bewaart de gulle giften niet in zijn maag, maar voert ze af via een slang in zijn kont en bedankt er niet eens voor. Tot nu toe hebben we onze eetlust niet laten verpesten door zijn permanente muntendiarree.

'Hm, heerlijk troosteten,' zeg ik even later luid smakkend tegen Jan, terwijl de ketchup van mijn cheeseburger op mijn broek druipt.

'Ik heb gewonnen!' jubel ik als ik zie dat Jan er nog ongeschonden bij zit. We zijn allebei kampioen knoeien en grootverbruikers van vlekkenmiddelen en de wasmachine. *Flats*, frietsaus op Jans broek.

'Eén-één!' Het gaat weer gelijk op in onze knoeicompetitie. Mijn heerlijke, zompige cheeseburger is inmiddels verorberd. Het broodje is te zoet en te klef, het vlees te vet en de kaas te plastic. Waarom vindt een mens dit eigenlijk lekker? Misschien wel omdat het zo lekker fout is. Ik begin aan de frietjes. Veel saus tegen de droogte. Ragfijne zoutkorrels blijven achter op mijn vingertoppen. Ik lik ze eraf.

Drie happen verder is het uit met de pret. Ik moet stoppen met eten. Mijn maag zit te vol en drukt tegen mijn longen aan, waardoor het ademen nog moeilijker wordt dan het al was. Enerzijds heb ik een hoog calorisch dieet en moet ik twee keer zoveel eten als gezonde mensen om niet te eindigen als een gratenpakhuis, anderzijds kán ik steeds minder eten omdat mijn longen alle ruimte nodig hebben die er is om nog een beetje te kunnen functioneren. Een uitgezette maag bemoeilijkt dat nogal.

'Mijn ogen waren weer groter dan mijn maag,' verzucht ik tegen Jan.

'Ik offer me wel op, voor deze ene keer,' reageert hij lachend. Ik voer hem tot mijn hamburger en frietjes zijn verdwenen.

Drie dagen na ons bezoekje aan het ziekenhuis is het rare geluid nog steeds niet verdwenen. Ik probeer het maar te negeren. Ben zo ontzettend moe. Vandaag is het Valentijnsdag en ik heb niks voor Jan kunnen kopen. Te benauwd om iets te doen. Ook geen puf om een gedicht voor hem te maken. De dag van de liefde gaat een beetje ongemerkt aan me voorbij. Ik lig veel op de bank en slaap. Na het eten strompel ik naar de wc. Terwijl ik plas krijg ik een enorme hoestbui en dan ineens, *bam*. Ik kan niet meer ademen. Alsof er een zak over mijn hoofd wordt getrokken. Ik voel mijn ogen uitpuilen en raak in paniek. Jan heeft door dat er iets mis is en komt aanrennen.

'Happy Valentine,' zeg ik met mijn laatste adem in een poging de situatie wat te verluchtigen. Ik wijs op mijn rechterlong.

'Klaplong?' vraagt Jan bezorgd. Ik knik.

'Moet... naar... Leyenburg,' hakkel ik.

'Ik bel een ambulance,' zegt Jan.

'Ambulance... niet... nodig... kunnen... zelf... wel.'

'Zelf rijden? Ben jij belazerd, je wordt steeds paarser!'

Ik begin licht in mijn hoofd te worden. Het is net of iemand bij elke inademing consequent mijn neus dichtknijpt. Hoelang hou ik dit vol?

'Toch... maar... ambulance.' Jan is al aan het bellen. Ik weet inmiddels niet waar ik het zoeken moet van ellende. Mijn tong hangt uit mijn mond en ik kruip over de vloer op zoek naar lucht. Ik vind het niet. Snot druipt onverminderd uit mijn neus en ik kan het niet stoppen. Alle druk is uit mijn borstkas verdwenen en de kracht voor iets simpels als mijn neus ophalen, ontbreekt volledig. Jan heeft mijn zuurstofapparaat gelijk op de hoogste stand gezet, maar het is niet toereikend. Ik eindig ergens tussen de bank en salontafel in. Stekende pijn in mijn borst. Gek genoeg is de paniek verdwenen, er is geen ruimte meer voor. Focussen moet ik, focussen op het binnenkrijgen van zo veel mogelijk zuurstof. 'Blijven ademen en niet doodgaan' is de mantra die mijn gedachtewereld beheerst. Ik wil bij Jan blijven! Balou zit verstard in haar mand. Jan komt naast me zitten. Ik hang inmiddels half over de salontafel heen.

'Balou... Marc... en Nicole.' Hij belt. En dan merk je weer wat echte vrienden zijn. Ze zijn er nog eerder dan de ambulance en nemen Balou mee. Een pak van mijn hart. In de verte klinkt een sirene. Een minuut later rent het ambulancepersoneel binnen, grote zwarte koffer en zuurstoffles in de hand. Blauwe, plastic handschoenen aan. Ze stoppen mijn wijsvinger in een apparaat dat het zuurstofgehalte in mijn bloed meet. Veel te laag. Terwijl de een naar mijn longen luistert en constateert dat rechts 'het niet goed doet', bindt de ander mijn arm af om een infuus te prikken. Wild schud ik mijn hoofd en trek mijn arm terug.

'Drain!' breng ik wanhopig uit. 'Ziekenhuis, snel!' Jan grijpt in.

'Geen infuus, want ze is nauwelijks meer te prikken. Duurt veel te lang. Ze moet zo snel mogelijk een drain hebben.' Jan weet ze te overtuigen. Het zuurstofgehalte in mijn bloed blijft zakken. Ik word losgekoppeld van mijn eigen apparaat en ik krijg een zuurstofmasker met vijftien liter op mijn gezicht. Daar kan de vijf liter die mijn eigen apparaat maximaal geeft niet tegenop. Ze proberen het masker vast te zetten op mijn hoofd. Ik raak in paniek. Hoe kan ik nou ademen als mijn mond en neus in een piepklein masker worden geperst? Jan legt uit dat ik maskerangst heb door een neuspolieptraumaatje uit mijn jeugd. Ik mag het masker zelf vasthouden en bij mijn mond houden. De zuurstof blaast zo hard dat het evengoed wel op zijn plek komt. De ambulancebroeder belt naar het dichtstbijzijnde ziekenhuis, het OLVG.

'Hebben jullie plek voor meisje Moelands? Ze heeft cystic fibrosis en vermoedelijk een ernstige pneumothorax rechts,' hoor ik hem zeggen. Hij dreunt nog wat zuurstofwaardes en andere gegevens op. Aan zijn reactie merk ik dat hij nul op het rekest krijgt. Vreemd. Nood is toch nood? Hij belt verder naar een volgend ziekenhuis. In het AMC ben ik wel welkom. 'We stabiliseren haar nog een beetje en dan komen we eraan,' sluit hij af.

'Hoe krijgen we haar naar beneden?' denkt zijn collega hardop.

'Ik draag haar wel van de trap af,' zegt Jan. Ik kijk hem wanhopig aan. Ik moet zo snel mogelijk naar een ziekenhuis voor een drain, anders overleef ik dit niet! Jan maant de ambulancemensen tot actie terwijl hij me in zijn armen neemt en me zo snel als hij kan de trap af draagt. De ambulancebroeder volgt met de zuurstoftank. Ik hou het masker angstvallig voor mijn mond. Mijn leven hangt ervan af. In mijn hoofd wordt het waziger en waziger. Ik ben nog wel bij bewustzijn, maar niet goed meer in staat om te communiceren. Mijn lijf voelt ijskoud aan. Door het zuurstofgebrek laat de bloeddoorstroming in mijn lichaam te wensen over. Alle kracht die ik in me heb, is net voldoende om mijn vitale organen aan de praat te houden. Ik knok voor wat ik waard ben. Ik wil NIET dood!

In razend tempo takelen ze me in de ambulance. Voordat ik naar binnen word geschoven vang ik nog net een glimp op van de buren aan de overkant. Ik ben het nieuws van de dag. Eén ambulancebroeder gaat naast me zitten. Hij controleert permanent mijn hartslag en zuurstofwaardes. Jan en zijn collega nemen voorin plaats. De sirenes beginnen te loeien en in vliegende vaart gaan we op pad. De kortste route is afgesloten dus we moeten via een omweg. We stuiteren over hobbels en kuilen terwijl ik vecht voor mijn leven. Mijn eerste rit in een ambulance is er gelijk een om nooit meer te vergeten. De *bumpy ride* eindigt gelukkig snel bij de eerste hulp van het AMC.

Een heel team van deskundigen staat me buiten al op te wachten. Snel word ik naar binnen gereden in een ruimte met allemaal apparatuur en op een behandeltafel gezet. Liggen kan ik niet, te benauwd. Ik hang voorover, mijn tong op mijn schoenen. Het valt me op dat mijn handen helemaal paars zijn. En koud, zo koud.

Mijn bovenkleren worden uitgetrokken en een arts luistert naar mijn longen, terwijl een ander het röntgenapparaat in stelling brengt. Weer een ander regelt mijn zuurstof en hangt me aan wat controleapparatuur. Ik voel me hier veilig. Deze geoliede machine van hulpverleners geeft vertrouwen voor zover dat gaat in deze situatie. Misschien ga ik het met hun hulp toch overleven. Mijn ogen zoeken naar Jan. Hij staat wat verder achter in de kamer en laat het team zijn werk doen. Zodra de foto is gemaakt en er wat ruimte is komt hij naar me toe. Ik pak wanhopig zijn hand vast. Tranen in mijn ogen.

'Ik... wil... niet... dood, ik... wil... bij... jou... blijven. Ik... hou... zoveel... van... jou.' Ik realiseer me dat ik dezelfde woorden gebruik die Ron drieënhalf jaar geleden op zijn sterfbed tegen mij uitsprak.

'Ik ook van jou, lieffie. Het komt goed. We slaan ons hier wel door-

heen.' Ik knik hoopvol. Wil hem zo graag geloven. De arts komt de uitslag van de foto vertellen.

'Je hebt inderdaad een ernstige klaplong. Je hele rechterlong is ingezakt
en functioneert niet meer. We gaan nu direct een drain inbrengen om de
lucht die zich in je borstholte heeft opgehoopt en je long in elkaar drukt,
te kunnen afvoeren. Als de drain er eenmaal inzit, kun je gelijk een stuk
beter ademen.' Ik knik instemmend. De drain die ik in 2006 kreeg bij
mijn vorige klaplong was letterlijk een enorme opluchting.

Iemand zet een krukje bij Jan neer, zodat hij kan gaan zitten tijdens
de ingreep. Ze vertrouwen zijn standvastigheid blijkbaar niet helemaal.
De arts maakt zich klaar en hult zich in steriele kleding. Een assistent
legt alle spullen klaar die ze nodig heeft. Jan kijkt vol afschuw naar de
breinaalddikke pook die ze diep tussen mijn ribben door in mijn borstholte gaan steken.

'Normaal zap ik weg bij dit soort programma's,' zegt hij droog. Ondanks alle ellende weet hij me toch weer aan het lachen te krijgen.

De arts is klaar met haar voorbereiding. 'Kun je op je zij gaan liggen,
denk je?' vraagt ze. Ik schud van niet. 'Dacht ik al. Ik ga proberen om
de drain in te brengen terwijl je zit.' Ik knik dankbaar. Ik word beplakt
met steriele groene docken.

'Mag... ik... heel... veel... verdoving? Ik... houd... niet... zo... van...
pijn.'

'We zullen je goed verdoven, meisje. Als jij probeert zo stil mogelijk
te zitten, dan doe ik mijn best om de drain zo voorzichtig en snel mogelijk in te brengen.' Ik knik dapper, maar het lukt me niet om mijn
klapperende tanden onder controle te krijgen. Jan knijpt bemoedigend
in mijn hand. 'Komt goed, schatje.'

'Daar komt de verdoving.' Vlak na de aankondiging voel ik een
scherpe pijn tussen mijn ribben. Ik kreun zachtjes maar verroer geen
vin. Ik voel dat de verdovingsvloeistof wordt ingespoten. Steeds wordt
de lange naald een stukje verder mijn borstkas ingeduwd, gevolgd door
weer wat verdoving. Al snel merk ik dat mijn lichaam zich er gewillig
aan overgeeft.

'Zo, dit moet wel voldoende zijn. Ik laat het heel even inwerken en dan ga ik de incisie maken.' Ik zet me schrap.

'Voel je dit?' Ik schud ontkennend mijn hoofd.

'Mooi, dan ben je goed genoeg verdoofd. Daar komt het sneetje.' Ik voel wel dat er wat geprutst wordt in mijn rechterzij, maar pijn blijft uit. 'Oké, dan komt nu de naald waardoor ik de drain ga opvoeren.' Jan kijkt vol afgrijzen naar de naald die zo lang is als een haaknaald en zo dik is als een breinaald. Ik voel dat er met kracht iets tussen mijn ribben wordt geduwd. Nog steeds geen pijn.

'Ik ben nu bij je longvlies aanbeland. Dat ga je even voelen helaas.' Een seconde erna voel ik een hevige pijnscheut, maar die weegt niet op tegen de grotere stroom lucht die ik ineens door mijn neus naar binnen kan halen. De drain zit erin en doet meteen zijn werk.

'Ik ga de drain nu vasthechten en dan maken we zo een controlefoto om te kijken of hij goed zit.' Weer wat gefriemel en dan rust. Het zweet parelt op mijn voorhoofd en ik laat me uitgeput tegen Jan aanzakken. Ik voel nu pas hoe moe ik ben. Jan kroelt door mijn haren.

'Ben zo trots op je, lieffie.'

De steriele doeken worden van me afgehaald. Er zit aardig wat bloed aan.

'Zo, mijn collega poetst je nog even schoon en plakt de drain goed af. Je hebt het keurig gedaan, meisje.'

'Dank... je... wel,' zeg ik dankbaar. Ik vind het fijn dat ze me meisje noemt. Ik voel me zo kwetsbaar als een kind.

'Het is een bikkel, hoor,' zegt Jan trots.

'Dat is ze zeker.' De arts geeft hem lachend een hand.

Het röntgenapparaat wordt weer klaargemaakt voor de controlefoto. 'De drain zit goed, en je long begint zich al weer wat te ontplooien,' is even later de conclusie. 'Nu gaan we eens kijken of we nog ergens een bedje overhebben voor je.' De assistent loopt naar de telefoon en een collega helpt me in een geel ziekenhuishemd met drukknoopjes aan de zijkant. Het is veel te groot.

'Kan ik niet gelijk door naar mijn eigen ziekenhuis?' vraag ik hoopvol. Ik wil onder de hoede van dokter Hugo zijn. 'Het is niet verantwoord om je nu naar Den Haag te vervoeren. Daar ben je te ziek voor. We zullen wel contact opnemen met je behandelend arts en zodra het kan, word je naar je eigen ziekenhuis gebracht.' Ik ben teleurgesteld, maar weet ook dat hij gelijk heeft. Hij belt een rondje. 'Het wordt de mediumcare-afdeling.' Medium care is een stap verwijderd van de intensive care. Ben ik er echt zo slecht aan toe?

'Ik ga je ouders en je zus bellen.' Jan staat op. 'En Marco,' zeg ik. Mijn beste vriend moet ook op de hoogte zijn. Hij heeft dezelfde ziekte als ik en al twintig jaar delen we lief en leed. We leerden elkaar kennen in het kinderziekenhuis waar we allebei opgenomen lagen voor een antibioticakuur per infuus. Marco was altijd veel zieker dan ik, maar zeven jaar geleden redde een succesvolle dubbele longtransplantatie zijn leven. Sindsdien rent hij me eruit. Jan knikt. 'Ik zal Marco ook op de hoogte brengen.'

Nou, daar lig ik dan, op de medium care. De opvangbak voor wondvocht en lucht uit mijn borstkas, die met mijn drain is verbonden, pruttelt er gezellig op los. Verpleging reuze aardig en deskundig. In de kamer is een tweede bed bijgeschoven voor Jan. Ik wil dat hij bij me is voor het geval ik toch nog het hoekje om ga. Ik voel me volkomen hulpeloos en ik ben bang. Zo bang. Van mijn grote mond is niets meer over.

'Je ouders zullen er zo wel zijn.' Jan nipt van het bakje ziekenhuiskoffie dat hij van de verpleging heeft gekregen. Er gaat een steek door mijn hart als ik aan papa en mama denk. Voor de zoveelste keer in mijn leven heb ik ze de stuipen op het lijf gejaagd. En mijn arme Jan, hij verdient een gezonde vrouw.

'Jan, ik wil niet dood.' Ik pak zijn hand en kijk hem diep in zijn ogen.

'Je gaat niet dood, schatje. Het komt goed.'

'Echt waar?'

'Echt waar.'

Ik wil niets liever dan hem geloven. Ik voel een hoestbui opkomen.

Probeer hem tegen te houden, maar het lukt niet. Ik schreeuw het uit van de pijn. Bij elke hoest tikt de drain binnen in mijn borstkas tegen mijn longvlies aan en dat voelt als een trap tegen je schenen tot de tiende macht. Ik knijp Jans hand fijn. Hij kan me alleen maar vasthouden en machteloos toezien. Ik laat me terugvallen in de kussens. Tot nu toe heb ik pijnstilling geweigerd, maar ik weet niet hoelang ik het zonder wat verdoving ga volhouden. De deur gaat open. Papa en mama komen binnen. Ik moet huilen als ik ze zie. Ze omhelzen me allebei en pakken mijn handen. 'Meisje toch,' zegt papa.

'Sorry,' huil ik. 'Sorry dat ik jullie weer zo heb laten schrikken.'

'Och, lieverd, hou daar eens heel snel mee op. Schuldgevoel lijkt me hier niet helemaal op zijn plaats.' Papa's kleine meid krijgt een standje en zwijgt nederig.

'Ik rij zo even met je vader naar huis om wat spullen te halen.' Jan staat op en trekt zijn jas aan.

'Pap, mag ik je schrijfblokje en pen even lenen?' Mijn vader heeft altijd pen en papier in zijn borstzakje zitten, waarop hij alle bijzondere dingen noteert die hij om zich heen ziet. Hij geeft het aan me en ik maak een lijstje voor Jan met spullen die ik absoluut nodig heb. Boeken en iPod zijn eerste levensbehoeften. Jan neemt het lijstje door en dekt zichzelf vast in. 'Ik hoop dat ik alles kan vinden.' De mannen vertrekken en mijn moeder zit naast me en houdt mijn hand vast. Ik probeer zittend wat te slapen. Het vechten voor mijn leven en de helse pijnen hebben me volledig uitgeput.

Ik hoor wat zacht gefluister. Een roerstaafje dat over de bodem van een plastic bekertje schraapt. Een weeïge koffielucht in de kamer. Ik doe mijn ogen open. Daar zitten ze, mijn drie musketiers. Ik heb niet gemerkt dat mijn vader en Jan de kamer zijn binnengekomen. Jan ziet dat ik wakker begin te worden en komt naast me zitten. Geeft me een zoen. 'Hoe voel je je, lieverd?'

'Pijn. Benauwd.'

Hij streelt mijn hand.

'Is het allemaal gelukt met de spullen?'

'Ik denk het wel,' zegt hij.

Mijn ouders staan op. Ze zien er moe uit. 'Wij slapen vannacht in jullie huis, schat,' zegt mijn moeder. 'Dan zijn we snel bij je als er iets is.' 'Fijn dat jullie in de buurt blijven. Ga maar lekker naar ons huisje toe, wij redden ons wel.' Ze knuffelen me allebei. 'Slaap lekker,' probeer ik enthousiast te zeggen. Pa kijkt alsof hij water ziet branden. 'Nou ja, probeer het althans,' laat ik erop volgen. 'Tot morgen, dag Jan.' Ze vertrekken. 'Zullen we nog heel even lezen?' stel ik Jan voor. Van lezen voor het slapengaan word ik altijd rustig.

'Welk boek wil je hebben?'

'Cody McFadyen.' Hij geeft me het boek aan en pakt voor zichzelf zijn iPod. Het vasthouden van het boek valt me zwaar, maar ik zet door. Als ik een paar minuten lig te lezen komt een verpleegster nog even een laatste check doen. Ze kijkt naar mij, naar mijn boek en trekt haar wenkbrauwen op.

'Is er iets?' vraag ik verbaasd. Jan kijkt ook naar mijn boek.

'Eh, goeie titel, schat...'

'Hoezo?' Ik kijk naar de kaft. *Tijd om te sterven* staat er met koeienletters op. Ik grinnik.

'Dagtut niet.'

Ik word wakker. Donker, overal donker om me heen. Verstikkend. Waar ben ik? Een vertrouwd geluid. Jans snurkje. Pijn, kan bijna niet ademen. Dan weet ik het weer. Klaplong. Gierende sirenes, vechten tegen de dood. Ik hang onderuitgezakt in het ziekenhuisbed. Mijn nek gedraaid in een onmogelijke bocht. Koppijn. Kussens in mijn rug. Warm, ik heb het zo warm. Het zweet parelt op mijn voorhoofd. Koude rilling als een straaltje via mijn nek langs mijn rug glijdt. Mijn onderbroek en gele ziekenhuishemd zijn drijfnat. Ik gooi de lakens van me af. Pijn bij elke beweging. Gepruttel in mijn longen. Ik voel een hoestbui opkomen. Nee, niet weer. Ik kan het niet stoppen. De eerste kuch. Die helse, snijdende pijn. Nog een hoest. Ik gil het uit.

Jan staat meteen naast mijn bed en pakt mijn hand vast. Ondersteunt mijn rug. Dan is er geen houden meer aan. Een hoestbui die oneindig lijkt te duren, beneemt me de adem. Ik val bijna flauw van de pijn en het zuurstofgebrek. Jan houdt me overeind en drukt op de bel voor de verpleging. In no time staat er een zuster naast mijn bed. Ze zet mijn zuurstof wat hoger. Het hoesten stopt. Ik probeer te ademen. Het lukt niet. Weer die zak over mijn hoofd, die dichtgeknepen keel en neus.

'Long... niet... goed,' ik maak een klapgeluid met mijn handen in de hoop dat ze snappen wat ik bedoel. Jan vertaalt mijn uitlegpoging. 'Ze denkt dat haar long weer is ingezakt.' De kordate verpleegster belt de röntgen en binnen vijf minuten rijdt er een mobiel apparaat de kamer binnen. Er wordt een foto gemaakt, een arts gebeld.

'Je had gelijk, je long is inderdaad weer ingezakt,' deelt een arts me even later mee. 'We gaan je aan de zuig leggen, omdat de drain blijkbaar niet voldoende lucht uit je borstholte kan laten ontsnappen.' Ik knik. Het maakt me niet uit, maar doe iets. Kan niet ademen! Geef me lucht!

Er wordt druk geknutseld met slangen, T- en verlengstukjes en tape. Heel veel tape, om te zorgen dat er geen lekkage kan ontstaan in het bouwwerk. Een tweede drainbak wordt aangesloten voor de afvoer van lucht en vocht en ook het zuigsysteem dat in de muur achter mijn bed zit mag zijn werk gaan doen. Zodra het is aangesloten krijg ik eindelijk een beetje meer lucht. Ik ben blij met elk teugje dat ik binnenkrijg.

Ik moet plassen. Hoe ga ik dat doen nu ik 'aan de muur hang'? Mijn actieradius is zo groot als mijn slangen lang zijn, zo'n anderhalve meter. De badkamer ga ik niet meer halen. Piesen en poepen moet vanaf nu op een postoel naast mijn bed. En als ik ergens een hekel aan heb... Ik herinner me mijn eerste ontmoeting met de postoel in 2006, toen mijn linkerlong was ingeklapt. Wat een afgang. Ik haatte het, vond het zo gênant. Er zijn nou eenmaal dingen waar je graag een beetje privacy bij hebt. Mijn blaas oefent gepaste druk uit. Ik kan niet langer wachten.

'Mag ik een postoel,' vraag ik met een klein stemmetje aan de zuster.

'Natuurlijk, ik haal er een voor je.'

Terwijl ze het onding gaat halen, probeer ik af te wegen wat gênanter is, me laten helpen door Jan of door een wildvreemde zuster. Het feit dat ik me er druk om maak, stemt me hoopvol. Het betekent vast dat het nog niet zo slecht met me gaat, anders zou het me toch geen biet kunnen schelen? Toch? Als je doodgaat zijn er wel ergere dingen om je druk over te maken. Als mijn zetel wordt voorgereden, stap ik over mijn trots heen die gelukkig net binnen mijn actieradius van anderhalve meter ligt. Jan helpt me alsof hij nooit anders gedaan heeft. *'Take it away, babe,'* zegt hij, alsof het de normaalste zaak van de wereld is dat ik midden in een ziekenhuiskamer mijn behoefte zit te doen.

De weg kwijt

We zijn een paar dagen verder. Het gaat nog steeds niet goed. Zodra het zuigapparaat wordt uitgezet, kan ik niet meer ademen. Eng idee dat ik het op eigen kracht niet red. Vandaag mag ik wel over naar mijn eigen ziekenhuis. Ik kan niet wachten om in de veilige handen van dokter Hugo te zijn. Dan komt het vast allemaal goed.

Ik ben geen fan van de arts die de afgelopen dagen aan mijn bed is verschenen. Ze roept steeds maar dat ze me wil laten opereren om het gat in mijn long te dichten. Als ik iets niet ga overleven in deze conditie, dan is het wel een operatie. Dan wil ze de long weer 'plakken' met talk. Dé plakmethode die zo lang mogelijk vermeden moet worden als iemand op de wachtlijst voor longtransplantatie staat omdat het de uitname van de oude longen ernstig bemoeilijkt en voor grote complicaties kan zorgen. Zo snel mogelijk wegwezen is het beste.

Jan is druk met alle spullen inpakken terwijl we wachten op de ambulance die me naar Den Haag zal brengen. Een klop op de deur. Daar zijn ze. Twee man sterk met brancard en mobiel zuigapparaat dat me tijdens de reis moet helpen met ademen.

'Het is geen MICU geworden, want die moest ingezet worden voor een spoedgevalletje. Als troost hebben we wel een speciale intensivecarebroeder voor je in de aanbieding.'

'Jammer van die MICU,' zucht ik enigszins teleurgesteld, terwijl ik mijn troostprijs de hand schud. Een MICU-ambulance is een soort intensivecare-op-wielen. Schijnt er nogal stoer uit te zien. Het leek me wel tof om in zo'n indrukwekkend ding vervoerd te worden. Als ik iets doe, dan doe ik het goed en wanneer krijg je nou de kans om zo'n ding eens van dichtbij te zien? Vandaag niet in ieder geval.

'Volgende keer beter,' grinnik ik.

'Wat vind je ervan als we die volgende keer overslaan en het bij deze keer houden? We gaan alleen nog een ambulance in als er nieuwe longen voor je zijn, oké?' Ik kan me wel vinden in Jans voorstel.

'Nou, zullen we dan maar?' Vakkundig en snel word ik aangesloten op het mobiele zuigapparaat. Dat moet ook wel, want zodra de drain wordt dichtgezet en de zuigslang van het apparaat in de muur wordt gehaald, kan ik meteen niet meer ademen. Zal ik ooit weer in staat zijn om zelf te ademen, zonder slangen en andere hulpstukken? Ik kreun als ik van mijn bed op de brancard word getakeld. Bij elke minuscule beweging krijg ik een oplawaai van de drain tegen mijn borstvlies. Hel, wat doet dat pijn! Ze zeggen dat alles went, maar dit niet. Dit is te heftig. Ik smeek om een pijnstiller om de reis beter te doorstaan. Ik word op mijn wenken bediend.

Al snel begint het snoepje zijn werk te doen. Ik omarm de wazige mist die zich in mijn hoofd begint te vormen. Nadenken is een stuk lastiger zo en ik kan niet zeggen dat ik daar rouwig om ben. Soms is het beter om je verstand uit te schakelen en alles maar over je heen te laten komen. Ik word de kamer uit gereden. Jan loopt mee tot aan de ambulance. Tot mijn grote opluchting wordt de brancard voorzichtig naar binnen geschoven. Ondanks de pijnstiller bijt ik bij elk schokje mijn tanden bijna stuk. Gelukkig is mijn gebit het sterkste onderdeel van mijn lijf. Ik hang als een zak aardappels op de brancard. De rit is nog niet eens begonnen en ik ben al bekaf.

'Als ik een hoestbui krijg, wil je dan mijn hand vasthouden?' vraag ik de IC-broeder. 'Ik heb zoveel pijn dat ik het niet red zonder een steuntje in de rug.'

'Geen probleem,' zegt de aardige broeder en hij lacht als Jan zegt: 'Besef je wel dat je de enige man bent, buiten mijzelf, die de hand van mijn vrouw mag vasthouden?'

'Ik zal goed op haar passen,' stelt hij hem gerust.

'Tot straks.' Jan geeft me een kus en zwaait ons uit. Hij zal met onze eigen auto volgen.

Tijdens de reis probeer ik zo goed en zo kwaad als het gaat een praatje aan te knopen met mijn begeleiders. Als we dan toch met elkaar opgescheept zitten, dan kunnen we het beter maar gezellig maken, nietwaar? Ik vertel wat over mijn boeken, probeer af en toe een grap te maken. Het praten put me uit en ik word steeds benauwder. Mijn neusvleugels trekken vacuüm in een poging voldoende lucht naar binnen te halen. De pijnstillers maken me suf. Ik voel mezelf steeds verder wegzakken en laat het maar gebeuren. Geen energie om ertegen te vechten.

Mist in mijn hoofd. Stilte om me heen. Ik probeer mijn ogen open te doen. Het gaat moeizaam. Versuft kijk ik om me heen. Links van me zitten twee mannen. Langzaam dringt het tot me door waar ik ben. Kuil in de weg. Bonk en auw. Ik probeer wat rechter op te gaan zitten. Had ik beter niet kunnen doen. Ik voel een enorme hoestprikkel opkomen. Nee, niet weer die pijn! Maar ik kan het niet stoppen. De ambulancebroeder gaat naast me zitten en steekt zijn hand uit.

'Hier, knijp maar.' Ik pak de kans met beide handen en kijk hem dankbaar aan. Hij is onze afspraak nog niet vergeten. Ik hoest en ik hoest terwijl ik kapotga aan die vlammende, vreselijke pijn en de tranen over mijn wangen lopen. Maar ik doorsta het, mede door de warme hand van de broeder waar ik me zo aan vastklamp. De compassie stroomt van zijn hand in de mijne. Deze man heeft door dat hij met mensen werkt en ziet me niet als een nummer. Hij verzacht een niet te harden moment en dat doet me zo ontzettend goed.

'Weet iemand hoe we bij dat ziekenhuis moeten komen?' De chauffeur klinkt lichtelijk wanhopig. Ik kijk naar buiten en probeer me te oriënteren. Ik herken niks. We rijden ergens midden in Den Haag en ik heb geen flauw idee waar we zijn.

'Sorry, ik ben in slaap gevallen en heb niet opgelet,' verontschuldig ik me. Terwijl ik het zeg, besef ik hoe idioot dat eigenlijk is. Het is niet mijn taak om als KimKim voor TomTom te spelen. Ik moet er toch van uit kunnen gaan dat een ambulance me veilig van het ene naar het andere ziekenhuis kan brengen, zonder te verdwalen.

'Misschien kun je beter terugrijden richting de snelweg en van daaruit Den Haag-Zuid aanhouden. Dan weet ik het wel.' De chauffeur doet wat ik zeg en als uiteindelijk De Bunker opdoemt in mijn gezichtsveld, ontsnapt me een zucht van opluchting. Ik kan niet wachten tot ik geïnstalleerd ben in het ziekenhuiskamertje dat voorlopig mijn thuis zal zijn. Via de speciale ambulance-ingang rollen we naar binnen en nemen we de lift naar de longafdeling. Daar loopt Jan al te ijsberen.

'O, gelukkig je bent er, ik was doodongerust! Niemand wist waar je was en ik kreeg je niet te pakken op je mobiel. Ik was zo bang dat er iets gebeurd was.'

'We waren verdwaald,' leg ik uit. Jan kijkt me fronsend aan. 'Verdwaald? Met een ambulance?' Ik haal mijn schouders op. Had ik beter niet kunnen doen. Een vlammende pijn trekt door mijn borstkas. Jan ziet mijn gezicht verkrampen van de pijn.

'Gaat het?'

'Ach,' kreun ik.

'Kom, we moeten naar kamer 17,' instrueert Jan mijn brancardbestuurders. Bij binnenkomst in mijn nieuwe onderkomen zie ik dat er ook al een bed voor Jan klaarstaat. Gelukkig. Ik wil hem bij me hebben, zonder hem red ik het niet. Met veel moeite en hulp weet ik van de brancard op het bed te komen. Ondanks de pijn bij het verplaatsen, glimlach ik. Jan heeft al zijn best gedaan om de kamer iets persoonlijks mee te geven. Op het magneetbord aan de muur prijkt een groot hart van magneetjes. Ik kijk hem aan en blaas hem met het beetje lucht dat ik heb een handkusje toe. De verpleging is inmiddels druk met het klaarmaken van het zuigapparaat aan de muur, waar ik zo op aangesloten zal worden. Kriebels in mijn buik van de spanning. Als ze maar snel zijn. Bij de gedachte dat mijn adem weer helemaal wordt afgesneden zodra de slangen van het mobiele zuigapparaat worden losgemaakt, raak ik in paniek. Ik probeer mezelf tot de orde te roepen. Hyperventileren als je al nauwelijks lucht hebt is niet handig... Jan ziet de angst in mijn ogen en pakt mijn hand.

'Rustig maar, ik ben bij je.' Ik zoek houvast in zijn ogen.

Gedragen door liefde

De weken gaan voorbij. Een dag nadat ik in Den Haag ben gearriveerd, ben ik op de hoog-urgentwachtlijst gezet voor nieuwe longen. Via de gewone wachtlijst maak ik geen kans omdat ik er zo slecht aan toe ben. Er zijn veel te weinig donoren en de wachttijden te lang. Mijn situatie verbetert niet. Mijn long weigert te ontplooien en ik kan nog steeds niet ademen zonder hulp van het zuigapparaat. De artsen zijn bezorgd. Ik lees in hun ogen dat ze me alles gunnen, maar weinig kunnen geven. Ik word maximaal behandeld en mijn lijf vecht en knokt, maar zonder resultaat. Ik kan niet oneindig aan die slangen blijven liggen, op een gegeven moment houdt het op. Dat besef begint steeds meer door te dringen. Maar hoe groter dat besef, hoe vuriger mijn vechtlust. IK WIL NIET DOOD. Ik wil knokken voor die tweede kans.

Alles wil ik ervoor opgeven, zelfs de grenzen die ik gezworen had nooit te overschrijden. Ik ben bereid om tijdelijk mijn persoonlijkheid, individualiteit en zelfstandigheid in te leveren voor het hogere doel. En ik ben al een eind op weg, want ik ben compleet afhankelijk en kan niets zelf. Jan moet me met alles helpen. Als ik zin heb in een boterham met banaan, dan snijdt hij geen schijfjes, maar belegt mijn boterham met bananenhartjes. Ondanks de geweldige opdiening, kost eten me heel veel moeite. Ik ben continu misselijk en na elke hoestbui belandt mijn maaginhoud in de kotsbak die Jan vliegensvlug onder mijn neus duwt.

'Ik geniet graag twee keer van mijn eten,' grap ik, terwijl ik mijn mond afveeg.

Ik ben zo suf als een kanarie van de pijnstillers. De slangen in en aan mijn lijf zijn net lang genoeg om naast het bed te kunnen staan. De fysiotherapeut komt elke dag langs voor spiertraining en massage. Het is met het oog op transplantatie heel belangrijk dat mijn beenspieren sterk genoeg blijven. Na de operatie moet ik namelijk zo snel mogelijk weer kunnen staan en lopen voor het herstel. Als beloning behandelt hij daarna mijn pijnlijke nek en rug die zwaar overbelast zijn van het op bed liggen en naar adem snakken. Mijn enige uitje is de postoel. Het gebrek aan privacy gaat me steeds meer opbreken, maar met name het gebrek aan respect daarvoor. Als ik Jan niet als portier bij de deur zet, is even rustig naar de postoel gaan er niet bij. Het gordijn dat ik als 'deur' achter me dicht kan trekken, wordt door het gros van het personeel genegeerd. Regelmatig piept een keukenzuster haar hoofd om het gordijn met de vraag 'of ik nog iets wil drinken'. Het kost me steeds meer moeite om aardig te blijven.

Zeker veertig keer per dag komt er iemand mijn kamer binnenlopen die iets van me moet. De een wil bloed, de volgende een ingevulde etenslijst, dag en nacht moeten er nieuwe infuuszakken worden aangehangen met antibiotica en voeding, alarmpje hier en daar, drainbakken controleren op luchtlek en vocht, kopje thee?, kopje koffie?, maaltijden, tussendoortjes, flesjes bijvoeding, schoonmakers, technische dienst, artsen, verpleging, ontsmetten en verschonen van de drain, röntgenfoto. Er is altijd wel iets. Ik word er doodmoe van. Kon de deur af en toe maar eens op slot, was er maar een raam dat open kon.

Mijn wereld bestaat uit zestien vierkante meter grauw en grijs. De ramen zijn zo smerig dat naar buiten kijken nauwelijks meer kan. Toch weet ik met een beetje fantasie nog te genieten van de lucht. Dan drijf ik weg op de wolken en laat me denkbeeldig verwarmen door de zonsopgang die de wereld geel-oranje kleurt. Elke dag zak ik mee met de ondergaande zon, tip de skyline aan en vraag me af wat er achter die horizon ligt. Liggen daar nieuwe mogelijkheden op me te wachten of is daar slechts een deur die het leven in mijn gezicht dichtslaat?

De enige kleur in de kamer is Jan. Door hem en voor hem hou ik het vol. Humor houdt ons overeind. We introduceren de 'graplap', een denkbeeldige lijst waar we alle gekheid met een stokje opschrijven. We genieten tussen de ziekenhuisbedrijven door van elkaar en van de kleine dingen om ons heen. Dolblij ben ik ook met de voorjaarsbloemetjes die een vriendin uit haar eigen tuin voor me geplukt heeft. Ze brengt een beetje van de buitenwereld en het leven in mijn kamer. Ik kijk eindeloos naar de ragfijne bloemblaadjes, wit met een subtiel groen randje. Er kunstig opgeschilderd met het penseel van de natuur. Kwetsbaar maar zo vitaal. Ik koester ze. Ze staan symbool voor al het moois dat buiten op me wacht.

Mijn geluk zit in samen met Jan op bed liggen, handjes vasthouden, eindeloos in zijn ogen staren, met mijn vingers over zijn lachende lippen strijken, mijn wangen schuren aan zijn baardstoppels, tv-kijken, dvd's met de geweldige serie *24*, sushi of Thais, ontelbare lieve kaarten, spaarzame bezoekjes van vrienden, muziek, een goed boek, beetje mailen en surfen, lieve zusters en broeders...

Ontzettend blij word ik van de filmpjes en foto's van Balou die Marc en Nicole regelmatig sturen. Ze zijn een super logeeradres en het is meer dan duidelijk dat Balou het daar erg naar haar zin heeft. Het maakt het gemis een beetje goed. Als ik Balou zie dartelen op 'LouTube' zoals Jan en ik haar account op YouTube noemen, maakt mijn hart een sprongetje. Ik kan haar zachte vacht bijna voelen onder mijn handen, haar grote bruine ogen die me recht aankijken, haar lichte wenkbrauwen die haar koppie zoveel mimiek geven, haar oren die zo grappig flapperen als ze loopt. God, wat mis ik haar. Wat zou het geweldig zijn als ik ooit weer zelf met haar kan wandelen.

Jan heeft op mijn verzoek de hele kamer versierd met foto's uit betere tijden. Ik heb ze nodig om te overleven. Ik duik regelmatig onder in mijn mooie-momenten-foto's omdat ik bij het vooruitkijken op een blinde muur stuit. Ze zijn de deur naar vroegere tijden die altijd openstaat. Mijn overzichtelijke verleden, als een ouderlijk huis waar ik altijd welkom ben en waar alles op zijn plek staat. Geen verrassingen, alles onomkeerbaar. In mijn verleden weet ik waar ik aan toe ben en kan ik steeds weer de al beschreven pagina's van mijn levensboek met plezier herlezen.

's Nachts in het donker ben ik nog steeds bang. De schemerlamp met tl-kwaliteiten doet dienst als nachtlampje. Om de ergste felheid van het ding weg te nemen, heeft Jan er allemaal blauwe, papieren ziekenhuiswashandjes overheen geplakt. We dopen het kunstwerk *Jan De Bluevie*.

De dagen duren lang, maar ook weer niet. Mijn persoonlijke verzorging neemt steeds meer tijd in beslag. Met haren en andere onderdelen wassen zijn we al gauw een uurtje of twee zoet. Ik ben groot fan geworden van de verrijdbare haarwasbak, een goed alternatief voor een bezoekje aan de badkamer. Jan heeft zich het beroep van professioneel hoofdmasseur snel eigen gemaakt en kneedt, sopt en kamt vol overgave. Ook de zogenaamde bodywashdoekjes zijn onmisbaar geworden in mijn leven. Ze vervangen de ouderwetse washand met zeep. Jan poetst mijn lijf dagelijks tot glimmens toe. Het voordeel van die doekjes is dat je er én echt fris en schoon van wordt, maar dat ze ook een soort olie bevatten die ervoor zorgt dat je huid niet uitdroogt. Bijkomend voordeel is ook dat je niet extra afgedroogd hoeft te worden en dat scheelt weer heel veel energie.

Het zijn dezelfde doekjes waarmee ik Ron vijf jaar geleden waste op de IC. Ze ruiken nog steeds naar Zwitsal. Met gemengde gevoelens denk ik terug aan die tijd. Nu ben ik zelf de 'Ron' en Jan speelt de 'Kim'. Een herhaling van zetten op een ander schaakbord. Ron werd uiteindelijk schaakmat gezet. Zal mij hetzelfde gebeuren?

Jan beschermt me ook tegen onnodige onderzoeken en ander gepruts. Ik ben te zwak om goed voor mezelf op te komen en de pijnstillers leggen me lam. Dat blijkt wel als hij me even een halfuurtje alleen laat om een luchtje te gaan scheppen. Net op dat moment komen ze een infuuslijn prikken en dat gaat met grof geweld en zonder verdoving. Een waar steekspel met als resultaat geen infuuslijn, maar een doorboorde spier in mijn linkerbovenarm met een enorme bloeduitstorting en nog wat andere gaten en blauwe plekken. Helaas ben ik niet zo ongevoelig als de man die zich op me uitleeft en ik verga van de pijn. Jan is woest als hij me bij terugkomst hulpeloos in bed ziet liggen met betraande wangen en blauwe armen. 'Ik zal die vent eens opzoeken en vertellen dat hij niet in een meloen staat te prikken, maar in mijn vrouw!' Hij helpt me overeind want de linkerarm waar ik me nog een beetje mee kon opduwen kan ik nu ook niet meer gebruiken. Weer een stukje zelfstandigheid ingeleverd en weer een portie pijn erbij. De grenzen worden steeds krapper.

Gelukkig is Jan er wel bij als ze de dag erna een infuuslijn onder mijn sleutelbeen gaan aanbrengen. Normaal gesproken wordt zo'n lijn op een speciale röntgenkamer ingebracht, maar ik ben nog steeds aan bed gekluisterd door de 'zuig'. De arts die het gaat doen schijnt helemaal *top of the bill* te zijn. Dat vindt-ie zelf ook, want hij komt binnen met een air alsof hij God zelf is. Een lachje kan er niet af en van groeten heeft hij nog nooit gehoord. Hij loopt resoluut naar mijn bed met een kar vol medische spullen.

'Bed plat en op je rug gaan liggen.'

'Ze kan niet plat liggen, daar is ze te benauwd voor,' helpt Jan me. De arts zucht geïrriteerd.

'Zo plat mogelijk dan,' gromt hij.

Jan laat op mijn geleide de hoofdsteun van mijn bed heel langzaam zakken. Ik zet me schrap voor de pijn en extra benauwdheid. Ondertussen hult 'God' zich zwijgend in steriele kleren en handschoenen. Hij smijt een blauwe steriele doek over mijn hoofd en borst heen. Ik kan niet meer ademen. Jan rukt het ding weer van me af. Ik kijk hem dankbaar aan.

'Hé,' roept de arts verontwaardigd uit.

'Het is wel handig als ze kan blijven ademen en dat gaat wat lastig als je haar neus en mond afplakt.' Jans stem klinkt cynisch.

Het lijkt de arts weinig uit te maken hoe ik aan mijn zuurstof kom. Zijn missie is een infuuslijn inbrengen. Dat is alles. Hij is geïnteresseerd in mijn bloedvat, niet in de mens van wie dat bloedvat is. Mopperend pakt hij een nieuwe steriele doek, die ruw ergens onder mijn kin wordt geplakt.

'Hoofd naar links draaien en stilliggen,' commandeert hij. Ik gehoorzaam meteen om hem niet nog bozer te maken. Het zal niet de eerste keer zijn dat een prikker zijn eigen frustratie op mij botviert. Dit keer word ik wel verdoofd. Aan Jans strakker wordende gezicht en de blik van de verpleegster die assisteert, zie ik dat deze man ook niet al te fijngevoelig met me omgaat. Maar de verdoving werkt goed dus ik klaag niet. Ik kan niet wachten totdat het ding erin zit.

'Zou je het echoapparaat niet gebruiken zoals afgesproken?' vraagt Jan. De verpleegster valt hem bij. Met een echoapparaat kun je precies zien waar de bloedvaten lopen en dus gerichter prikken met minder risico op vaatbeschadiging. Heel belangrijk in mijn geval, omdat van mijn bloedvaten amper nog iets over is na een levenlang infusen met agressieve antibiotica. Het vat dat nu aangeprikt gaat worden, is zo'n beetje nog het enige bruikbare dat ik in de aanbieding heb en daarom moet er heel zuinig mee om worden gesprongen.

'Ik kan het wel zonder apparaat,' is het afgemeten antwoord. Ik zie aan Jans gezicht dat hij graag de enorme naald waarmee de man in me wroet zou overnemen om zijn grote ego lek te prikken.

'Ze is geen speldenkussen!' De arts negeert en ik lijd in stilte.

'Ik zit in het vat en ga nu de katheter opvoeren. Stil blijven liggen.' Ik hoor Jan opgelucht zuchten. Ik knijp zachtjes in zijn hand.

'Stilliggen, zei ik toch!' Ik versteen. O, nee, ik voel een hoestprikkel aankomen. Over slechte timing gesproken. Ik probeer het uit alle macht tegen te houden en loop paars aan.

'Ik denk dat ze moet hoesten,' waarschuwt Jan de arts. Hij heeft de woorden amper uitgesproken als ik de daad bij het woord voeg. De arts vloekt binnensmonds. Ik knijp in paniek in Jans hand. Hoesten doet nog steeds heel veel pijn en ik heb het meeste lucht als ik rechtop zit. Ook mijn maaginhoud blijft beter zitten als ik overeind zit. Maar ik moet in deze halfzittende houding blijven liggen, anders mislukt het zetten van de infuuslijn en dat mag onder geen beding gebeuren. De rare knik waarin mijn nek ligt, maakt het hoesten ook niet makkelijker. Mijn keel wordt half dichtgeknepen. Pijn, benauwd, kots in mijn strot. Ik knijp Jan fijn terwijl ik mijn ademhaling weer onder controle probeer te krijgen. Als ik weer wat gekalmeerd ben, hervat de arts zijn werk. Het zweet parelt op mijn voorhoofd. Ik voel nog wat geduw en getrek, paar hechtingen om de lijn goed vast te zetten en dan is het klaar.

'Plak jij de boel maar af,' snauwt hij de verpleegster toe, terwijl hij zijn handschoenen en steriele jas uitsmijt. Verbouwereerd laat hij ons achter.

'Wat een hork,' zegt Jan tandenknarsend.

'Dat is nog een milde omschrijving,' zegt de verpleegster tijdens het afplak- en verbindwerk door. Ik vind haar superaardig, maar haar rookpauzes kan ik missen als kiespijn. De scherpe rooklucht die om haar heen hangt prikkelt mijn longen en ik hoop dat ze snel weer een stap terug kan doen als ze uitgeorigamied is. Ik vind het moeilijk om te klagen over de rooklucht die om haar heen hangt. Ik wil haar niet beledigen, daarnaast ben ik me er goed van bewust dat ik volledig afhankelijk ben van haar en ander personeel. Dat zorgt ervoor dat ik meestal maar eieren voor mijn geld kies en mijn mond hou om de goede sfeer niet te verpesten.

Jan neemt het iets minder nauw met de mogelijke gevoeligheden van het personeel. Hij is goudeerlijk en oprecht en als er dingen zijn die volgens hem de toets der kritiek niet doorstaan, dan zal hij niet aarzelen dat op een nette manier te melden. Al het regel- en beschermwerk kost hem veel energie en daarom komt vriendin Floor hem af en toe een nacht aflossen. Ze verzorgt me vol overgave en bezorgt me een aantal keer flink de slappe lach, zoals die keer midden in de nacht...

'Floor, ik moet plassen.' Geen beweging in het bed naast me, wel gesnurk.

'Floor! Ik moet plassen!' Iets harder. Geen reactie.

'Floohoor! Ik moet écht heel erg plassen!' luidkeels dit keer. Noppes. Laatste noodgreep. Ik pak mijn telefoon en draai haar nummer. Floor is journalist en journalisten zijn vergroeid met hun telefoon. Ze vliegt overeind en neemt op.

'Eh, ja met de buurvrouw... Ik moet plassen maar ik kreeg je niet wakker.'

'O,' klinkt het verschrikt. Ze springt uit bed, slaaprent naar de lichtknop en drukt erop. De hele kamer vult zich met oogverblindend tl-licht. Floor spert haar ogen open bij zoveel bruut geweld en geeft me een gezicht dat onbetaalbaar is. Ze staat te tollen op haar benen en kijkt verwilderd om zich heen. Het ziet er dolkomisch uit. Ik moet zo hard lachen dat ik bijna in mijn broek pies. Als een idioot rijdt ze de postoel naast mijn bed en voorkomt daarmee op het nippertje een overstroming.

'Dank je, Florence,' zucht ik opgelucht.

'Ja, aan mij heb je wat in het ziekenhuis...' is haar reactie.

Toch was dat nog waar ook. Wegens een nieuwe bezuinigingsronde moest die week het fruit het ontgelden. De hele afdeling moest het doen met een sinaasappel of drie: maar liefst twee hele centimeters sap in een bekertje. Verontwaardigd stapte Floor naar de keuken, waar het personeel haar hielp om alle restjes oranje fruit door de pers te gooien. Aanvullend kocht ze een bak druiven in het ziekenhuiswinkeltje, zodat ik een beetje reservevitamine C kon opdoen als zij er niet was.

Een van mijn favoriete afdelingsartsen, dokter D, staat naast mijn bed. Ik vind hem geweldig omdat hij me ziet als mens en drukte nooit als excuus gebruikt voor het niet hoeven nakomen van eerder gemaakte afspraken. Hij is merkbaar betrokken bij mijn situatie en hoe moe hij ook is na een lange dag, hij neemt altijd de moeite om uitslagen te komen vertellen. Desnoods als zijn dienst er eigenlijk al op zit.

'Bepaalde waardes in je bloed zijn onverklaarbaar hoog en we willen een consult aanvragen bij de hematoloog voor nader onderzoek.' Dokter D kijkt ernstig. Verschrikt zoek ik oogcontact met Jan. Leukemie, schiet het door mijn hoofd. Hoewel ik een rasoptimist ben, merk ik dat ik de laatste weken meer geneigd ben om meteen het ergste te denken. Een vreemd soort van *damage control.* Als je jezelf voorbereidt op het worstcasescenario, dan kan het uiteindelijk alleen maar meevallen. Ik ben zo wanhopig op zoek naar de zoete smaak van een meevaller, dat ik mezelf uit een soort van egosadisme onderdompel in ellende. Het begint er steeds meer op te lijken dat ik het zonder Jans krachtige schouders simpelweg niet red. Ik word langzaam verzwolgen door mijn ziekte. Waar is mijn sterke persoonlijkheid gebleven als het er echt op aan komt? Ik heb altijd geroepen: 'Ik *heb* cystic fibrosis maar *ben* geen cystic fibrosis', en ik begin me nu ernstig af te vragen of dat grootspraak is geweest.

'Hebben jullie enig vermoeden wat het kan zijn?' vraag ik met een klein stemmetje.

'Het kan van alles zijn en daarom willen we er goed naar laten kijken.'

'Leukemie?' Het hoge woord floept eruit voordat ik er erg in heb.

'Niet gelijk het ergste denken, waarschijnlijk heeft het te maken met het feit dat je lijf keihard aan het knokken is om het vol te houden, maar met het oog op je toekomstige transplantatie moeten we wel zeker weten wat de oorzaak is.' Ik knik begrijpend.

'De hematoloog zal deze week bij je langskomen.'

'Oké, ik zie hem wel verschijnen.'

'Fijne avond, dokter D.'

'Jullie ook.' Ik zie aan zijn gezicht dat hij voelt dat het wringt. In plaats van mijn zorgen weg te nemen, heeft hij ze vergroot. Hij kan er niks aan doen, hij vertaalt ook alleen maar de rare bokkensprongen die mijn lijf op het moment maakt. Toch merk je aan alles dat hij ons zo graag eens een blije boodschap zou komen brengen.

's Ochtends tegen tienen. Ik knabbel met lange tanden op een bammetje en spoel de kleffe homp met een slok koffie weg. De deur zwaait open. Ik zucht geïrriteerd. Weer iemand die niet het fatsoen heeft om even te kloppen voordat-ie mijn kamer binnenstormt. Een blonde vrouw stapt kordaat naar binnen met een bak in haar hand waar allerhande martel-materiaal in ligt. Ze heeft duidelijk een missie.

'Ik kom even een beenmergpunctie doen.' Ik verslik me in mijn koffie.

'Pardon?' zegt Jan.

'*Even* een beenmergpunctie doen? Ik dacht het niet!' Ik kijk haar vra-gend aan.

'De dokter is toch bij je geweest om het uit te leggen?' Ik neem aan dat ze het over de hematoloog heeft.

'Nee hoor, ik heb geen dokter gezien. Hij zou eerst langskomen om met me te praten en op basis daarvan zouden er plannen voor eventuele onderzoeken gemaakt worden.' De vrouw rammelt ongeduldig met haar bakje en kijkt verlekkerd naar mijn heup. De heup die al zo gruwelijk zeer doet van het doorliggen.

'Er gebeurt niets totdat ik de hematoloog heb gesproken,' zeg ik stellig.

'Dus je weigert?' De stem van de vrouw schiet de lucht in van verbazing. 'Ja, dat hebt u goed begrepen. Ik zit nogal aan mijn pijntaks namelijk.' Ze kijkt me met een moeilijk gezicht vol onbegrip aan. Dat zieke mensen ook gevoel hebben, lijkt compleet nieuw voor haar.

'Je wilt het echt niet?' Ze kijkt me aan alsof ik de mooiste kans uit mijn leven aan me voorbij laat gaan. Ze roept er nog net geen eenmaal, andermaal achteraan.

'Nee, ik wil het echt niet.' Welk gedeelte van NEE begrijp je niet, denk ik erachteraan.

'Dan moet je het zelf maar weten.' Kijk, en dat is nu precies het punt. Ik moet het ook zelf weten. Het is míjn lijf en dokters kunnen zoveel willen, maar ík beslis uiteindelijk of ik ergens wel of niet aan meewerk op basis van weloverwogen argumenten. Mijn longen zijn ziek, maar mijn hersenen niet.

'Je lost het zelf maar op met de dokter.' *Bam,* deur dicht.

'Ook een fijne dag, hè,' roep ik haar na. Het beetje eetlust dat ik had, is verdwenen.

Als dokter D aan het eind van de dag langskomt, doe ik mijn beklag.

'Een beenmergpunctie?' vraagt hij verbaasd. 'Ik had de hematoloog gebeld om bij je langs te gaan en de situatie eens te bekijken, niet om in het wilde weg een onderzoek te doen. Ik ga hem wel even bellen en om uitleg vragen. Ik ben zo terug.'

Vijf minuten later komt hij mijn kamer weer binnen met een verklaring. 'De hematoloog had geen zin om bij je langs te gaan, drukte en zo. Hij vond een beenmergpunctie makkelijker.'

'Pardon? Dus omdat híj te beroerd is om af te dalen vanuit zijn ivoren toren, moet ík misschien wel onnodig een heel pijnlijk onderzoek ondergaan? Heeft die man wel door dat ik elke naald die in me gestoken wordt vóél? Ik ben zo klaar met dit soort arrogantie! Argumenten wil ik horen! Waarom een beenmergpunctie en zijn er ook alternatieven?' Woedend ben ik.

Beseft die dokter Hork wel wat-ie me aan wil doen? Beseft-ie überhaupt wel dat hij met mensen werkt? Ik zou willen dat hij nu aan mijn bed stond zodat ik een poging zou kunnen doen om hem de ogen te openen. Want wees blij, dokter Hork, dat jij het pand elke dag weer kunt verlaten, dat je hier kunt zijn uit vrije wil. Koester het feit dat je 's avonds weer naar buiten loopt, de wind in je haren kunt voelen, de frisse lucht kunt inademen terwijl de muffe ziekenhuislucht je systeem verlaat. Dat je fluitend naar huis kunt fietsen terwijl je met je hand de blaadjes van de bomen aanraakt die langs de weg staan. Proef de vrijheid die de ruimte om je heen geeft. Je patiënten moeten het doen met enkele vierkante meters tussen betonnen muren, met nog minder faciliteiten en privileges dan gedetineerden. Waardeer dat je de wereld kunt zien met al zijn prachtige kleuren, terwijl de wereld van de mensen waar je voor zorgt slechts steriel en grijs is. Geniet ervan dat je bij thuiskomst je kinderen kunt knuffelen en bij je vrouw op de bank kunt zitten, zo'n lekkere met een stevige zit en zachte kussens. Hoe fijn is het om vers eten klaar te kunnen maken, op smaak gebracht met kruiden en afgeblust met een romige saus. Watertandend lekker, smeltend op je tong, zinnenprikkelend voor je neus. Ik zou er de doodgekookte, onbestemde maaltijden die ze in het huis van ziek en zeer serveren graag voor inruilen.

Vertel me eens, dokter Hork, ben je toch nog een beetje menselijk achter je ondoordringbare masker van arrogantie? Kijk je wel eens achterom naar dat troosteloze gebouw met die ontelbare, verlichte raampjes als je weer buiten staat na een lange werkdag? En als je omkijkt, denk je dan wel eens aan al die mensen die vechten tegen woekerende ziektes, ieder met hun eigen angsten en verdriet. Angst voor de dood, voor pijn, voor artsen die geen respect voor ze hebben. Want ja, dokter Hork, er zijn er meer zoals jij die denken dat ze alles kunnen maken.

Dat een patiënt slechts een jaknikker is die kritiekloos alles ondergaat wat een arts verzint, of het nou nuttig is of niet. Is dat wat het spelen met leven en dood uiteindelijk met je doet? Dat je jezelf een soort god gaat voelen die willekeurig aan de touwtjes mag trekken? Dat de patiënt er voor jou is en het je vooral niet moeilijk moet maken door vragen te stellen of inspraak te willen hebben in de behandeling? Het is een misvatting, dokter Hork, dat de patiënt er voor de arts is. Het is juist andersom. Zonder ons hebben jullie geen baan.

De dag erna bewijst dokter D wederom dat hij bij de *good guys* hoort. Ik had hem gevraagd de aardige vrouwelijke hematoloog te bellen waar ik ooit geweest ben met een trombose. Als zij in een second opinion ook een beenmergpunctie nodig vindt, dan ben ik bereid het in overweging te nemen.

'Ik heb de hematoloog gesproken bij wie je een paar jaar geleden bent geweest en de onderzoeken die noodzakelijk zijn, kunnen ook via een DNA-test in je bloed gedaan worden. Een beenmergpunctie is dus helemaal niet nodig. Het is slechts een alternatieve en pijnlijkere manier om de uitslagen te verkrijgen.'

Ik begin te briesen. 'En wat nou als ik niet zo resoluut had geweigerd gisteren? Dan had ik me voor Jan Lul weer laten martelen terwijl ik al helemaal op ben van de pijn en het vechten voor mijn leven!' Dokter D weet niet zo goed waar hij moet kijken. Hij schaamt zich duidelijk voor zijn collega. Welkom in de wereld die ziekenhuis heet, dokter D. Beroepsdeformatie slaat uiteindelijk altijd wel een beetje toe, maar bij veel mensen in witte jassen slaat het door. Bij jou is dat nog niet het geval. Blijf dus vooral zoals je nu bent, dokter D, een fijne, betrokken dokter met de menselijke maat. Ik en al je andere patiënten hebben je nodig voor dat kleine beetje warmte, dat beetje veiligheid dat als brandstof dient om de lange dagen vol onzekerheid door te komen.

Stop de tijd

Ik heb kriebels in mijn buik van de zenuwen. Ik ben licht in mijn hoofd van koolzuurstapeling in mijn bloed. Te veel koolzuur, te weinig bloed. Mijn longen zijn zo slecht dat ze de afvalstoffen uit mijn ademhaling niet goed meer kunnen afvoeren. Mijn lijf knokt zo hard dat het niet meer in staat is om voldoende bloed aan te maken. 'We gaan je een beetje meehelpen,' zei dokter Hugo vaderlijk toen hij op vrijdagmiddag nog even langskwam om te kijken hoe het ging. Vanmiddag krijg ik voor het eerst in mijn leven een bloedtransfusie.

Ik vind het een beetje een raar, eng en vreemd idee dat straks het bloed van een ander door mijn aderen stroomt, net zoals het me raar lijkt om met de longen van een ander rond te lopen. Maar raar, eng en vreemd vallen in het niet bij doodgaan.

Hopelijk voel ik me na de transfusie wat minder slap en uitgeput. Vannacht weer een slechte nacht gehad met veel pijn en benauwdheid. Jan zat regelmatig naast mijn bed om mijn hand vast te houden als ik het weer uitgilde van de pijn bij het hoesten. Terwijl mijn rechterhand die van hem fijnkneep, hield ik in mijn linkerhand een zwart velours buideltje geklemd.

Er zit een rozenkrans in. Mijn talisman, die ik twee jaar geleden kreeg van mijn Iraanse vriendin en collega-auteur Marina Nemat. Ik leerde haar kennen in 2007, tijdens een interview dat ik met haar deed naar aanleiding van haar prachtige boek *Omhelsd door angst*. Een schrijnend verhaal over haar gevangenschap tijdens de islamitische revolutie in Iran. Op het moment dat we elkaar de hand schudden, gebeurde er iets bijzonders. Soms heb je dat met mensen: hoewel je ze nog nooit eerder hebt gezien, is er toch een voelbare band. Marina voelde het en ik ook. We hielden contact en er ontstond een bijzondere vriendschap. In 2008 maakte ze een tussenlanding in Amsterdam en spraken we af. Het was geweldig om haar weer te zien, vast te houden en met open mond te kunnen luisteren naar haar intelligente levenswijsheden. De verschrikkingen in haar verleden hebben haar geknakt, maar niet gebroken. Zij is voor mij de vrouwelijke variant van Nelson Mandela. Een vrijheidsstrijder pur sang die door het vuur gaat voor haar overtuigingen en haar volk, ongeacht de consequenties voor haarzelf.

Tijdens haar gevangenschap in de beruchte Evin-gevangenis, had ze een rozenkrans bij zich. Het was haar baken in de donkere dagen, een troost voor haar huilende hart. De verzachtende zalf op haar wonden als ze weer was gemarteld. En die bijzondere rozenkrans deed ze mij cadeau. 'Ik geloof er heilig in dat-ie me beschermd heeft, kracht gaf op momenten dat ik het niet meer zag zitten. Met mij gaat het inmiddels weer goed, ik kan de wereld weer in mijn eentje aan, maar jouw gezondheid wordt steeds slechter. Daarom geef ik de rozenkrans nu aan jou en spreek de wens uit dat hij je geluk brengt en beschermt zoals-ie ook bij mij heeft gedaan. Als je ooit weer sterk genoeg bent om het op eigen kracht te doen, geef hem dan door aan iemand die hem harder nodig heeft dan jij.' Ik kreeg kippenvel toen ze het buideltje met de prachtige ketting in mijn handpalm legde en mijn vingers er beschermend overheen vouwde.

Hoewel ik niet echt gelovig ben, geloof ik in de kracht van dit geschenk dat me met zoveel liefde, oprechtheid en positiviteit werd gegeven. Sinds die dag heb ik het altijd bij me als ik naar het ziekenhuis moet voor naie onderzoeken. Het geeft me een veilig gevoel. Nu heb ik het vierentwintig uur per dag dicht bij me. Overdag ligt het op mijn nachtkastje zodat ik ernaar kan kijken en 's nachts heb ik het in mijn hand geklemd tijdens de spaarzame uren dat ik slaap. Ik hoop dat alle Weesgegroetjes en Onzevaders die in de loop der jaren in de kralen zijn verzonken, samensmelten tot een grote bal die mij het leven toespeelt.

Papa en mama komen binnen. Smalle, bleke koppies, zorgelijke ogen en hangende schouders. Arme schatten. Misschien hadden ze beter thuis kunnen blijven om een beetje uit te rusten. Toch ben ik blij dat ze dat niet gedaan hebben. Ik heb ze nodig, nu meer dan ooit. Mijn hart huppelt, als ze me knuffelen. Vierendertig jaar en nog steeds hun kleine meid. Ze komen vandaag op me passen zodat Jan even naar huis kan voor de post en een bezoekje aan het bubbelbad. In gedachten reis ik met hem mee naar huis. Dat knusse, fijne plekje waar ik ooit weer hoop terug te komen. Heimwee vreet aan me en dreigt me op sommige momenten te verslinden. Ik vraag Jan om foto's te maken van ons mooie dakterras, onze gezellige woonkamer met die heerlijke lounge-bank, ons zalige bed, zodat ik ze kan bekijken als hij weer terug is. 'Doe ik, schat,' zegt hij, als hij me een afscheidszoen geeft. 'Tot vanavond.'

'Vergeet je niet om Balou een kus van me te geven en te zeggen dat ik heel veel van haar hou? En doe Marc en Nicole de groeten van me.'

'Komt voor elkaar.' Hij geeft me nog een dikke zoen en vertrekt.

Al snel klinkt het gezoem van het Senseo-apparaat door de kamer. 'Eerst een kop koffie en dan gaan we jou eens oppoetsen.' Pa roert gedreven in zijn bakkie met en ma drinkt uit het kopje zonder.

'Jij ook een?' Ik schud nee. 'Ben misselijk.'

'Hoe laat krijg je die bloedtransfusie?'

'Vanmiddag.'

'Je zult zien dat je je daarna een stuk beter voelt.'

'Ik hoop het.'

'Dan krijg je vast ook wat meer kleur op je toet.'

Ik pak het spiegeltje dat op mijn nachtkastje staat. Ik zie inderdaad erg bleek. Mijn lippen zijn bijna wit. 'Oma zou wel raad weten met mijn kleurloze wangetjes,' grinnik ik. Ik refereer aan een logeerpartijtje van vroeger. Ik moest in die tijd één keer in de week naar fysiotherapie en daar werd ook tijdens het weekje vakantie bij oma en opa niet van afgeweken. Voordat we de wachtkamer instapten, kneep oma even flink in mijn wangen in een poging mij er 'gezond' uit te laten zien. Ik onderging het braaf en nam op de koop toe dat oma haar eigen kracht niet zo goed kende en ik de hele middag rondliep met een kleurtje waar een tomaat nog jaloers op zou zijn.

Wachtend op de bloedtransfusie denk ik terug aan al die keren dat we uit logeren gingen bij opa en oma, mijn zusje Juul en ik. Springen op de bedden, want dat had ik wel eens op televisie gezien. De hele dag liedjes zingen. En terwijl we door het bos liepen met open mond luisteren naar opa's sprookjes over kabouters. Bij elke paddenstoel hoorde een verhaal. Ik stak mijn neus in elk holletje en gaatje in de hoop een echte kabouter te vinden. Of met opa de herten en paarden voeren in het parkje vlak bij hun huis. Daarna stond oma klaar met suikerbrood met boter en kinderkoffie. Ik ruik nog de biscuitgeur die opsteeg uit de koekjestrommel die 's middags bij de thee plechtig uit de donkerbruine servieskast met ontelbare deurtjes en vakjes werd gehaald. Genieten van de warme maaltijden met jus zoals alleen oma die kon maken. Een hapje kalkoenrollade met oma's jus en een stukje perzik was een ware delicatesse waar ik nog steeds kwijlend aan terugdenk. De aardappels perfect gekookt, niet te kruimig, niet te hard. Groente en een beetje appelmoes om het af te maken. 's Avonds spelletjes of gezellig voor de tv en dan samen met Juul op één kamer slapen en kletsen en giechelen tot diep in de nacht. Hopen dat de klok zou stilstaan en dat er nooit een einde zou komen aan het logeerfeest. Met een glimlach denk ik terug aan die goede oude tijd. Ik zou er wat voor geven om weer even dat blije kleine meisje te zijn.

Het was- en opfrisproces van mijn ouders heeft me te veel energie gekost. Tureluurs van vermoeidheid lig ik op bed. De bloedtransfusie is inmiddels aangehangen. Met een schuin oog kijk ik naar de rode vloeistof die via de infuuslijn bij mijn sleutelbeen naar binnen stroomt. Raar idee, niet te veel bij nadenken. Daarnaast heb ik het heel druk met het verwerken van een paar grijze haren die mijn moeder vandaag bij me ontdekte tijdens het haren wassen. Ik ben pas vierendertig!

'Ik krijg grijze haren van mezelf, mam,' was mijn semi-lollige reactie toen ik over de eerste schok heen was.

'Ach kind, je moeder was al grijs voor haar dertigste. Verfje erdoor en klaar. Probeer maar even wat te slapen.' Mijn moeder strijkt liefdevol een pluk haar uit mijn gezicht. Ik pak haar hand en leg hem tegen mijn wang. Breng hem daarna naar mijn mond en geef er een kusje op. Lieve mama.

Hoestbui-alert. Papa snelt toe om mijn andere hand te pakken en mijn spuugbak aan te geven. Gesteund door mijn ouders worstel ik me door de pijn heen. Misselijk. Bakje net op tijd onder mijn neus. Dag ontbijt, het was me een waar genoegen je even bij me te hebben gehad. Het zweet staat op mijn voorhoofd, van uitputting en ellende. Ik sluit mijn ogen en terwijl papa en mama mijn handen vasthouden, val ik in slaap. Hun vertrouwde warmte met me meenemend naar dromenland.

'Kim, wakker worden.' Iemand tikt me zachtjes aan en fluistert in mijn oor. Het is een verpleegster en ze legt een groot wit laken over mijn bed. Slaperig knipper ik met mijn ogen en kijk haar verbaasd aan. Wat moet ze met dat witte laken, ik was niet van plan om vanmiddag dood te gaan, hoor. Papa en mama helpen me overeind. Ze hebben een geheimzinnig lachje om hun mond. Wat is er aan de hand? Mijn kamerdeur gaat open. Jan komt binnen. Ik kijk hem verbaasd aan, hij zou toch pas vanavond laat terugkomen? En dan begin ik te huilen van blijdschap, want achter Jan loopt Balou mijn kamer binnen.

'Loutje!' Mijn stem slaat over van emotie. Ze komt keihard kwispelend op me afgehold. Jan tilt haar bij me op bed. Ineens begrijp ik de functie van het witte laken. Ik verberg mijn hoofd in Balous zachte vacht. 'Ik dacht dat ik je nooit meer zou zien, Loutje!' Haar grote, bruine ogen zoeken contact met die van mij. Ze legt haar pootje op mijn been, alsof ze me nooit meer wil laten gaan en slaakt een trillende zucht. De rol van *drama queen* is haar op het lijf geschreven. Ik probeer mezelf weer onder controle te krijgen, maar de tranen blijven komen. Het weerzien met Balou werkt als een breekijzer dat zich moeiteloos door mijn muur van opgekropte emoties heen ramt.

'Wisten jullie hiervan?' vraag ik pa en ma. Ze knikken bevestigend. Jan komt bij mij en Balou op bed zitten. Ik pak hem vast, neem zijn gezicht tussen mijn handen en kus hem tien keer op zijn mond.

'Ik hou zoveel van je, lieve schat, dit is het mooiste cadeau dat je me kon geven,' fluister ik in zijn oor. 'Hoe heb je dit in godsnaam voor elkaar gekregen?'

'Zonder zuster Revka was het niet gelukt. Balou is vandaag een "hulphond", anders kwamen we niet langs de beveiliging.'

'Haha, Balou een hulphond. Daar is ze veel te eigenwijs voor.' Ze geeuwt verveeld ter bevestiging en nestelt zich nog eens lekker op mijn schoot. Half op haar rug, poten in de lucht zodat ik op haar buik kan krabbelen.

'Deed ze het goed in de auto?' vraag ik Jan. Balou is nogal eens wagenziek, vooral als ze gestrest is.

'Ik had haar een reispilletje gegeven en ze heeft zich keurig gedragen tot we het ziekenhuisterrein opreden. Toen werd ze onrustig en heb ik haar snel uit de auto gelaten. Ze rende naar het eerste de beste stukje gras, gooide alles eruit, begon ontzettend te kwispelen en keek me toen aan alsof ze wilde zeggen: "Zo, waar wacht je nog op? Ik ben er klaar voor!"' Ik moet lachen en strijk haar vertederd over haar kop. Ze zucht nog eens diep.

'Ik kan nog steeds niet geloven dat je hier bij me op bed ligt, Loutje.' Ze tikt met haar poot tegen me aan alsof ze wil zeggen, geloof het maar, want ik ben er echt. Ik laat mijn ogen door de kamer gaan. Op mijn zus na is mijn hele 'eerste lijn' compleet. Dan begint er iets in mijn buik wat met een aangename kriebel naar boven kruipt. Het dringt binnen in mijn hart en komt in de vorm van een twinkel door mijn ogen naar buiten. Op mijn gezicht een lach zo groot dat mijn lippen bijna scheuren. Blijdschap, zoveel blijdschap dat ik bijna uit elkaar spat. 'Stop de tijd', zingt Marco Borsato in mijn hoofd. Hoewel het lente is roep ik koning Winter aan om me te bevriezen in dit moment van volmaakt geluk.

'k Wil niet dat vanavond straks weer morgen wordt
Dat dit moment ooit tot een ver verleden hoort
Ik wil 't nooit meer kwijt, stop de tijd

Hou me vast
Zorg dat dit moment nooit meer verdwijnen kan
Dat met elke geur of blik het weer verschijnen kan

Hoe je nu ruikt en hoe je lacht en hoe ik me nu voel
Prent 't in mijn hoofd, en druk 't op mijn hart
En ik duw met al m'n kracht tegen de wijzers van de klok
Maar het lukt me niet ze af te remmen
En 't zand glijdt zonder moeite tussen al mijn vingers door...

Net als mijn leven en alles om me heen wat me lief is. Steeds verder weg, steeds minder grijpbaar. Teren op verleden, elke dag een stukje minder heden. Alsjeblieft, stop de tijd want het is mijn tijd nog niet. Dat kan niet, dat mag niet. Ik ben er nog niet klaar voor. Stop de tijd.

Jan ligt bij me op bed. Alleen hij en ik in de kamer waar nog wat verdwaalde haren van Balou zijn te vinden. Papa en mama brengen Balou terug naar oppasouders Marc en Nicole. Afscheid nemen van haar deed pijn, maar dit keer kon ik het wel bewust doen en er rustig de tijd voor nemen. Ik heb haar heerlijke geur opgesnoven alsof het het laatste is wat ik ooit zal ruiken. Achter haar lieve oren gekrabbeld tot ik er lamme armen van kreeg. Haar honderdduizend kusjes gegeven en zowaar kreeg ik er ook een van haar. Ik heb haar aan mijn hart gedrukt en mijn hand op het hare gelegd om het te voelen kloppen. Elk teentje gestreeld, haar natte neus in mijn nek geduwd. Ik heb haar vastgehouden om te kunnen loslaten. Misschien zie ik haar nooit meer terug.

De permanente brok in mijn keel maakt het slikken moeilijk. Het idee dat ik misschien ook afscheid van Jan moet nemen, van papa en mama, zus en alle andere mensen die me lief zijn, doet me ineenkrimpen. Er zit zoveel verdriet in me, dat ik niet meer weet hoe ik het moet kanaliseren. Doodgaan is een eenzame bezigheid, dat begin ik steeds meer te beseffen. Wat moet Ron zich alleen hebben gevoeld. Ik kon er voor hem zijn met alle liefde en kracht die ik in me had, maar ik kon zijn lijden niet overnemen. Het laatste stukje van zijn leven moest hij alleen doen. Ik stond wel naast hem, hield hem in mijn armen, maar er was geen contact meer. Hij was zo ver weg, op een plek waar ik hem onmogelijk meer kon bereiken. Dat deed zo'n pijn dat ik er

bijna letterlijk aan kapotging. De leegte die me overviel was meedogen-
loos. Ik wil niet dat Jan dat mee moet maken. Dat hij mij straks vast-
houdt, terwijl ik mijn laatste moeizame adem uitblaas.

Mijn linkeroor ligt op zijn borst terwijl ik mijn tranen verbijt. Ik wil
hem zoveel zeggen, maar ik kan niet praten. De grote brok in mijn keel
verlamt mijn stembanden. Ik wil hem zeggen hoeveel ik van hem hou,
hoe gelukkig hij me maakt, dat elke dag met hem een feestje is, dat ik
samen met hem oud wil worden, de wereld over wil reizen, dat ik zo
moet lachen om zijn grappen, dat hij zo slim is, zo lief, alles wat ik
nodig heb. Hij is de betere helft van mij. Maar ik krijg het niet uit mijn
strot zonder dat ik hem verzuip in mijn tranen. En zoals altijd als het
moeilijk wordt, grijp ik naar de muziek. Mijn reddingsboei in kolkende
emoties. Ik pak mijn iPod die naast me ligt en stop één oortelefoontje
in Jans oor en één in dat van mij. Ik zoek een nummer van Bad English
op. 'When I see you smile' zegt alles... 'Deze is voor jou, schat.' Ik pak
zijn hand.

Sometimes I wonder
How I'd ever make it through,
Through this world without having you
I just wouldn't have a clue

'Cause sometimes it seems
Like this world's closing in on me,
And there's no way of breaking free
And then I see you reach for me

Sometimes I wanna give up
I wanna give in,
I wanna quit the fight
And then I see you, baby
And everything's alright,
everything's alright

When I see you smile
I can face the world, oh oh,
you know I can do anything
When I see you smile
I see a ray of light, oh oh,
I see it shining right through the rain
When I see you smile
Oh yeah, baby when I see you smile at me

Baby there's nothing in this world
that could ever do
What a touch of your hand can do
It's like nothing that I ever knew

And when the rain is falling
I don't feel it,
'cause you're here with me now
And one look at you baby
Is all I'll ever need,
you're all I'll ever need

Sometimes I wanna give up
I wanna give in,
I wanna quit the fight
And then I see you baby
And everything's alright,
everything's alright
So right...

'Smile for me, baby,' fluister ik als het nummer is afgelopen. Hij kijkt me aan met zijn betraande ogen en lacht zijn mooie lach.

Ik worstel en kom boven

Ik hoor geschater voor mijn kamerdeur. De stem van dokter Hugo leest hardop de tekst op het A4'tje voor dat Jan gisteren heeft opgehangen. 'Kim slaapt nog, dus maak geen geluid, alleen voor dokter Hugo komt ze haar bedje uit.' Het hangt onder het briefje met 'Kims koffiecorner: Vandaag gratis koffie met paaseitjes.' Jan en ik hebben er een sport van gemaakt om de deur te behangen met instructiebriefjes. Zo hebben we ontelbare variaties op het ontbijt en de lunch gemaakt zodat de keukenzuster ons niet wakker hoeft te maken met de vraag wat we willen eten. Als Jan me gaat opfrissen moet 'Niet storen, Kim wordt gewassen en geschoren' zorgen voor een beetje privacy. Onze rijmelarij zorgt voor veel hilariteit onder de verpleging, maar werkt wel. Hoewel met een knipoog gebracht is de serieuze ondertoon voor iedereen wel duidelijk.

Vandaag is het dinsdag, ook wel grote-visite-dag. De dag die bepaalt hoe de volgende zeven behandeldagen er weer uit gaan zien. Onder de bezielende leiding van dokter Hugo vergaderen alle artsen en andere disciplines over alle CF-patiënten die op dat moment in het ziekenhuis verblijven. Na de vergadering komen ze in een witte stoet de afdeling op en bezoeken ze elke patiënt persoonlijk om het behandelplan voor de komende week te bespreken. Dinsdag is ook naar-huis-gaan-dag, want als de dokters tevreden zijn over het resultaat van de behandeling, dan mag je gaan. Ik vrees dat dokter Hugo en zijn gevolg vandaag voor mij weer een meerstemmig 'en je gaat nog niet naar huis, nog lange niet, nog lange niet' ten gehore gaan brengen. Mijn long wil nog steeds niet ontplooien. Een patstelling die me steeds dichter bij het dode punt brengt waar ik niet heen wil. Ik heb altijd het richtingsgevoel van een kip zonder kop gehad, maar op de weg naar de dood lukt het me maar niet om te verdwalen.

Het lachende gezelschap komt mijn kamer binnen. 'Kimmetje, hoe voel je je?'

'Ach, het schiet niet erg op, hè,' antwoord ik dokter Hugo.

'Nee, het schiet inderdaad niet op. Eerlijk gezegd beginnen we ons een beetje zorgen over je te maken.' Ik schrik. Als dokter Hugo serieuze taal gaat spreken, dan is er echt reden tot zorg.

'Heb je niet nog wat leuks in je trukendoos voor me?' Vijf jaar geleden stelde Ron hem dezelfde vraag, zijn ogen gevuld met hoop. Dokter Hugo, een klimwand met zekering die voorkomt dat je te pletter stort als je dreigt te vallen. Maar Rons zekering was stuk en hij viel. Aan Hugo's ernstige gezicht te zien, vreest hij dat mij hetzelfde lot wacht.

'Ik ga overleggen met de thoraxchirurg van het transplantatieziekenhuis of we het gat in je long toch niet met een operatie moeten dichtmaken.'

Er gaat een schok door me heen. Een operatie? Dat overleef ik niet in deze conditie.

'Maar dan ga ik dood,' is het enige wat ik kan uitbrengen. Jan ziet mijn paniek en pakt mijn hand.

'We moeten iets, want je kunt niet eeuwig met een drain in je borstkas lopen en het lijkt erop dat je long zelf niet meer het vermogen heeft om te herstellen. Zonder zuig zakt de boel gelijk weer in.' Ik weet dat hij gelijk heeft. Ik haat het als hij gelijk heeft. Maar een operatie onder volledige narcose in mijn huidige conditie is kansloos.

'Ik laat je weten wat de chirurg heeft gezegd als ik hem gesproken heb.' Hij geeft me een schouderklopje en vertrekt, zijn collega's volgen als een wit lint van rouw dat op een Chinese begrafenis niet zou misstaan. Dan is de deur weer dicht. Ik begin onbedaarlijk te huilen. Voor het eerst voel ik dat ik misschien wel echt doodga. Het besef was er al wel een beetje, maar nog niet eerder raakte het me zo hard.

'Ik wil niet dood, Jan. Ze gaan me doodmaken.' Ik klamp me aan hem vast, volledig in paniek. 'Ik hou zo van het leven, ik hou zo van jou. Ze mogen me niet doodmaken.' Jan strijkt door mijn haren, geeft kusjes op mijn betraande wangen en neemt me daarna stevig in zijn armen. Hij verzekert me dat het goed komt, dat hij dat sterk voelt.

Ik doe mijn ogen dicht. Op mijn netvlies de zon, de zee, de bomen, velden met bloemen... Ik wil er nog geen afscheid van nemen. Jan en ik verdienen nog wat tijd samen. Terwijl de dood mij overal volgt, stalk ik het leven.

'Ik ga een gesprek met dokter Hugo aanvragen,' verbreekt Jan de stilte. 'Hij heeft hier even een bom gedropt die ik graag wil ontmantelen.' Jan heeft een hekel aan het woord 'even'. Hij vindt het een tussen-neus-en-lippen-door-woord dat vaak afbreuk doet aan de context waarin het gebruikt wordt. Hij zal nooit iemand vragen om 'even' dit of dat te doen omdat hij zich intens realiseert hoe kostbaar tijd is. Dat besef is nog sterker geworden sinds hij zijn leven met mij deelt.

Eind van de middag komt dokter Hugo binnen. Hoe druk hij ook is, als er echt iets is, staat hij altijd klaar. Hij huldigt het principe 'tijd bestaat niet, prioriteit wel', slechts een van de dingen die ik zo in hem waardeer. Mijn ogen zijn nog steeds rood van het huilen. Mijn dubbelzoute tranen hebben schrijnende plekken achtergelaten op mijn wangen. Jan zet een stoel voor Hugo naast mijn bed neer en neemt zelf aan de andere kant plaats.

'Zo'n operatie overleef ik niet,' val ik gelijk met de deur in huis.

'Je hebt ons echt ontzettend laten schrikken vanochtend,' vult Jan aan.

'Ik begrijp dat het nogal rauw op jullie dak viel, maar we zijn inmiddels wel op het punt aanbeland dat we keuzes moeten gaan maken. Ik kan daar alleen in adviseren vanuit mijn expertise, maar het is jouw lichaam, Kim, dus de uiteindelijke beslissingen zijn aan jou. Er gebeurt niets dat jij niet wilt.'

'Zijn er geen andere dingen die we eerst kunnen uitproberen? Bijvoorbeeld de zuig heel langzaam afbouwen. Het kan namelijk ook zo zijn dat het gat in mijn long in stand wordt gehouden door de zuig.'

'Dat klopt, de zuig geeft je enerzijds meer lucht, maar kan er anderzijds ook de oorzaak van zijn dat het gat in je long niet herstelt. We kunnen proberen om de zuig wat af te bouwen en zien hoe dat gaat. Maar toch wil ik ook dat je nadenkt over die operatie. Ik kijk graag verder dan mijn neus lang is en wil een reservedraaiboek klaar hebben liggen als we niet verder komen op deze manier.' Ik knik.

'Aan jou de eer.' Ik wijs naar de zuig. Hugo staat op en zet hem een klein stukje lager. Ik doe mijn ogen dicht en knijp Jans hand fijn. Doodsbang ben ik dat mijn luchtwegen gelijk weer dichtslaan. Ik zet alles op alles om niet in paniek te raken. Probeer mezelf af te leiden door terug te denken aan een sprookje dat papa me vroeger op mijn verzoek ontelbare keren voorlas, *Sjaak en de bonenstaak*.

Sjaak leeft samen met zijn moeder in erbarmelijke omstandigheden. Als hij met hun laatste koe naar de slager gaat om het dier te verkopen, laat hij zich door de slager overhalen om de koe te ruilen voor 'wonderbonen' in plaats van geld. Als hij thuiskomt is zijn moeder in paniek omdat ze nu geen geld hebben om eten te kopen. Sjaak plant de wonderbonen die naar de hemel groeien, klimt erin naar sprookjesland, verslaat een kwade reus die in een kasteel woont, om op aanwijzing van een goede fee de kip met gouden eieren en de sprekende harp te veroveren, die de reus van Sjaaks vader heeft gestolen. In een koets met pauwen brengt de goede fee Sjaak en zijn moeder daarna naar het kasteel en spreekt hem toe: 'Je hebt bewezen een dappere en ondernemende jongen te zijn en daarom verdiende je een beter lot. Toen je de bonenstengels beklom, beklom je de ladder van voorspoed en geluk.'

Ik hoop vannacht in mijn dromen deze goede fee tegen te komen. Ik wens dat ze dan tegen me zegt dat ik dapper ben. Dat ik een beter lot verdien en de ladder van voorspoed en geluk mag beklimmen met nieuwe longen. Een glimlach om mijn mond, Jans warme hand in de mijne. Lieve Jan, laten we die bonen zaaien en dan oogsten. Als dromen geen bedrog zijn, ga je dan met me mee in een koets met pauwen naar sprookjesland? Op zoek naar dat prachtige luchtkasteel waar onze toekomst ligt? Daar gaan we als een ridder met zijn jonkvrouw leven van de liefde en de kip met de gouden eieren als we de boze reus hebben verslagen. Elke avond dansen we tot diep in de nacht terwijl de sprekende harp ons levenslied vertolkt.

Het is weer dinsdag. Het afbouwen van de zuig lijkt te werken. Langzaam begint mijn long zich weer te herstellen. Na zes lange weken van pijn, ademnood en vechten tegen de bierkaai eindelijk een lichtpuntje dat steeds feller begint te branden. Jan en ik kunnen ons geluk niet op en wachten vol spanning op dokter Hugo en zijn 'grote visite' die elk moment de kamer kan betreden. Een klop op de deur.

'Kimmetje,' zegt Hugo monter als altijd.

'Dag dokter,' begroet ik hem jolig.

'We zijn tevreden over het herstel van je long en willen vandaag de zuig helemaal uit gaan zetten.'

'O!' is mijn reactie. Slechts één letter, maar met genoeg lading om een heel dorp volledig op te laten draaien. Angst en blijdschap doen een stoelendans. 'Ik vind het wel een beetje eng om de zuig uit te zetten. Denk je echt dat ik het zonder kan?' Jan begint te grinniken en ik snap niet waarom. 'Schat, je doet het al zonder.'

'Hè, hoezo?'

'Terwijl jij met Hugo zat te praten heeft Albert de zuig allang uitgezet.' Ik draai me om en zie broeder Albert grijnzend achter mijn bed staan. Ik kijk Hugo aan.

'Je hebt me gewoon zitten foppen,' roep ik uit.

'Ik ken je inmiddels een beetje,' lacht hij. 'Ik wist dat je benauwd zou worden van de stress als we de zuig uit zouden zetten en daarom leek het me goed om het op deze manier te doen. Je hebt geen verschil gemerkt, hè?' Zijn blik is triomfantelijk.

'Nee, ik merk geen verschil.' De verwondering klinkt door in mijn stem.

'Mooi. We gaan je goed in de gaten houden en veel controlefoto's maken de komende dagen, maar ik verwacht niet dat je long weer inklapt. Hopelijk ontplooit het laatste bovenrandje zich ook nog en dan kunnen we gaan "plakken".' Bij het plakken wordt tussen de longvliezen aan de buitenkant van de long en aan de binnenkant van de borstholte een chemisch prikkelende stof ingespoten via een drain. Hierdoor ontstaat éen steriele ontstekingsreactie. Als die ontsteking geneest, ontstaat er littekenweefsel dat ervoor zorgt dat de long aan de borstwand vergroeit en in principe niet meer in kan klappen.

'Is dat wel handig om die long te plakken met het oog op transplantatie?' De uitname van een geplakte long kan voor complicaties en hevige bloedingen zorgen tijdens de operatie. 'Omdat we niet weten wanneer je getransplanteerd wordt, kunnen we het risico van wachten niet nemen. Je moet er echt niets meer bij krijgen en plakken is de beste manier om een nieuwe klaplong te voorkomen. We plakken je wel op een heel milde manier, met je eigen bloed, zodat het risico op complicaties tijdens de transplantatie zo klein mogelijk is.'

'Hoe werkt dat dan, plakken met mijn eigen bloed?'

'We halen 50cc bloed uit je lies en spuiten dat in je borstholte via je drain.'

'Dat gepruts in mijn lies is wel met verdoving, hoop ik?'

'Natuurlijk, we gaan je niet onnodig pijn doen.' Er zijn hier mensen die een andere mening zijn toegedaan, kan ik niet nalaten te denken.

'Eerst maar eens zien hoe het de komende dagen gaat,' vervolgt Hugo. 'Albert koppelt de zuigslang zo los en dan kun je eindelijk weer eens van je bed af.' Die woorden halen een stukje van de oude Kim terug. Ik krijg het op mijn heupen! Ineens ben ik dat op bed liggen zó zat en snap ik niet hoe ik het zes weken heb kunnen volhouden zonder me te vervelen of te willen ontsnappen. Ik sta straks joelend naast mijn bed en kan niet wachten tot Albert me komt ontketenen. Het einde van de oorlog tussen mijn lichaam en geest lijkt in zicht. De stadsduif die zojuist is neergestreken op de raampost komt alvast een beetje vrede brengen. Hij koert zijn toespraak door het dubbeldikke glas. Mijn lijf trekt zich terug als dictator en mijn geest krijgt zijn democratische stemrecht weer terug.

'Nou, ben je er klaar voor?' Ben ik er klaar voor? Is de paus katholiek?

'Na zes weken wordt het tijd dat ik met mijn luie kont van bed af kom, dacht ik zo.' Albert haalt de slang die me verbindt met het inmiddels stopgezette zuigapparaat van de drainbak af. Toch een raar idee. Die slang was een lifeline, een siliconendraadje waar mijn leven aan hing. Nu is het tijd om weer op eigen benen te staan. Zal het me lukken? Ik slinger mijn benen buiten bed, ga staan. Ik verheug me al weken op wat ik nu ga doen, een kopje koffie zetten voor Jan. En daarna ga ik naar het echte toilet *met de deur dicht*. Ik pak de drainbak en de infuusstandaard met voeding en andere chemische rotzooi waar ik nog steeds aan vastzit. Zet een paar wankele stappen richting het Senseo-apparaat dat een meter of drie van mijn bed staat. Poeh, dat valt tegen. Drie meter, gevoelsafstand drie kilometer. Man, wat ben ik benauwd. Ik schuifel dapper verder. Een bejaarde slak zou het nog van me winnen. 'Gaat het?' vraagt Jan bezorgd. Ik knik, niet genoeg lucht om te lopen en te praten tegelijk. Ik geef mijn mond het commando lachen, maar meer dan een pijnlijke grimas zit er niet in. Ik strompel verder. Zuur in mijn poten. Dizzy in mijn kop. Jan schroeft op basis van mijn gehijg de zuurstof wat omhoog. Ik kijk hem dankbaar aan. Hij begrijpt me zo goed. 'Wij hebben telepatiet,' is mijn reactie altijd als we weer eens op hetzelfde moment dezelfde opmerking maken of tegelijk hetzelfde liedje inzetten. Wonderbaarlijk hoe je zo op elkaar ingespeeld kunt zijn, terwijl we nog geen twee jaar samen zijn. Maar vanaf dag één is alles met Jan meer dan intens. Geen kans is onbenut gelaten, geen zoen overgeslagen, geen liefdevolle blik verspild. Het ziekenhuispersoneel verbaast zich erover dat we elkaar na zes weken op de vierkante meter nog niet de tent uit hebben gevochten.

Ik ben bijna bij de Senseo.

'Schat, ik kan zelf ook een kop koffie zetten, hoor,' probeert Jan weer. Verbeten schud ik mijn hoofd. Het is mijn eer te na om terug naar bed te gaan. Daarbij is wat ik nu aan het doen ben zoveel meer dan een simpel kopje koffie zetten. Ik ben bezig tweehonderd procent te geven voor Jan, zoals hij dat ook voor mij heeft gedaan de afgelopen weken. Hij heeft me verzorgd, gekoesterd, mijn pijn verzacht, me laten lachen op momenten die eigenlijk om te huilen waren. Mag ik alsjeblieft een beetje terugdoen?

Ik ben er! Ik leun voorover en steun met mijn handen op de tafel waar het Senseo-apparaat op staat. Als ik weer in staat ben om te praten zeg ik tegen Jan: 'Het kan zijn dat je koude koffie krijgt, want ik vermoed dat ik vrij lang over de terugreis ga doen.'

'Ik weet dat het uit een warm hart komt,' reageert hij. Ik zet het apparaat aan en het vertrouwde opwarmgeluid klinkt door de kamer. Het overstemt mijn gehijg. Koffiepad, kopje, staafje suiker, beetje melk, lepeltje om te roeren. Heerlijk geurend, inktzwart vocht erbij. Vol goede moed wil ik naar Jan lopen met het bakje leut, maar dan realiseer ik me ineens dat ik maar twee handen heb terwijl ik er drie nodig heb om koffie, infuuspaal en drainbak tegelijkertijd met me mee te slepen. Hm, hoe ga ik dit nu weer oplossen. Jan heeft allang door waar het probleem zit en komt naar me toe.

'Kom, geef mij die drainbak en infuuspaal maar, dan doe jij de koffie.' Een immense vermoeidheid overvalt me en ik wankel. Jan pakt vlug mijn arm om te voorkomen dat ik val. Als ik mijn evenwicht hervonden heb, pak ik de koffie van het tafeltje en slof als een volgzaam hondje achter Jan aan richting mijn bed. Ik geloof niet dat ik ooit in mijn leven blijer ben geweest met een bed als op dit moment. Het beste idee van de wereld. Jan installeert mijn drainbak en infuuspaal weer en helpt me op bed, maar niet voordat ik de koffie op het nachtkastje heb gezet. Hij gaat op de rand van mijn bed zitten.

'Het lekkerste bakkie dat ik ooit heb gehad, schat,' nipt hij enthousiast. Ik glimlach moeizaam. Licht in mijn hoofd, stekende koppijn en moe, zó moe. Ik kan niet anders concluderen dan dat ik me mijn bevrijding iets anders had voorgesteld. Ik realiseer me dat ik een paar stappen heb overgeslagen. Ik ben het slachtoffer van overmoed. Na een bevrijding is er eerst chaos, anarchie, wat plunderingen en collateral damage voordat alles weer in evenwicht komt. Mijn eigen oorlog is daarop blijkbaar geen uitzondering. Grote chaos in mijn kop, mijn lijf is stuurloos en heeft behoefte aan strakke regie, een deel van mijn longfunctie is gestolen en mijn conditie is in het vuur van de strijd gesneuveld. Mijn eigen oorlog, maar ik zal hem winnen!

Het maken van de koffie heeft me zo uitgeput dat ik geen energie meer heb om mijn tweede grote wens, naar het echte toilet, uit te voeren. Bij het idee dat ik twee meter moet lopen om er te komen, zakt de moed al in mijn pantoffels.

'Ik moet plassen,' verzucht ik tegen Jan.

'Zal ik je even met de rolstoel naar de wc rijden?' stelt hij voor. 'O, als je dat zou willen doen.' Dankbaar knijp ik in zijn hand. Hij pakt de rolstoel, helpt mij erin, pakt de drainbak en de infuuspaal. Als een soort Van Gend & Loos toeren we richting toilet. Als hij me daar heeft geïnstalleerd met al mijn toeters en bellen, gunt hij me mijn privacy. 'Ik hoor het wel als je zover bent.' Ik zwaai hem uit terwijl hij de deur dichttrekt en zorgt dat mijn zuurstofslang er niet tussen komt. En dan eindelijk, alleen. Zitten zonder dat iedereen meekijkt, niet hoeven te bellen voor een schone po, slechts een ruk aan de hendel en flush. Ik doe mijn ogen dicht, laat mijn gezicht rusten op mijn handen. Wat een genot. Ik zag de wc altijd als een noodzakelijk kwaad, waar je nou eenmaal af en toe gebruik van moet maken, maar in de afgelopen weken heeft het ding mythische vormen aangenomen. Ik moet zeggen dat de thuistroon lekkerder zit, maar dit is een heel goede *second best*. Ik denk dat ik het hier wel een tijdje volhoud. Op de plee begon de ellende zes weken geleden, maar het zal er verdomme niet eindigen.

'Gaat alles goed daar?' Ik ruk me los uit mijn soezerige toestand.

'Prima, ik zit te genieten.'

'Neem je tijd.' Tsja, tijd. Hoeveel tijd heb ik nog? Ik verlang naar de warmte van Jan. Het is weer mooi geweest hier.

'Taxi!' brul ik door de dichte deur heen.

Dokter D komt de kamer binnen, zuster Revka in zijn kielzog. Vandaag wordt mijn long 'geplakt'. Op een heel klein randje na, is het zaakje eindelijk ontplooid. Met een beetje mazzel mag ik over een paar dagen naar huis. Na bijna tien weken ziekenhuis wordt het wel eens tijd.

'Zie je ertegen op?' Dokter D vraagt tegen beter weten in naar de bekende weg. Ik zie dat hij een beetje nerveus is. Zijn blozende wangen zijn vandaag nog een tikje roder dan anders. Ik weet dat hij me geen pijn wil doen, maar hij heeft geen keus. Er moet 50cc bloed uit mijn grote liesader gehaald worden als lijm voor mijn long.

'*A doc's gotta do what a doc's gotta do*,' probeer ik hem gerust te stellen. 'Ik zal je goed verdoven en heel voorzichtig doen.' Ik ga plat op bed liggen. Ik zie niet alleen op tegen de pijn, want een lies is ook met ver-doving heel gevoelig, maar ook tegen het feit dat ik vier uur plat moet liggen nadat het bloed via de drain in mijn borstholte is gespoten. Plat liggen als je zo weinig lucht hebt, is niet te doen.

'Moet ik mijn onderbroek uitdoen?'

'Nee, is niet nodig, ik kan er zo wel bij.' Zuster Revka trekt het gordijn om mijn bed dicht en legt alle spullen klaar. Jan zit naast mijn bed en knijpt bemoedigend in mijn hand. Hij is inmiddels vaste figurant in onze eigen ziekenhuisserie. Zuster Revka maakt een grote spuit met verdoving klaar terwijl dokter D een steriele doek over mijn lies legt. Het prikgebied ontsmet hij nauwkeurig met een koude klets jodium. Ik huiver. Hij pakt de verdovingsspuit aan van zuster Revka. Helaas kun je tegen een verdovingsspuit niet verdoofd worden. Op Dokter D's 'daar komt de prik' zet ik me schrap. De naald dringt door mijn huid heen de diepte in. Ik kerm en knijp hard in Jans hand. Fuck, dit is niet fijn.

'Sorry, Kim, ik doe echt zo voorzichtig mogelijk.' Dokter D kijkt alsof hij zelf de pijn voelt. Het steekt hem overduidelijk dat hij in me moet prikken. En dat, lieve dokter D, maakt het al de helft minder erg. Omdat jij fluwelen handschoenen hebt aangetrokken zal ik dapper zijn. Gedeelde smart is echt halve smart. Clichés, voor veel mensen een bron van irritatie en burgerlijkheid, maar voor mij een houvast in de chaos.

'De verdoving moet even een paar minuten inwerken.' Dokter D trekt de naald uit mijn lijf. De tijd tikt evenredig weg met het gevoel in mijn lies.

'Voel je dit?'

'Eh, wat?'

'Nee dus,' grinnikt hij. 'Ik prik nu met een naald in je huid.'

'Nou, dan denk ik dat de verdoving goed werkt.' Dokter D knikt instemmend.

'Dan gaan we beginnen.' Zuster Revka geeft hem een joekel van een spuit aan.

'Nou, als dat ding vol zit mag je me wel weer een bloedtransfusie geven,' grap ik. Jan moet lachen. Dokter D maakt met een scalpel een sneetje in mijn lies waar hij de naald doorheen kan steken. Dat is minder pijnlijk dan de naald rechtstreeks door de taaie huid duwen.

'Oké, dan ga ik nu je bloedvat opzoeken.' Ik zucht en bijt op mijn tanden. Ervaring in het verleden heeft geleerd dat je voor het vinden van mijn bloedvaten een heel geavanceerde tomtom nodig hebt. Ik heb veel vertrouwen in dokter D, maar ken de beperkingen van mijn eigen lijf.

'Ik zit erin!' Na minutenlang geroer en gesteek naar links en rechts is het bingo. Ik zucht opgelucht. 'Nou, trek me maar leeg, gij vampier.' En dat is precies wat dokter D doet.

Het duurt een hele tijd voordat mijn lijf afstand heeft gedaan van de volle 50cc bloed, maar als het dan eindelijk zover is, moet er snel gehandeld worden. Het bloed moet direct ingespoten worden om te voorkomen dat het gaat stollen in de spuit. Als dat gebeurt, moet het hele circus op herhaling. Het lukt dokter D om het bloed op tijd in mijn borstholte te krijgen. Zuster Revka drukt inmiddels met haar volle gewicht op mijn lies om een nabloeding van de prikactie te voorkomen. Mijn lies steekt en voelt beurs, ondanks de verdoving.

'De komende vier uur moet je steeds een halfuur op je rug liggen en dan een kwartier op elke zij, zodat het bloed zich goed kan verspreiden in je borstholte.'

'Jan, als jij mijn tijdmanager wilt zijn, ben ik jouw wentelteefje,' zeg ik. Dokter D en zuster Revka schieten in de lach.

'Nou, sterkte ermee. Ik kom straks nog even bij je kijken.' Terwijl dokter D zich weer met andere patiënten bezig gaat houden, legt zuster Revka een drukverband aan in mijn lies. Hoewel het vat al dicht lijkt, wordt er geen enkel risico genomen. En dan begint de tijd te tikken. Vier lange uren te gaan. De halve uren op mijn rug zijn hel, evenals de kwartieren op mijn rechterzij. Zo benauwd. Alleen de linkerzij kan me een beetje verlichting geven. Ik heb alle tijd die me gegund is altijd omarmd, maar nu zou ik willen dat ik een tijdsprong kon maken.

'Je mag overeind, wentelteefje.' Jan klokt stipt na vier uur af.

'*Time flies when you're having fun*,' zeg ik zo gaar als een hardgekookt eitje. Hij helpt me overeind. Ik krijg een wegtrekker van de overgang van lig naar zit. Langzaam zakt de duizeligheid af.

'Ik zal zuster Revka even bellen om het drukverband op je lies te verwijderen.' Jan voegt de daad meteen bij het woord.

'Graag, want ik moet heel erg plassen.'

Zuster Revka komt de kamer binnen en inspecteert het wondje in mijn lies.

'Helemaal dicht, prima.' Ze gooit het drukverband in de prullenbak en Jan helpt me uit bed. Mijn lies voelt wat beurs en pijnlijk.

'Taxi of benenwagen,' laat Jan me de keus.

'Benenwagen,' kies ik overmoedig. Hij kijkt bedenkelijk, maar zwijgt. Ik wil de drainbak waar ik nog steeds aan vastzit pakken, maar het bukken kost me te veel moeite. Ik krijg geen lucht. Terwijl ik uit sta te hijgen zeg ik tegen Jan: 'Annie, hou jij mijn tassie even vast?' Hij geeft me een luchtkus, pakt drainbak in zijn ene en de infuuspaal in zijn andere hand en daar gaat circus Kim richting badkamer.

'Drie keer raden wie er morgen een verlate afspraak heeft met de paashaas?' Enthousiast laat ik mijn ouders weten dat ik eindelijk naar huis mag. Het is eind april en na ruim tweeënhalve maand kan ik mijn kwartaalabonnement op Medisch Centrum Haga opzeggen. Het is een dubbeldik nummer geworden met meer pagina's dan me lief is. Nu is het tijd om weer terug te keren in de echte wereld, waar andere thema's heersen dan ziek en zeer. Vanavond proef ik weer de smaak van zelf gekookt eten, pasta met roquefortsaus, hoop ik. En daarna ga ik lekker tegen Jan aanliggen in ons grote tweepersoonsbed. Laat ik me opslokken door die heerlijke, zachte matras met stevige ondertoon, omringd door zijn armen. Zijn borsthaar dat kriebelt tegen mijn rug. Zijn warme ademhaling in mijn nek die een spoor van kippenvel achterlaat op mijn huid. Een deur met een slot en ramen die open kunnen. Na een koude kermis kom ik eindelijk thuis.

Gouden handboeien

Het thuis zijn valt me zwaar. Ik was ervan uitgegaan dat het ziekenhuis verlaten gelijkstond aan 'weer gewoon doen'. Mijn leven weer oppakken van voordat het misging. Daar is echter geen sprake van. Ik kan niet eens meer de tien meter tussen de bank en het toilet lopen. Ik moet alles aan Jan vragen en ben nog steeds compleet afhankelijk. Ik besluit mijn trots opzij te zetten en smeek Jan om de scootmobiel van zijn oudtante die ongebruikt in een schuur staat. Het wordt geregeld. Het is een kek rood en zeer handzaam dingetje. Zo kan ik tenminste zelf bij de plee komen en het dakterras op als het mooi weer is. Maar ondanks alle nieuwe beperkingen geniet ik ontzettend van het thuis zijn.

De eerste keer dat Jan me in bad zet en afsproeit met de douchekop wordt mijn lijf helemaal gek van genot. Ik begin te trillen als een juffershondje, ik klappertand mijn gebit bijna in tweeën en haal het *Guinness Book of Records* qua kippenvelbultjes. Ik kan alleen maar huilen als het warme water voor het eerst in maanden mijn huid weer raakt. O, wat heb ik dit gemist. Ik klamp me vast aan Jan en begraaf me in zijn armen. Hij houdt me vast en het water blijft maar stromen, net als mijn tranen.

Jan probeert me zo vaak mogelijk mee naar buiten te nemen. Even ergens lunchen, een wandeling door het park of, zoals vandaag, trouwringen uitzoeken. Over twee weken staat ons jawoord in uitgeklede vorm gepland. Het grote alles-erop-en-eraan-festijn dat we eigenlijk voor ogen hadden kon door de klaplong niet doorgaan op de geplande datum en zit er nu niet meer in. Ik kan het fysiek niet aan. Mijn prachtige trouwjurk hangt nog onaf in de winkel. Ik kan hem niet dragen omdat ik te benauwd ben om me in zo'n strak bovenstuk te hijsen. Ademen met nog meer tegendruk dan ik al heb is onmogelijk. Het gaat dus het pakje worden dat ik destijds voor de boekpresentatie van *Ademloos* kocht. Met een speciale ontheffing voor terminalen, mogen we thuis in onze eigen woonkamer trouwen. Voorwaarde is dat we zes getuigen hebben. Jan en ik zijn unaniem: onze zussen, een van onze beide ouders en onze beste vrienden. En nu dus nog de ringen.

'Laten we niet meteen onze keuze maken in de eerste de beste winkel. Ik wil graag een beetje rondkijken voordat we beslissen.' Jan refereert aan het feit dat we altijd binnen tien minuten weer een winkel uit zijn, inclusief buit. We hebben exact dezelfde smaak en zijn duidelijk in wat we mooi vinden en wat niet. Waarom nog stad en land af als je het recht onder je neus al gevonden hebt? Bij het idee dat we talloze juweliers af moeten, word ik een beetje moedeloos. Maar Jan kennende is hij het zelf ook snel zat. Voordeel is dat we in onze straat kunnen gaan shoppen. Binnen een straal van een kilometer zit een juweliertje of vier. Zuurstof, rolstoel, bruid, bruidegom en pinpas. We zijn er klaar voor. Ik strompel zelf de trap af met mijn zuurstoftankje en Jan neemt de rolstoel onder zijn hoede. Het is heerlijk weer. De zon schijnt en ik gooi mijn hoofd naar achteren om elke straal op te vangen met mijn ziekelijke, bleke wangen. Ik doe mijn ogen dicht en voel de brandende warmte. Kippenvel van genoegen trekt over mijn lijf. Wat heb ik het zonnetje en het buiten zijn gemist. Ik probeer zo veel mogelijk frisse lucht naar binnen te krijgen, maar mijn ademmarges zijn beperkt.

'Ben je er klaar voor?' Jan geeft de rolstoel een zet. Ik lach. We besluiten te beginnen met de juwelier die het verste van ons huis ligt. Het ritje ernaartoe is genieten. Eenmaal binnen gebeurt wat ik al voorzien had: Jan en ik wijzen exact op hetzelfde moment dezelfde gouden ring aan. Mooi glad met een subtiel werkje aan de zijkanten. Ik hou van simpel en hij ook. We vragen de vrouw achter de balie of we de ringen mogen passen. Die van mij is iets te groot, die van Jan past perfect. Omdat ik nogal smalle handen en vingers heb, staat lang niet elke ring bij mij, maar deze lijkt voor mijn hand gemaakt.

'Waar kan ik pinnen?' vraagt Jan. Ik begin keihard te lachen.

'Ik dacht dat jij nog verder wilde kijken.'

'Eh, ja, dat had ik gezegd hè. Maar ik vind deze heel mooi.'

'Ik ook, lekker ding, dus ga maar betalen.'

'Wilt u de ringen al laten graveren?' vraagt de vrouw achter de balie. Ik kijk Jan aan.

'We zetten de datum er wel met potlood in,' grapt Jan, 'want met jou weet je het maar nooit.' Ik steek mijn tong naar hem uit. 'We laten ze achteraf wel graveren,' zegt Jan tegen de verkoopster.

'Prima, dan kunt u ze over ongeveer anderhalve week ophalen.' Amper tien minuten later staan we weer buiten, wat klinkende muntstukken armer, maar een setje gouden handboeien rijker.

Vandaag staat weer een bezoekje aan dokter Hugo gepland. Zuurstoftankjes, rolstoel, pillen, insuline, flesjes vloeibare voeding, en de patiënt zelf. Jan heeft onze wagen weer volgeladen. Het zweet parelt op zijn voorhoofd. Ik zou hem graag helpen, maar ik kan het niet, zelfs niet op wilskracht en karakter. De tijd dat ik die krachten nog kon inzetten als geheime wapens is voorbij. Ik-zit-erbij-en-kijk-ernaar is *the story of my life* geworden. Compleet afhankelijk. Mijn hoofd in nederigheid gebogen, maar mijn trots wonderbaarlijk genoeg niet gebarsten. Dat komt grotendeels door Jan. De liefdevolle, ongedwongen manier waarop hij me verzorgt en de humor waarmee hij me omringt, doen het voorkomen alsof het de normaalste zaak van de wereld is dat ik een scootmobiel nodig heb om van de bank naar het toilet te komen en niet meer in staat ben om mijn eigen kont te poetsen. Hij blijft maar zeggen hoe mooi hij me vindt, hoewel ik niet genoeg lucht en kracht heb om aantrekkelijke poses aan te nemen of mijn buik in te houden als ik voor hem sta.

'Lekker laten hangen,' is zijn opgewekte commentaar als ik af en toe wat mopper op mijn allerminst platte buik. 'Ik heb geen sixpack maar een onepack,' pruil ik door.

'Alleen maar meer vrouw om van te houden,' pareert hij meteen. Ons sociale leven ligt volledig op zijn gat, samen eten buiten de deur zit er niet meer in, concerten zijn verleden tijd, de zorg voor Balou komt volledig op hem neer. Maar Jan laat zich niet gek maken en plooit zich als een slangenmens naar de situatie, zonder dat die heerlijke lach van zijn gezicht verdwijnt. Ik kan niet anders dan volgen. Ik ben een optimist, Jan een rasoptimist. Samen zijn we een synergetisch verbond en kunnen we alles aan.

We gaan op weg. Jan pakt het zuurstoftankje dat naast me op de grond staat en helpt me van de bank af. Langzaam loop ik achter hem aan. Na elke stap probeer ik genoeg lucht in die verrekte longen te krijgen voor de volgende stap. Zo worstel ik me richting trap. Ik grijp de leuning en maak pas op de plaats. Even bijtanken voor ik kan afdalen. Jan wacht geduldig tot ik verder kan. Het is mijl op zeven, maar uiteindelijk plof ik neer op de passagiersstoel. Jan legt het zuurstoftankje bij mijn voeten en kruipt achter het stuur. Dokter Hugo, *here we come! Finally...*

Binnen het uur betreden we de vertrouwde Bunker. Eerst naar de röntgen voor de tweewekelijkse controlefoto van mijn geplakte long om te checken of het zaakje nog op zijn plek zit. Dan door naar de longpoli. Ik ben bekaf en hang als een zombie in mijn rolstoel.

'Kamer 6?' vraagt Jan.

'Yep.' Mijn stem klinkt schor en zacht.

Hij rijdt me naar binnen in de juiste kamer. Vanuit mijn ooghoek zie ik het longfunctieapparaat dat me de afgelopen twee jaar een doorn in het oog was. Ik heb het vervloekt, gehaat. Bij elke controle verdere achteruitgang, een hand om mijn strot die steeds harder knijpt. Een maand of drie geleden blies ik mijn laatste longfunctie. Nog maar 26 procent over om mee te ademen, was toen de onverbiddelijke uitslag. Dat het percentage nu een stuk lager ligt is duidelijk, maar hoeveel lager zal ik nooit weten. Voor het onderzoek naar mijn longcapaciteit moet ik namelijk geforceerd in- en uitademen en dat kan een nieuwe klaplong veroorzaken. Een ramp die niet te overzien zou zijn. Voor mijn psyche is het een opluchting dat ik de confrontatie met het steeds verder dalende percentage longinhoud niet meer hoef aan te gaan. Van het idee dat ik het momenteel misschien wel met 15 procent of minder moet doen, krijg ik het op slag nog benauwder. Wat niet weet, wat niet deert en struisvogels zijn leuke beesten.

Een bewegende deurklink en een deur die rammelt in zijn voegen, kondigen de komst van dokter Hugo aan. Ik ken niemand die met zoveel kabaal een kamer binnenkomt als hij.

'Kimmetje!' zegt hij enthousiast als altijd. 'Dag Jan.' Hij schudt hem de hand. Dan wordt zijn gezicht ernstig. 'Ik heb je longfoto net bekeken en het topje van je rechterlong is nog steeds ingezakt. Ik vrees dat we dat zo langzamerhand als verloren moeten beschouwen.'

'Ik ga de top dus niet meer bereiken,' zeg ik in een poging grappig te zijn.

'Ach schat, het is maar eenzaam aan de top en da's niks voor een sociaal dier als jij,' dient Jan me gelijk van repliek. Dokter Hugo kijkt ons vaderlijk aan. 'Allemaal verwerking,' zegt Jan tegen hem.

Hij knikt. 'Hou die humor erin, jongens, dat sleept je er doorheen.' Hij bladert nog wat in mijn dossier en bekijkt wat uitslagen. 'Ik vrees dat ik op dit moment weinig voor je kan doen, Kim. Een antibiotica-infuus lijkt me nu niet zinnig omdat we je pas al tweeënhalve maand behandeld hebben. We kunnen je bloedvaten beter zo veel mogelijk sparen.'

'En een Cipro-kuurtje?' stel ik voor. Ciproxin is een antibioticum dat ook in een veertiendaagse pillenkuur gegeven kan worden. In het verleden heb ik het middel vaak gehad. Bij de doorgewinterde CF-patiënt staat het middel ook wel bekend als 'snoepje voor mietjes' dat alleen in het begin van je ziektecarrière wat resultaat geeft. De meeste mensen met taaislijmziekte hebben al snel zwaarder geschut nodig om de steeds terugkerende longinfecties te bestrijden. Hoewel Ciproxin bij mij in het verleden ook niet echt resultaat heeft gehad, heb ik toch het gevoel dat het zinvol is om het weer eens te proberen.

'Ik wil je best een kuurtje Ciproxin geven,' zegt Hugo terwijl hij zijn receptenblok tevoorschijn haalt. Met zijn onleesbare doktershandschrift krabbelt hij een bestelling voor de apotheek neer, scheurt het waardevolle documentje van de blocnote en geeft het aan me.

'Dank u, dokter.' Ik knik plechtig.

'Ik zie je over twee weken.' Hij geeft me een bemoedigend schouderklopje.

'Hopelijk heb ik over twee weken nieuwe longen...' Hij leest de wanhoop in mijn ogen. Zijn blik houdt de mijne even vast. Het is er een van verstandhouding. 'Als het aan mij lag, had je die longen allang gehad.' Ik zie dat hij inwendig de veel te lange wachtlijsten vervloekt. Hij heeft net als ik te veel mensen onnodig zien sneuvelen omdat de politiek weigert een ander donorregistratiesysteem in te voeren dat de wachtlijsten aanzienlijk zou verkorten. Misschien ben ik de volgende naam op de Haagse dodenlijst.

Runaway bride

Met de woorden 'Je belt toch niet,' leg ik mijn telefoon op mijn nacht-kastje. Jan geeft me een kus en zegt: 'Het kan zomaar gebeuren.' Al sinds ik op de wachtlijst sta voor nieuwe longen, heeft hij het gevoel dat april dé maand wordt waarin er een oproep komt. Op momenten dat ik het niet meer zag zitten, hield ik me vast aan Jans voorspelling. Dan telde ik de weken, de dagen en soms de uren tot april en dat gaf kracht. Een strohalm vindt zijn kiem in wanhoop. Maar de weken glipten door mijn vingers en dat ene verlossende telefoontje kwam maar niet. Op dit moment duurt april nog precies drie dagen, dus enige haast is ge-boden... Nog drie dagen voordat Jans glazen bol uiteenspat en ik moet waken dat ik mezelf onherstelbaar verwond bij het opruimen van de scherven.

Ik ga voorzichtig op mijn linkerzij liggen, omdat ik in die houding het beste kan ademen. Te snel plat gaan liggen veroorzaakt tegenwoordig zo'n hevige hoestbui dat ik bijna flauwval door zuurstofgebrek en ook een longbloeding ligt altijd op de loer als ik van houding verander. Mijn schouder en heup doen pijn. Ik ben de afgelopen maanden zo afge-vallen dat er niet veel meer van me over is dan bot met een velletje. Die knokigheid begint op te breken aan mijn linkerkant en de zaak ontlas-ten door anders te gaan liggen zit er niet in. Op de tandjes bijten maar weer en een portie van de beste pijnstiller die er bestaat; het warme lijf van Jan dat zich behaaglijk tegen me aannestelt. Mijn getergde lijf ont-spant wat en ik val in zijn beschermende armen in slaap.

Ik hoor een geluid. Kan het niet plaatsen. Het houdt aan. Klinkt als mu-ziek. Iets klassieks? Ineens schiet ik overeind. SHIT, HET IS MIJN TELE-FOON! Telefoon om halftwee 's nachts? Dat betekent meestal niet veel goeds. Zou er iets zijn met papa of mama? Oma? Ik graai in paniek naar mijn mobiel en gooi bijna mijn lampje van het nachtkastje. Of zouden het... Nee, het zullen toch geen longen zijn? *Privénummer* staat er in het fel oplichtende scherm. Jan zit inmiddels ook rechtovereind in bed. Met trillende handen neem ik op en zeg mijn naam.

'Hallo Kim, je spreekt met dokter Korporaal uit het UMC Utrecht. Er zijn mogelijk longen voor je.'

'Echt waar?' is het enige wat ik kan uitbrengen.

Jan heeft het licht aangedaan. We kijken elkaar aan en ik knik. Het is zover, leest hij in mijn ogen. Hij knijpt zachtjes in mijn hand. De zenuwen gieren door mijn lijf. Dit kan het begin zijn of het einde. Letterlijk. Ik begin te klappertanden van de adrenaline. Hoe vaak heb ik me dit moment niet voorgesteld als de wanhoop toesloeg en de benauwdheid me de mond snoerde. Dat verlossende telefoontje dat het verschil tussen leven en dood zou maken. En nu is het er. De huilbui van opluchting die ook in mijn fantasiescenario voorkwam, blijft uit. Sterker nog, het lijkt wel of al mijn emoties blokkeren. Ik kan even niet meer nadenken.

'Ben je verkouden of koortsig?' vraagt de dokter.

'Nee, ik voel me prima,' zeg ik zonder aarzelen.

'Last van kiezen, tanden?'

'Nope, op mijn verrotte longen na ben ik kerngezond.'

'Oké, dan stuur ik nu een ambulance naar je toe.'

'We komen eraan. Tot zo.' Ik hang op. Begin wanhopig met mijn handen te wapperen. Mijn hersens voelen aan als een weke massa. Het enige wat overblijft is 'de praktische modus'. Jan heeft zijn telefoon aan zijn oor en staat al naast het bed.

'Hoi Juul, er zijn longen voor Kim,' hoor ik hem tegen mijn zus zeggen terwijl hij zich met één hand in zijn spijkerbroek wurmt. 'Bel jij je ouders en zorg je dat zij Marco bellen?' Omdat Marco het hele transplantatiecircus al heeft ondergaan wil ik hem in de buurt hebben voor houvast. Maar ook wil ik afscheid van hem kunnen nemen voordat ik de operatiekamer inga. Stel nou dat ik de operatie niet overleef...

'Tot straks,' sluit Jan het gesprek af.

Ik zit nog steeds als verlamd in bed.

'Kom lieffie, ik help je even aankleden. De ambulance kan elk moment voor de deur staan.'

Met moeite ga ik op de rand van ons bed zitten. Meteen wordt weer duidelijk dat ik niet voor niks op de wachtlijst voor een longtransplantatie sta. Ik moet alles op alles zetten om voldoende lucht naar binnen te krijgen voor deze 'eenvoudige' inspanning. Overeind blijven is de volgende uitdaging. De zes liter zuurstof, die via de slang in mijn neus naar binnen suist, heb ik meer dan nodig. Een duizeling trekt door mijn hoofd en ik probeer een hoestbui te onderdrukken. Twee longen die aanvoelen als ijzer. Ze laten me zo in de steek. Ik haat ze en ik hou van ze. Al vierendertig jaar. Ze horen bij mij, hebben me gebracht tot waar ik nu ben. Het voelt als een opluchting om ze in te mogen ruilen, maar het doet ook pijn. Het zijn namelijk wel míjn oude, verrotte longen die ik zomaar bij het vuilnis zet als ik een beter alternatief heb gevonden. Nu het zo concreet wordt, valt het me toch een stuk zwaarder dan ik dacht.

Jan trekt me een hemdje met spaghettibandjes aan. Mijn armen voelen aan als lood als ik ze omhooghoud. Ik hijg alsof ik een marathon aan het lopen ben en mijn hart dreunt bijna uit mijn borstkas. Ik moet even uitrusten voordat ik kan gaan staan voor het aantrekken van mijn spijkerbroek. Jan hurkt voor me neer en ik til een voet op. Ik leun zwaar op zijn schouders. Bukken kan ik al tijden niet meer, omdat ademhalen in die houding onmogelijk is geworden.

'Nou moeten we ons huwelijk weer uitstellen, want ik denk niet dat ik op 8 mei alweer *rise and shine* ben. Ik begin een beetje op *the runaway bride* te lijken.' Jan moet lachen.

Terwijl ik worstel met rits en knoop, hoor ik een sirene. Het geluid wordt steeds harder en stopt ter hoogte van ons huis. De deurbel gaat. Ik heb geen idee hoeveel tijd er inmiddels verstreken is sinds het telefoontje dat mijn leven gaat veranderen. Het voelt als eeuwen, maar het kan nooit lang zijn geweest. Jan rent naar de voordeur en doet open. Ik hobbel verdwaasd achter hem aan naar de woonkamer. Mijn zuurstofslang sleept achter me aan. Ik ga op de bank zitten en roep Balou bij me. Gapend en kreunend komt ze met een slaperig koppie naar me toe. Ik aai haar en ze gaat tevreden aan mijn voeten liggen. 'Baasje krijgt misschien nieuwe longen, Balou. Baasje wordt weer beter en dan kunnen we weer samen wandelen.' Ze kijkt me aan en kwispelt. Alsof ze verstaat wat ik zeg. Ik laat mijn blik door de woonkamer gaan en probeer alles goed in me op te nemen. Misschien is het de laatste keer dat ik hier zit, misschien ook niet. Wat heb ik het hier fijn gehad, wat voelde ik me hier thuis! Ik hoor gestommel in het trappenhuis. Een ambulancebroeder met een zuurstoftank komt binnen op onze eerste verdieping, in zijn kielzog volgt een blonde vrouw. Hij loopt naar me toe, een walm van sigarettenrook om zich heen. Ik kijk Jan verbaasd aan. Een ambulancebroeder die een longpatiënt komt ophalen voor een longtransplantatie, terwijl hij van boven tot onder naar de rook stinkt? Ik begin te hoesten. Die smerige lucht prikkelt mijn longen en zorgt dat ik het nog benauwder krijg. Ik probeer zo ver mogelijk uit Smokeys buurt te blijven maar we zijn tot elkaar veroordeeld door het mobiele zuurstoftankje dat hij inmiddels heeft aangesloten op mijn zuurstofslang, die zonder verlengstuk niet veel uitwijkmogelijkheden biedt.

'Zet jij jullie eigen zuurstofconcentrator even uit?'

Jan is al onderweg naar het kamertje waar het apparaat staat dat me de afgelopen tijd wat extra power heeft gegeven. Op weg naar de voordeur pakt hij de volgestouwde sporttas mee die we sinds ik op de wachtlijst sta klaar hebben staan voor hét moment. Met de inhoud ervan moeten we de eerste dagen na de transplantatie doorkomen.

'Heeft Balou nog genoeg water?' vraag ik bezorgd.

'Ja, heb ik al gecheckt en mijn ouders komen haar ophalen als de operatie doorgaat.'

'Fijn,' zeg ik gerustgesteld.

'Kom, we gaan.' Smokey loopt richting deur. Ik geef Balou nog gauw een stevige knuffel. Ik moet er niet te veel bij nadenken dat ik dat misschien voor het laatst doe. Ik voel haar zachte vacht onder mijn handen, de warmte van haar lijf en doe mijn ogen een seconde dicht om het moment nog intenser te beleven. Ik wil haar zoveel zeggen, maar hou het slechts bij een simpele zin.

'Dag lieve Baloutje, we zien elkaar snel weer.' Ik probeer te geloven in mijn eigen woorden.

Kom op, Moelands, niet zo piepen! Je bent niet zo ver gekomen om uiteindelijk in een levensreddende operatie te blijven. Dat zou gewoon té suf zijn. Ik spreek mezelf in gedachten toe, terwijl de tranen in mijn ogen springen. Jan duwt me met gepaste druk richting trap en sluit de voordeur af. Laat die deur niet definitief dichtgaan, kan ik niet nalaten te denken.

Smokey loopt langzaam naar beneden. Zijn collega is al vooruitgegaan en staat klaar bij de brancard. Ze helpen me erop. Ik weiger de dekens waar ze me mee willen inpakken, ik heb het bloedheet van de spanning. Ze snoeren me stevig vast met leren banden zodat ik geen kant meer op kan. Een paar fervente kroegtijgers loopt langs. Ik zie dat er een serveerster bij is uit onze stamkroeg. Ze kijkt verschrikt.

'Alles goed,' stelt Jan haar gerust, 'er zijn longen voor Kim.'

De tranen springen in haar ogen. 'Succes,' zegt ze tegen me.

'Dankjewel,' fluister ik.

Smokey & co rijden de brancard naar de ambulance en proberen me met grof geweld in één keer naar binnen te duwen. Dat mislukt jammerlijk en ik knal keihard tegen de achterkant van de wagen aan. Ik schrik van de klap.

'Voorzichtig!' roept Jan. Ik zie de stoom uit zijn oren komen. Ik lach geruststellend naar hem. Poging twee wordt ingezet. Dit keer met meer beleid zodat de brancard soepel de ambulance inglijdt.

'Wil je bij haar zitten?' vraagt Smokey aan Jan terwijl hij me goed installeert. Jan knikt en neemt naast me plaats. Hij pakt mijn hand. Zijn gezicht staat net zo gespannen als dat van mij.

'Niet aan denken dat er iemand dood is, hoor,' begint Smokey ineens. 'Denk aan het mooie voor jou,' gaat hij verder. Jan en ik kijken elkaar fronsend aan. Wat zegt die gek nou? Wat een belachelijke tekst op dit moment. 'Maar niet aan denken dat er iemand dood is, hoor en dat die familie nu verdriet heeft,' gaat hij onstuitbaar door.

'Roze olifant, roze olifant...' mompel ik.

'Denk... ' begint hij voor een derde keer. Jan is het zat en grijpt in.

'Luister vriend, het is vrij lastig om niet aan de donor en zijn of haar familie te denken als jij ons er steeds aan helpt herinneren. We weten heel goed dat er twee kanten aan dit verhaal zitten, maar op dit moment moeten we even focussen op ons eigen stukje om er goed doorheen te komen.'

'Hou elkaar maar goed vast en geniet, hè, want dit kunnen wel eens je laatste uren zijn,' neemt hij het laatste woord. Ik geloof mijn oren niet. Ik doe mijn uiterste best om mijn angsten opzij te zetten en dan gaat die mafkees me weer uit mijn evenwicht brengen. Jan kijkt hem vernietigend aan en ik geloof dat de boodschap overkomt. Smokey verlaat het laadruim van de ambulance en gooit de deuren dicht. Vervolgens voegt hij zich bij zijn collega die geduldig achter het stuur zit. Eindelijk gaan we rijden...

Het ritje is van korte duur. Op het moment dat we eindelijk op stoom lijken te komen, wordt er vol op de rem getrapt. Ik schud heen en weer op de brancard. De chauffeuse stapt uit en begint vol overgave aan een lantaarnpaal te peuteren.

'Wat doet ze nou?' vraag ik Jan verbaasd.

'Nou breekt mijn klomp...' mompelt hij. 'Ze probeert die spiegel te pakken die ze aan die lantaarnpaal hebben laten hangen. Je weet wel van die filmopnames die vandaag in de straat waren.'

'Pardon?' zeg ik. Ik kijk Jan vol ongeloof aan. Dit gebeurt niet echt. We zijn op weg naar een transplantatie en madam neemt even rustig de tijd om haar inboedel aan te vullen...

'Zeg, zullen we gaan rijden?' oppert Jan. 'We zijn op weg naar een transplantatie en moeten binnen een uur in het ziekenhuis zijn waar de operatie gaat plaatsvinden. Die longen kunnen niet in de diepvries bewaard worden, hoor.'

'Ja, maar het is zo'n mooie spiegel,' zegt ze en ze peutert rustig verder.

'HALLO!' brult Jan. 'DAN HAAL JE DIE SPIEGEL MAAR IN JE EIGEN TIJD OP!'

Jans stemverheffing lijkt indruk te maken. Teleurgesteld stapt ze weer achter het stuur. Voor nu zal ze het met de binnen- en buitenspiegels van de ambulance moeten doen. Ik heb het gevoel dat we in een heel slechte film zijn beland. Een Razzie-waardige film.

'Knijp eens in mijn arm, Jan.' Ik droom dus niet.

Zo traag als we op gang kwamen, zoveel haast lijken Spiegel en Smokey nu ineens te hebben. De motor ronkt zo hard dat ik bang ben dat we opstijgen. Jan moet me stevig vasthouden; hoewel ik strak op de brancard ben gebonden, vlieg ik er een paar keer bijna van af. Was Spiegel in haar handelen maar net zo scherp als haar bochten... In no time scheuren we met 170 km per uur over de snelweg. Smokey blijft ondertussen maar doorzaniken over mijn verzekeringspasje 'zodat hij de rit kan declareren'.

'Zorg eerst maar eens dat er wat te declareren valt,' geeft Jan hem als goede tip mee. Dat snoert hem de mond.

Ik pak Jans hand. In alle hectiek en ergernis zouden we bijna vergeten om samen dit moment te beleven. Hij drukt een kus op mijn mond en fluistert: 'We gaan het doen, schat' in mijn oor. Ik knik. Hij leest mijn lippen met de zijne terwijl een verstikt 'Ik doe het voor jou' mijn mond verlaat. En dat is ook zo, zonder Jan had ik niet voor een longtransplantatie gekozen en was ik gegaan voor een hemelse hereniging met Ron. Hoewel ik Ron nog steeds ontzettend mis, brul ik toch regelmatig vol overtuiging mee met Meatloafs 'Heaven Can Wait'. Ik blijf het een wonder vinden dat ik voor de tweede keer in mijn leven zo'n bijzondere man aan mijn zijde mag hebben en ik vraag me regelmatig af waar ik dat geluk toch aan te danken heb.

'Kom, we moeten nog even een liveverslag maken.' Jan pakt zijn mobiel en ik doe wat jolig terwijl hij me filmt. Ik doe mijn best niet te geforceerd over te komen. We kennen namelijk allebei de echte reden van het filmpje: mocht het misgaan, dan hebben we gelukkig de beelden nog.

'Ho, stop! Waar gaan we heen?' We scheuren namelijk met 170 kilo- meter per uur Utrecht voorbij en zijn op weg richting Maastricht, terwijl de tomtom blijft herhalen: 'Probeer om te draaien en neem de afslag...'

'Het UMC ligt in Utrecht, hoor.' Jan kan de frustratie in zijn stem niet langer verbergen.

'Ja, maar dat ziekenhuis ligt toch aan de A2?' reageert Smokey. Ik heb het zo gehad met die man!

'Nee, dat ligt het niet, keren!' Spiegel giert met onverantwoord hoge snelheid de eerstvolgende afslag af. Ik stuiter weer bijna van de brancard. Ik ben nu al doodop en dan moet het hele transplantatiecircus nog beginnen. Ik vraag me zo langzamerhand af of ik deze dollemansrit überhaupt ga overleven. Jan is het geklungel meer dan zat. Hij loodst Spiegel via de A12 en A27 naar de juiste afslag. Mijn opluchting is enorm, als ik eindelijk in blauwe neonletters Universitair Medisch Centrum lees.

'Nou, we zijn er mooi binnen het uur,' durft Smokey ook nog enthousiast te zeggen. Ik vrees dat het hartfilmpje dat zo bij me gemaakt gaat worden, ietwat uitslaande waardes gaat vertonen en ik hoop maar dat stoom uit je oren geen contra-indicatie is voor een transplantatie...

Ik word de eerste hulp van het ziekenhuis binnen gereden. Er staat al een team klaar om ons op te vangen. De onderzoeken om te kijken of ik 'gezond' genoeg ben om de operatie aan te kunnen, beginnen meteen. Een infuus, tien buisjes bloed, ecg, en een longfoto. Ergens tussendoor komen papa en mama het kamertje binnenlopen met verwachtingsvolle blikken. Ik krijg een brok in mijn keel en mijn hart krimpt ineen. Wat hou ik van deze mensen en wat hebben ze zich vierendertig jaar lang ondraaglijke zorgen over me gemaakt. Laat de transplantatie doorgaan en laat het goed aflopen! Ron, help me, smeek ik in gedachten. Marco staat bescheiden in een hoekje te wachten tot we zijn uitgeknuffeld. Mijn ouders hebben hem midden in de nacht weggeplukt van een cursuscentrum waar hij een paar dagen intern was. Hij is het levende voorbeeld van al het moois dat een transplantatie brengt. Zeven jaar rent hij al rond met zijn nieuwe longen en hij is als herboren! We omhelzen elkaar. Ik zie het déjà vu in zijn ogen. Ook hij schiet vol en ik aai hem door zijn woeste krullen. 'Ik ga het net als jij redden, vriendje,' fluister ik hem toe.

'We gaan je overbrengen naar de afdeling,' roept een witte jas. Pa, ma en Marco gaan vast vooruit en Jan, ik en bed volgen. Er is een ruime tweepersoonskamer voor ons gereserveerd waar al een aardige verpleegster klaarstaat met allerlei wattenstaafjes, buisjes en potjes om een urinekweek, sputumkweek, neuskweek, keelkweek en perineumkweek af te nemen. Ook het opnemen van mijn temperatuur wordt niet vergeten. Met mijn 37,8° mag ik tot mijn opluchting door naar de volgende ronde.

Al snel komt een afdelingslongarts vertellen dat ook mijn bloed- en andere uitslagen goed genoeg zijn om groen licht te krijgen voor de transplantatie. Wel krijg ik preventief vast antibiotica omdat de ontstekingswaarde in mijn longen nogal aan de hoge kant is. Nu is het alleen nog afwachten of de donorlongen ook goedgekeurd worden. De eerste bronchoscopie, waarbij ze met een klein cameraatje in de donorlongen kijken om eventuele afwijkingen te ontdekken, is gelukkig veelbelovend.

Er begint een telefoon te rinkelen. Het is mijn zus die bijna bij het ziekenhuis is en zich afvraagt waar ze haar auto kwijt kan en welke ingang ze moet nemen tijdens dit nachtelijke uur. Marco loodst haar vakkundig naar de parkeerplaatsen bij de eerste hulp. Nog geen kwartier later komt Juul de kamer binnen waar we ons allemaal verschanst hebben.

'Hé zus!' roep ik enthousiast. We geven elkaar een dikke zoen. Nu is mijn transplantsupportteam compleet. De verpleegster die het hele proces begeleidt, komt binnen met koffie, thee en broodjes. O, wat ruikt die koffie heerlijk en een broodje zou er ook wel ingaan. Helaas moet ik nuchter blijven voor de operatie. Een klop op de deur. De arts komt weer binnen, in zijn kielzog de verpleegster met een geel operatiehemd in haar handen.

'De tweede bronchoscopie was ook goed, dus de kans dat het doorgaat is groot,' meldt hij enthousiast. Een tintelende spanning schiet door mijn buik. Hoe dichter het uur der waarheid nadert, hoe nerveuzer ik word. Ik knijp even in Jans hand en we kijken elkaar verwachtingsvol aan. Gaat het dan echt gebeuren? Ik vind het weer tijd voor een fotomomentje en roep iedereen rond mijn bed. Ik wil zo veel mogelijk momenten vastleggen. Toen Ron dood was, heb ik heel veel gehad aan de foto's die ik van hem en van ons samen had. Ik wil dat er voor-het-geval-dat genoeg foto's zijn voor Jan, papa, mama en zus.

'Nou, dan ga ik mijn galajurk maar aantrekken...' In de badkamer helpt Jan me in het gele gewaad waar ik drie keer in pas. Ik wieg van mijn ene voet op mijn andere. 'Twiedeltwiedeltwiet, ik ben een kanariepiet,' hijg ik. Jan legt me weer terug op bed.

De klok tikt verder. De stemming in de kamer wordt steeds meliger. De vermoeidheid begint bij mij behoorlijk toe te slaan. 'Voor een nachtje doorhalen ben ik toch echt te oud,' verzucht ik.

Het loopt inmiddels tegen halfzeven als de kamerdeur weer opengaat. Rond deze tijd zou ik naar de operatiekamer gaan, dus ik kom verwachtingsvol overeind. De transplantatiearts komt binnen. Ze kijkt wat bedrukt en heeft haar witte jas niet aan. BUITEN DIENST straalt ze uit. Jan en ik kijken elkaar aan. Het zal toch niet? De dokter pakt een stoel en gaat naast mijn bed zitten.

'Het gaat niet door,' valt ze met de deur in huis. 'De donorlongen zijn niet goed genoeg. Dit moeten we niet willen.'

'Dit is een grapje,' zegt mijn vader.

'Nee pap, over dit soort dingen worden geen grappen gemaakt.'

'Maar dat kan toch niet?' stamelt hij.

Mijn moeder is in shock en in de ogen van Juul en Marco staan tranen. Verslagenheid vult de kamer. Het is verstikkend. De adrenaline die me de hele nacht op de been heeft gehouden, verdampt als een druppel op een gloeiende plaat. Ik laat me tegen Jan aanzakken.

'Nou ja, volgende keer beter.' Ik probeer kracht in mijn stem te laten doorklinken in een poging papa en mama tot steun te zijn. Ze zijn kapot en ik kan het niet aanzien. Hoe vaak kan je hart breken voordat het niet meer te lijmen valt? De arts staat op. 'Sterkte. Ik zal een ambulance regelen om je thuis te brengen. Hopelijk hebben we snel een beter setje voor je.'

'Ik hoop het,' fluister ik. Verder valt er niks meer te zeggen. De dichtslaande deur voelt als een klap in ons gezicht. Een knock-outslag die zes personen doet omvallen als dominostenen. De stilte in de kamer is overweldigend. Het werkt verlammend. Ik heb geen woorden, geen tranen. Er is alleen nog dat grote NIKS.

'Kim, de ambulance is er.' Jan aait zachtjes over mijn hoofd. Hoewel ik dacht nooit meer te kunnen slapen, heeft de uitputting het blijkbaar toch gewonnen. Papa, mama, Juul en Marco zijn vertrokken. Het is weer Jan en ik tegen de boze buitenwereld. Wazig kom ik overeind. O, wat voel ik me beroerd en wat ben ik benauwd. Hoelang ga ik dit nog volhouden? Zo lang als nodig is, corrigeer ik mezelf onmiddellijk. Je bent echt niet de eerste die zonder nieuwe longen weer naar huis wordt gestuurd. Als die andere mensen het aankunnen, moet jij ook niet zeuren.

Er wordt een brancard de kamer opgereden. Gelukkig zijn Smokey en Spiegel elders hun kunsten aan het vertonen. De broeders die ons naar huis zullen begeleiden lijken een stuk professioneler én stinken niet naar sigaretten. Zwijgend laat ik me weer op de brancard hijsen en vastbinden. Een gevangene in mijn eigen lichaam, geketend door leren banden die ik het liefst zou willen verbreken. Maar al zou ik het willen, ik zou niet eens kúnnen ontsnappen. Om te kunnen vluchten heb ik nieuwe longen nodig en die zijn zojuist aan mijn neus voorbijgegaan. Met dit oude stel kom ik geen stap meer vooruit.

De ambulance gaat op in de ochtendspits. Kruipend rijden we voort. Ik ben zelfs te moe om te liggen. Jan ziet dat ik het niet meer volhoud. 'Is het mogelijk om over de vluchtstrook verder te rijden?' vraagt Jan aan de chauffeur. 'Dit duurt te lang en ze wordt steeds benauwder.' Ik probeer de chauffeur wanhopig aan te kijken, maar ik heb niet eens meer de kracht me om te draaien. Zijn collega werpt een blik op me en knikt.

'Vraag maar ontheffing aan.' De chauffeur knikt en zoekt contact met de centrale. We krijgen toestemming. Als we een tijdje op de vluchtstrook rijden, komt er een enorme patserbak achter ons aan. Een ambulanceklever. Achter het stuur een donkere man met zonnebril en naast hem zit een blondine. Allebei zijn ze druk aan het bellen.

'Heb je gezien dat je een aanhanger hebt?' vraagt Jan aan de chauffeur.

De broeder kijkt in zijn spiegel en ziet dat Jan gelijk heeft. Hij trapt op de rem en zet de ambulance stil. De klever kan net op tijd reageren en ramt woest met zijn handen op het stuur. Onze chauffeur stapt uit en loopt naar onze achtervolger toe. De man gebaart zo agressief met zijn armen dat ik even bang ben dat het op een vechtpartij zal uitdraaien. Dit is toch niet te geloven? De andere broeder heeft inmiddels al contact gezocht met de KLPD en het kenteken van de aso doorgegeven. De man kan een flinke prent op de deurmat verwachten. Onze chauffeur is nog steeds in een felle discussie verwikkeld.

'Als die vent maar geen pistool trekt,' zeg ik angstig tegen Jan.

Eindelijk komt onze chauffeur terug en kunnen we verder. De aso dwingt agressief ruimte af en stuurt zijn auto de file in. Het gaat maar net goed. We vervolgen onze weg en komen uiteindelijk zonder kleerscheuren aan in Amsterdam.

Jan draagt me de trap op en zet me op de bank in de woonkamer. Balou is blij ons te zien, maar onze bedrukte stemming is haar niet ontgaan. Ze komt tegen me aan zitten en geeft me een pootje. Ik krabbel haar achter haar oren. 'We moeten onze wandeling nog even uitstellen, Loutje, maar het komt goed, meisje, dat beloof ik je.' Ze kijkt me aan met een schuin koppie, legt haar snuit op mijn knie en zucht eens diep. Eens hoop ik ook weer zo diep te kunnen zuchten.

Als Jan me weer heeft aangesloten op mijn eigen zuurstofapparaat, komt hij naast me op de bank zitten. Verdoofd. We houden elkaar zwijgend vast. Heb ik vannacht echt een oproep voor longen gehad of hebben we het gedroomd? Waren we er werkelijk zo dichtbij?

'Het gaat goed komen, schat,' fluister ik in zijn oor.

'Ik hou van jou,' is zijn antwoord. Vier woorden, elk verpakt in een blaadje van een klavertje. Pakketjes geluk, gedragen door zijn mooie stem.

'Ik smeer even een boterham en zullen we dan maar gaan slapen?' stelt Jan voor.

Ik knik instemmend. Stoïcijns knagen we even later op een bammetje kaas. Ik laat de korstjes liggen. Ik heb vandaag al te veel moeten door-bijten. Jan ruimt de borden weg.

'Ik print nog even een routebeschrijving naar het ziekenhuis uit. Mochten we bij de volgende oproep weer ambulancepersoneel hebben dat de weg kwijt is, dan kunnen we ze tenminste op het juiste spoor zetten.'

'Lijkt me een goed plan,' beaam ik. Ratelende printer, nietje door de A4'tjes. Jan stopt de routebeschrijving in onze 'vluchttas' die weer klaar-staat bij de deur. Dan draagt hij me naar bed. We zijn weer in de slaap-kamer. Het tegenovergestelde van vannacht. Toen: donker, aankleden, hoop. Nu: licht, uitkleden, wanhoop. Jan kruipt tegen me aan.

'Ik vrees dat je nu toch op 8 mei met me moet trouwen,' grap ik.

'Niets liever, schat, niets liever.'

Ik laat me opslokken door zijn armen en sluit mijn ogen. Slapen dus. Maar hoe kun je slapen als je kans op een nieuw leven zojuist is ver-vlogen als vliegtuigstrepen in een strakblauwe lucht? Even kun je ze zien, bijna aanraken. Maar als je je hand uitsteekt, floep. Weg. Een vlucht vol hoop stort neer in de realiteit. Bestemming niet bereikt.

Geluk plukken

Jan doet een spelletje op de computer, ik lig op de bank met mijn iPod. Allebei in onze eigen wereld, maar toch verbonden in gedachten. Ons hoofd bij gisteren. Een boze droom waar we langzaam uit beginnen te ontwaken. Toch zit er bij alle verwarde emoties die door mijn hoofd schieten, ook iets wat lijkt op opluchting. Ik leef nog, al is het dan op een paar procent van mijn vermogen. Het niet-doorgaan van de transplantatie maakt me ervan bewust dat ik nog meer moet genieten van alle mooie dingen om me heen zolang het nog kan. Een transplantatie biedt geen garanties, het blijft een enorm risicovolle operatie die geen honderd procent overlevingskans biedt. Er is een kans dat de operatie-tafel mijn eindstation wordt. Daarom ga ik het geluk plukken tot ik een goed gevulde mand heb en op dagen dat het moeilijk is, pak ik er een portie uit.

Ik besef ook meer dan ooit tevoren dat na de transplantatie niets meer hetzelfde zal zijn. Ben ik in staat om afscheid te nemen van mijn 'oude' leven en Kim 1.0 te verruilen voor Kim 2.0? Ziek zijn geeft immers ook zekerheid. Het is overzichtelijk om te weten dat het steeds slechter zal gaan tot de dood er uiteindelijk op volgt. Dat is de wetenschap waar-mee ik ben opgegroeid en waarin ik het grootste gedeelte van mijn leven heb geloofd. Als Kim 1.0 ken ik mijn lichaam door en door. Elk hoestje, elk pijntje kan ik plaatsen en duiden. Ik voel haarscherp aan wat mijn lijf nodig heeft, vaak al voor de dokters hun medische kennis over me hebben uitgestrooid. Zal ik met Kim 2.0 weer net zo ver-trouwd worden? Of zal ik het gevoel hebben dat ik woon in het lichaam van een vreemde? Als een ontheemde zwerver die niet weet hoe de dag van morgen eruitziet? Ben ik in staat mezelf thuis te voelen in mijn woning met nieuw interieur of ben ik te zeer gehecht aan het oude?

Een longtransplantatie was niet voor mij weggelegd en zeker niet na het overlijden van mijn lieve Ron. Dat was mijn stellige overtuiging. Mijn leven rekken om het rekken vond ik zinloos. Verlenging moest een echte toegevoegde waarde hebben. Het moest meer inhouden dan 'leuke dingen doen met vrienden', 'nog een boek schrijven', 'het zoveelste interview doen'. Mijn leven had me al meer gebracht dan ik ooit voor mogelijk hield en ik was dik tevreden. Nog een tijdje doorgaan, leuk! Maar als het zou stoppen, dan kon ik daar vrede mee hebben.

En toen kwam Jan en werd alles anders... Hem gelukkig maken, dat werd mijn nieuwe missie en daar had ik alles voor over. Dat bracht de ommekeer. Ik wilde die transplantatie! Ik wilde leven met Jan, ongedwongen en zonder beperkingen. 'Wat je ook beslist, ik sta achter je,' zei Jan keer op keer tegen me. Hij was bereid om me uit liefde te laten gaan als ik daarvoor koos. Nooit was er enige druk van zijn kant om me een bepaalde richting in te duwen en daarmee stal hij definitief mijn hart.

'Ik besef heel goed dat het meer is dan het vervangen van een batterij. Jij moet het allemaal doorstaan en ik begrijp het volkomen als je dat niet ziet zitten.'

'Ik zie jou zitten,' was mijn reactie, 'en daarom ga ik ervoor.' De blijdschap in zijn ogen maakte me nog vastberadener. Ik schoof mijn angsten zo veel mogelijk opzij en mijn telefoon werd een permanent bewoner van mijn broekzak. Bad, bed, toilet, het ding was overal bij, want stel dat ze zouden bellen voor longen en ik zou het moment missen. Ik had er al menige nachtmerrie over gehad. Ik had er echter nooit bij stilgestaan dat het even erg is om niet het telefoontje te missen, maar wel de longen.

'Ik wil nog een keer chateaubriand eten, Jan.' Rood vlees, rauwe dingen zoals sushi, sashimi, oesters, rauwmelkse en schimmelkazen zijn allemaal *don'ts* na een transplantatie. Door de medicatie die je krijgt tegen afstoting wordt je immuunsysteem behoorlijk platgelegd en ben je heel gevoelig voor virussen en schimmels, maar ook voor voedselvergiftiging. En laat ik nou net dol zijn op al die dingen die op het red alert-lijstje staan. Ik wil het allemaal nog een keer eten voor ik onder het mes ga. Wanneer dat zal zijn weet niemand. Vandaag? Morgen? Vaak volgt na een mislukte oproep snel een nieuwe. Dat maakt het besef dat ik dingen niet moet uitstellen alleen maar groter. Het moment pakken als het voor het grijpen ligt. Alleen het nu kan ik nog enigszins naar mijn hand zetten. De enige zekerheden in de toekomst zijn de zon, en de regen. Oleta Adams zingt me door de oordoppen van mijn iPod zachtjes toe en bevestigt mijn inzicht.

> There are not many things in life
> You can be sure of
> Except rain comes from the clouds
> Sun lights up the sky
> And butterflies do fly
> ... And music
> Music makes me cry

Waarheid als een koe, Oleta. Ik veeg een traan van mijn wang. Jan ziet het en loopt naar me toe. Hij streelt door mijn haar en bedekt het traanspoor met talloze kusjes.

'Het komt goed.' Ik kijk hem aan en knik instemmend.

'Het móét goed komen! We zijn elkaar niet voor niets tegen het lijf gelopen, dat moet een diepere betekenis hebben.' Sinds Jan in mijn leven is, geloof ik nog meer in 'toeval bestaat niet'. Er zijn zoveel dingen die op het juiste moment op ons pad kwamen, dat moet ergens goed voor zijn.

'Er komt vast snel een tweede oproep.' Jan heeft de woorden nog niet uitgesproken of ik voel mijn mobiel trillen in mijn broekzak. De Bachringtoon vult de kamer. We verstijven allebei. Mijn hart staat letterlijk stil en slaat vervolgens een paar keer over voordat het zijn oude ritme weer te pakken heeft. Ik begin over mijn hele lichaam te trillen. *Privénummer* staat er weer in het scherm. In een reflex duw ik Jan het toestel in zijn hand. Ik kan niet opnemen. Ik durf niet. Hij wel, de held.

'Toestel van Kim met Jan.' De spanning klinkt door in zijn stem. Ik kijk hem hoopvol aan. Zijn gezicht betrekt en hij schudt nee. 'Zou u in het vervolg per mail met Kim willen communiceren?' Jans stem klinkt afgemeten. 'Ze is ernstig ziek en wacht op een oproep voor een longtransplantatie. Als haar telefoon gaat, blijven we er bijna in.' Er klinkt iets van excuses door.

'Nee, dat kunt u ook niet weten. Als u uw vraag doormailt, dan komt het goed.' Hij hangt op. Ik tril nog steeds als een rietje.

'Wat was dat?' vraag ik.

'Een uitgeverij die wilde weten of je een persbericht goed had ontvangen. Ik heb gezegd dat ze niet meer moeten bellen.'

'Jemig,' is het enige wat ik uit kan brengen. De meeste uitgeverijen waar ik voor de boekenwebsite Ezzulia mee samenwerk, zijn op de hoogte van mijn toestand, maar deze toevallig niet.

Jan houdt me vast tot ik weer een beetje tot rust ben gekomen. Zijn hart maakt ook overuren hoor ik, als ik mijn hoofd tegen zijn borst leg. Balou komt bij ons zitten en steekt haar kop tussen ons in. Ze kijkt ons aan alsof ze wil zeggen: 'Wat is er aan de hand? Waar is al die commotie goed voor?' We nemen allebei een oor voor onze rekening en aaien haar. Ineens springt ze op en begint enthousiast met haar poot tegen Jan aan te tikken. Ze kwispelt zo hard dat ze bijna een glas van de salontafel maait.

'Wat is er, Loutje?' vraagt Jan. Ze begint te blaffen. 'Moet je soms plassen?' Als een dolle springt ze door de kamer. 'Plassen' is het magische woord. We kunnen niet anders dan lachen om haar idiote bokkensprongen. Balou wil weer over naar de orde van de dag en wij volgen. Wat moeten we anders? Jan doet Balou haar tuigje om en neemt haar mee naar buiten. Parmantig kijkt ze nog even om. Ik zet mijn iPod weer aan en laat me meeslepen.

Ik voel een warme hand op mijn schouder. Ik doe mijn ogen open. 'Ik ben in slaap gevallen,' mompel ik. Jan haalt de oordopjes uit mijn oren en zet mijn iPod op pauze. Ik kom moeizaam overeind. Wat voelt mijn lijf zwaar.

'Kijk eens wat ik heb.' Triomfantelijk duwt hij me een enorme menukaart in mijn hand. 'Wij gaan vanavond chateaubriand eten!'

'Maar ik voel me niet goed genoeg om uit eten te gaan. Ik ben zo moe en benauwd.'

'Dat weet ik, maar als Kim niet naar het restaurant komt, dan komt het restaurant naar Kim. Ik heb onze situatie uitgelegd aan de eigenaar en als we de bestelling zo telefonisch doorgeven, dan kan ik het eten over een uurtje ophalen.'

'Echt waar? Wat geweldig!' Ik laat mijn blik over de menukaart gaan. 'O, ze hebben ook oesters! En een voorgerecht met geitenkaas en een kaastoetje!' In combi met de chateaubriand zijn dat vier vinkjes op mijn 'nog eten voor transplantatielijstje'. Het water loopt me in de mond. Als voorgerecht worden het *groentepizza met geitenkaas en huisgemaakte piccalilly* én een portie *oesters*. Als hoofdgerecht de *chateaubriand met rode wijnsaus* en *luiewijvenfriet* (en véél mayonaise!) en als toetje *diverse kazen met membrillo en notenspeltbrood* (maar liefst vier rauwmelkse kazen!).

'En bubbels, er horen ook bubbels bij!' Ik word hoe langer hoe enthousiaster. *'Love you, baby!'* jubel ik tegen Jan. Hij geeft me pen en papier aan zodat ik onze bestelling kan opschrijven. Plechtig overhandig ik een paar minuten later het volgekrabbelde blaadje aan Jan en hij belt het restaurant onze keuzes door. Ik installeer me weer op de bank voor een extra schoonheidsslaapje om me op te laden voor ons diner.

'Schatje, het eten staat klaar.' Versuft kom ik overeind en zie dat Jan de tafel al gedekt heeft. Zes kaarsjes verspreiden een goudgele gloed over het voorgerecht. De oesters zijn prachtig opgediend in een diep bord met ijs en ook de groentepizza met geitenkaas ligt er smakelijk bij op een sierlijk, wit restaurantbord. De overige gerechten wachten geduldig in een grijs krat op de vloer.

'O, wat ziet het er heerlijk uit!'

'Alleen het beste voor mijn Kim,' zegt Jan terwijl hij de fles bubbels begint te ontkurken. Hij schudt lichtjes met de fles en laat de kurk dan los. Met een harde plop knalt-ie via het plafond de woonkamer in. In een reflex hou ik mijn handen beschermend op mijn hoofd. Mijn hoofd blijft gespaard, maar het plafond komt er niet helemaal zonder kleerscheuren vanaf.

'Ha ha, kijk! Er zit een buts in het plafond.' Vanaf nu zal ik altijd aan dit mooie moment denken als ik naar het plafond kijk.

Snel hou ik onze mooiste champagneglazen bij de schuimende fles. Jan schenkt ze vol en we proosten.

'Op een snelle, nieuwe oproep!' We bezegelen de wens met klinkende glazen. Ik neem een grote slok en hoop dat nieuwe longen me net zo laten bruisen en sprankelen als de bubbels in mijn mond. We vallen aan. Bij elke eerste hap van een 'verboden gerecht' sluit ik mijn ogen even om de smaak geconcentreerd in me op te nemen. Zo kan ik straks na mijn transplantatie in gedachten van deze lekkernijen blijven smullen. Tongstrelende herinneringen met een smaakvol deukje in het plafond als geheugensteuntje.

Daar komt de bruid

Ik hang over het stuur van mijn scootmobiel. Het truitje dat ik aanheb net zo rood als mijn gemotoriseerde makker. Goede vriend en tevens visagist Ronald doet zijn uiterste best om me er als een bruid uit te laten zien. Ik leerde hem kennen tijdens een fotoshoot voor het blad *Santé* en vanaf dat moment was ik dol op hem. Zelfde humor, lult net als ik vijf kwartier in een uur en is recht voor zijn raap. Waar de meeste mensen die me niet goed kennen me altijd heel voorzichtig benaderen – 'tis toch een ziek meiske, hè' – zegt hij gelijk waar het op staat. Toen hij bij onze eerste ontmoeting een poging deed een verhaal te vertellen en ik er keihard doorheen hoestte was zijn reactie: 'Hé, hou je mond eens, ik probeer iets te vertellen.' Een lachbui, nog meer gehoest en kabaal waren het gevolg. Vanaf dat moment zijn we maatjes. Vol bewondering kijk ik nog steeds naar zijn make-upkoffer die vele malen groter is dan mijn medicijnkoffer. Maar de meeste indruk maakte zijn oprechtheid. Ronald is iemand die vanuit zijn hart klaarstaat voor anderen. Hij aarzelde geen moment toen ik hem vroeg om me een beetje op te pimpen voor mijn huwelijk. Mijn argument dat ik er niet bij wilde zitten als een opgewarmd lijk, vond hij zeer plausibel.

'Zullen we je haar maar loslaten?'

'Ja, doe maar. Misschien kun je er wat meer volume in brengen?'

'Ik kan natuurlijk geen wonderen verrichten, hè.' Ronald houdt met een moeilijk gezicht het dunne bosje stro omhoog dat voor haar door moet gaan. Ik grinnik. Hij haalt enorme krulspelden uit zijn koffer en begint ze in mijn door de medicijnen aangetaste haar te draaien. Fotograaf Stefan, die mij en Balou voor *Ademloos* zo prachtig fotografeerde, vereeuwigt het geheel. Ook met hem heb ik een goede band gekregen. Hij is zo'n fotograaf die met vijf keer klikken de gewenste foto al te pakken heeft. Bij hem geen ellenlange sessies waarin je jezelf in onmogelijke houdingen moet draperen. Gewoon klik en klaar. Als ik hem zie moet ik lachen, voluit en echt. Ik ben dan ook heel blij dat hij ons huwelijk wil fotograferen. Ed, een goede vriend van Jan, filmt. Ook hij is van het kaliber 'als je me nodig hebt, dan ben ik er 24/7'. Omdat ik door het zuurstofgebrek niet altijd meer even helder ben en er veel langs me heen gaat, wil ik graag zo veel mogelijk vast laten leggen. Voldoende materiaal verzamelen om op elk gewenst moment alles nog eens rustig opnieuw te beleven.

De zus van Jan heeft gisteren ons appartement al helemaal versierd met hartjesballonnen en slingers. Mijn zus is bezig om de woonkamer in stelling te brengen. Van de kroeg aan de overkant hebben we stoeltjes geleend voor het selecte clubje gasten. Het tafeltje waaraan we gaan trouwen is een bijzonder exemplaar. Het is gemaakt door een oudoom van Jan. Twee grote kaarsen op mooie standaards staan erbij. We willen de ceremonie straks beginnen met het aansteken van een kaars voor Ron en voor Jans overleden zus Marleen.

Ik worstel met een witte kousenband met blauwe sliertjes die ik gisteravond van twee vriendinnen heb gekregen. Het ding blijft net om mijn dunne bovenbeen hangen. *Something blue* en *something new* kunnen afgevinkt worden.

De eerste gasten druppelen binnen. Marco heeft voor iedereen een hartjesbroche meegenomen die knippert op een batterijtje. Een heel goed alternatief voor 'de struik op je borst' waar Jan zo'n hekel aan heeft. Met al die knipperende hartjes om me heen waan ik me even in een ouderwetse Looney Tunes-tekenfilm. Ik doe een poging om iedereen te begroeten en wat praatjes te maken. Ik hou het niet vol. Te weinig lucht. Jan houdt zijn bride to be met een schuin oog in de gaten en ziet dat het misgaat. Hij stuurt me naar de slaapkamer.

'Op bed liggen jij totdat de ceremonie begint,' zegt hij streng. 'Anders kun je straks geen "ja" meer zeggen.' Ik ben te moe om te protesteren en taai weer af. Heb ik weer, ga ik trouwen en dan kan ik mijn prinsessenjurk niet aan en ben ik zelfs te benauwd om een praatje te maken met iedereen. Als klein meisje had ik me deze dag toch anders voorgesteld. Ik parkeer mijn scoot en zet het bed in halfzittende houding. Ik doe mijn ogen dicht en moet mezelf bij de les houden om niet in slaap te vallen. Beetje zonde van mijn zorgvuldig gestylede kapsel. Even later komt Jan de slaapkamer binnen, strak in het pak. 'De ambtenaar en de bode zijn er. Als we willen kunnen we beginnen.' Ik tuit mijn lippen en hij beantwoordt mijn kus. *'Looking handsome, baby!'* fluister ik hem toe. Hij lacht naar me en helpt me overeind.

'Je vader komt je zo ophalen. Voel je je goed genoeg om te lopen?' Ik knik en lieg dat het gedrukt staat. Het is mijn eer te na om op die stomme scootmobiel naar Jan toe te rijden. Ik wil door mijn vader weggeven worden en aan zijn arm zelf naar Jan toelopen. Ik glimlach vertederd als ik terugdenk aan pa's reactie op mijn verzoek me naar het 'altaar' te begeleiden. 'Weggeven? Ik geef niks weg. Hij mag je lenen.'

Pa steekt zijn neus om de deur en ik sta op. Met mijn zuurstofslang achter me aan slepend, loop ik naar hem toe. Hij steekt zijn arm uit en ik haak in. In mijn hoofd zing ik 'Daar komt de bruid'. Ik bibber een beetje van de spanning en mijn lip trilt van emotie. Ik zie Jan verwachtingsvol naar me kijken. Mijn hart maakt een extra slag, kriebels in mijn buik. Ik probeer de opkomende tranen weg te knipperen. Als het goed is heeft Ronald watervaste mascara gebruikt. Op het moment dat ik echt emotioneel dreig te worden en niet weet of ik een huilbui kan bedwingen, blijft mijn zuurstofslang achter de deur van de slaapkamer hangen. Gvrrrr. Stom kloteding. In plaats van elegant naar Jan toe te schrijden sta ik weer te pielen met die rotslang. Papa helpt me en al snel kunnen we onze entree vervolgen.

Zonder verdere problemen weet ik mijn aanstaande te bereiken. Zijn warme hand pakt mijn koude. We kijken elkaar aan en zoenen. Kan ons het schelen dat we nog niet getrouwd zijn. Jan heet iedereen welkom en geeft mij dan de aansteker om de kaars voor Ron aan te steken. Ik kijk naar zijn foto op de kast. Jij zit ook in mijn hart, schatje, zend ik hem in gedachten toe. Ik weet dat hij me dit nieuwe geluk met Jan ontzettend gunt. In de gesprekjes die ik nog steeds af en toe met hem heb via medium Yvonne Belle heeft hij mij en Jan zijn zegen gegeven. 'Hij zorgt beter voor jou dan ik ooit had gekund. Zijn liefde is heel oprecht en diep. Ik geniet van de manier waarop jullie met elkaar omgaan, van jullie humor en warmte. Jullie liefde naar elkaar en naar de mensen om jullie heen. Je verdient het om gelukkig te zijn met Jan. Hij is jouw cadeautje. En als je lijf ermee stopt en je de aarde verlaat, dan sta ik met open armen klaar om je op te vangen. Tot die tijd wacht ik geduldig op je. Voor nu laat ik je los zoals jij mij destijds uit liefde hebt laten gaan.' Rons woorden deden me ontzettend goed en bevestigden wat mijn hart al wist.

Ik steek de grote, rode kaars aan.

'Je hoeft *out with a bang* niet zo letterlijk te nemen, hoor,' zegt Jan verschrikt. Hij trekt me snel wat naar achteren omdat ik te dicht met mijn neus op de brandende kaars sta. Neus met sissende zuurstofslang en vlam: geen goede combi.

Ik grinnik en geef hem de aansteker om de kaars aan te steken voor zijn zus, haar foto gezellig naast die van Ron op de kast. Onze 'dooie hoek' noemen we het gekscherend. Ik vind het jammer dat ik Jans zus nooit heb ontmoet. Ze overleed toen Jan en ik elkaar net een maand kenden.

Hand in hand nemen we plaats aan het tafeltje bij de ambtenaar. De bode staat ernaast. De ambtenaar houdt een mooi en persoonlijk praatje. Hij heeft goed opgelet tijdens het voorgesprek dat we een paar dagen geleden met hem hadden op ons zonnige dakterras. Daarna geeft hij het woord aan Jan en mij. We hebben voor elkaar een tekst geschreven die we willen voordragen. Ik begin, althans ik doe een poging. Ik heb op talloze begrafenissen en crematies gesproken en wist me altijd goed te houden. Zelfs op de crematie van Ron kon ik twee keer spreken zonder in te storten. Als ik er moest staan, dan stond ik er. Maar vandaag lukt het me voor het eerst in mijn leven niet om mezelf lang genoeg onder controle te houden.

Er zit zo'n lading achter mijn tekst. Het besef dat ik die klaplong op het nippertje heb overleefd, de onmenselijke strijd die ik heb moeten voeren om hier vandaag aan Jans zijde te kunnen zitten, zijn oneindige liefde die me steeds weer de kracht gaf om door te knokken, het komt in een grote bal van emoties in één keer omhoog en treft doel. Mijn stem breekt. Ik slik en doe een poging de brok in mijn keel genoeg te laten slinken om weer te kunnen praten. Maar mijn stem laat zich niet langs die homp samengeklonterde emotie sturen. Ik kijk bewust niet de kamer in naar alle lieve mensen die wachten tot ik begin te spreken. Ik schud en ik schok van het ingehouden huilen, maar de tranen vinden toch hun weg naar mijn wangen. Jan pakt me vast en drukt me tegen zich aan. Zijn veilige armen maken me weer rustig. We kussen elkaar. Ik kijk hem aan. 'Ik hou van jou,' mime ik. Als ik weer een beetje op adem ben gekomen begin ik met voorleespoging twee:

'Lieve Jan,
Door een waas van mist en benauwdheid
Door die muur van allesverzengende pijn
Drongen slechts jouw ogen
En ik wist waar ik wilde zijn
In jouw armen vol liefde
In je hart van een miljoen karaat goud
Mijn veilige haven
Waar ik mijn onderkomen heb gebouwd
Ik heb de dood zien wenken
Gekeken naar zijn meest verleidelijke dans
Maar toen zijn hand reikte naar de mijne
Miste hij zijn kans
Want het was jouw hand die ik pakte
Vol vuur en vastberadenheid
Nooit voelde iemand zich meer samen
In een eigenlijk eenzame en onmenselijke strijd
Dan ik, lieve Jan
Je verzacht, je heelt
Maakt donker licht

Je draagt mij, je draagt mijn leed
Met je allesomvattende liefde
Zonder klagen en met je gulle lach
Er zijn geen woorden om uit te drukken
Hoeveel ik van je hou
En hoe blij ik ben
Dat ik vandaag jouw vrouw worden mag.'

Als ik ben uitgesproken moet ik weer huilen. Jan houdt het ook niet droog en uit de rest van de kamer klinkt verdacht gesnif. De atmosfeer is gevuld met ontroering. Jan pakt zijn papiertje en begint zijn tekst aan mij voor te lezen. Zijn stem zwaar van emotie. Ik hou zijn hand vast en kijk hem aan met betraande ogen.

'Lieve, allerliefste liefde van m'n leven
Vanavond zeggen we volmondig JA tegen elkaar
JA voor samen leven
JA voor samen zijn
JA voor samen geluk
JA voor samen door weer en wind, in vreugde en in pijn
JA voor alles waar we voor staan
Vanavond bezegelen we een liefde die vanaf dag één
Vanaf de eerste seconde, vanaf de allereerste blik
Voorbestemd bleek te zijn
Vanavond, lieve Kim, word jij mijn vrouw en ik jouw man
Of zoals jij het altijd zegt: "Mijn Jan"
Samen één, gelijkwaardig aan elkaar
Samen een team, samen als winnaar
Want met jou lieve Kim,
Kan ik de wereld aan
Weet dat we er in goede en in zware tijden
Niet alleen voor staan
Samen met jou, met vrienden, familie, met Ron en Marleen

Zullen we bergen beklimmen en zeeën bevaren
Samen is alles, alles binnen handbereik
Want met jou, m'n allerliefste Kim
Ben ik de koning te rijk!
Ik hou van jou!'

Ik neem zijn gezicht in mijn handen en kijk hem aan. Praten kan ik niet. We zoenen weer, ook al mag het nog steeds niet officieel. De ambtenaar grijpt niet in en gunt ons het moment. We zijn samen, zo samen dat we even vergeten dat er nog meer mensen in de kamer zijn. Na de zoen neemt de ambtenaar het woord weer en gaat over tot het officiële gedeelte. Jan helpt me overeind. We geven elkaar de rechterhand. We spreken op aanwijzing van de trouwambtenaar de trouwgelofte aan elkaar uit. En dan is het tijd om ons bruidsmeisje en ringdrager onder tafel vandaan te halen. Balou houdt niet van drukte en heeft zichzelf een veilig plekje toebedeeld onder de afgedekte eettafel achter ons.

'Loutje, kom je de ringen even brengen?'

Een slaperig koppie komt onder tafel vandaan. Ze rekt zich eens uitgebreid uit en gaapt vol overgave.

'Neem de tijd, Lou,' zeg ik lachend. Ze gaat naast me zitten. Tot mijn opluchting zie ik dat het lint waar onze trouwringen aan hangen nog steeds om haar nek zit. Balou bekijkt de invasie die 'haar' woonkamer heeft overgenomen en wendt dan haar kop af. Jan peutert de ringen los. Ze laat het zich geduldig welgevallen voor ze weer onder tafel verdwijnt. Jan stopt de ringen in een sieradendoosje en geeft het aan de trouwambtenaar. Hij pakt het piepkleine ringetje voor mij eruit en geeft hem aan Jan. Dit keer geven we elkaar de linkerhand. Niet om geloofs- maar om praktische redenen. Ik draag al twee ringen aan mijn rechterhand en Jan is rechtshandig en dan is een ring links prettiger qua klussen en dergelijke. Met vaste hand schuift Jan de ring moeiteloos om mijn vinger. Ik kijk er vol trots naar. Het voelt goed! De trouwambtenaar geeft mij de ring voor Jan. Ik pak hem met bibberende hand aan. Met een beetje hulp van Jan lukt het om hem om zijn vinger te schuiven. En dan mogen we officieel zoenen en krijgen we applaus.

De vlam van Ron en Marleen brandt nog steeds. Er gaat een goedkeurende warmte van uit. De getuigen mogen naar voren komen om te krabbelen voor ons verbond en daarna is het tijd voor nog wat toespraakjes. We laten ons onderdompelen in mooie, ontroerende en grappige woorden terwijl we stevig elkaars hand vasthouden. Stralende gezichten en af en toe een traan. Allebei geringd en de weg naar huis gevonden. Daar moet op gedronken worden. Champagne, roze en witte! Jan ontkurkt de flessen en schenkt iedereen in. Voor de vorm neem ik een piepklein slokje na de toost. Ik kan nu al bijna niet meer overeind blijven en ik ben bang dat de bubbels met me op de loop gaan. 'Ik moet nog rijden,' wijs ik gekscherend naar mijn scootmobiel als ik de inhoud van mijn glas in dat van Jan bijschenk. Jan pakt de doos met gebakjes die we hebben laten maken en deelt ze uit. Het zijn petitfourtjes met een eetbare foto van ons Franse zonnehart.

En dan is het tijd voor La Grande Finale. Jan stuurt iedereen het dakterras op en vraagt ze daar te wachten. Ondertussen helpt zijn zus mij om een plakkaat met JUST MARRIED achter op het stoeltje van mijn scootmobiel te plakken en hangt ze er een lang touw aan waar een stuk of tien colablikjes aan zijn geregen. Ik trek mijn jas aan en scheur met een hoop kabaal het dakterras op, mijn kersverse man er in mijn kielzog achteraan. De blikken van onze gasten zijn goud waard en ik geniet van het applaus en geschater. Dit is mijn manier om te blijven lachen om mezelf en de situatie. Het begint te miezeren en ik scheur vol gas weer naar binnen, Jan bezweert mijn dwarse zuurstofslang die bijna achter de provisorisch aangelegde 'ramp' blijft hangen. De plaat is nodig om me op de scoot naar binnen en buiten te lanceren omdat de drempel naar het dakterras een onneembare is gebleken voor mijn kleine racemonster.

Eenmaal binnen stort ik in. De ceremonie en afterparty hebben amper twee uur in beslag genomen, maar het is te veel. Mijn longen zwoegen en ploeteren tevergeefs om voldoende zuurstof binnen te halen. Ik ben koortsig en voel me beroerd. Het plan om met zijn allen nog een hapje te eten, moet worden afgeblazen. Binnen vijf minuten is het huis leeg. We zijn het inmiddels gewend, mijn lijf bepaalt en doorkruist, maar het kan nooit ofte nimmer onze pret drukken. Vandaag was een meer dan prachtige dag, nog mooier en intiemer dan ik me had voorgesteld. Jan denkt er hetzelfde over. We stralen van oor tot oor. Jan tikt met zijn ring tegen de tafel en kijkt triomfantelijk.

'Hij staat je goed,' zeg ik lachend.

'Hij klinkt ook goed,' is zijn antwoord. Hij loopt naar de computer en zoekt het nummer 'Don't Hold Back Your Love' van Hall & Oates op dat hij me stuurde voordat we 'iets kregen'. Hij zal er toch niks mee bedoelen, dacht ik toen nog heel naïef. Ik kon me niet voorstellen dat Jan op een man-vrouwmanier in me geïnteresseerd was. Twee blinkende trouwringen bewijzen nu het tegendeel. We genieten van het nummer en van elkaar. Jan zingt zachtjes het refrein mee in mijn oor:

Don't hold back your love
I know it's here
I wanna see it come to life before my eyes
Don't hold back your love
Show me your heart
Cause I will always be here by your side...

... One more chance to find the higher ground
One more chance before the curtain's down
One more night to turn your life around again...'

'*We took the chance and did turn our life around,*' zeg ik in mijn beste Engels. Mijn maag vindt het ineens nodig om zich er ook mee te bemoeien en knort luidruchtig. Broodje-buurman, broodje-buurman, lijkt-ie te zeggen. We kijken tegelijk op de klok. Het loopt al tegen tienen en we hebben nog niets gegeten. Jan begint te lachen en trekt zijn jas aan om de lekkerste shoarma van Amsterdam te gaan halen bij zijn oude buurman.

'Met of zonder saus en wil je er rijst of patat bij?'

'Zonder saus en met rijst én patat.' Mijn hersenen zijn er nog steeds niet aan gewend dat mijn buik geen wagonladingen voedsel meer aankan.

'Ben zo terug!'

Als de deur dichtvalt, zak ik tevreden achterover op de bank. Ik laat de afgelopen uren in gedachten nog eens voorbijgaan. Wat was het mooi en bijzonder. Ik kijk naar mijn telefoon die zwijgend voor me op tafel ligt. Please, geef me nieuwe longen zodat Jan en ik onze dromen uit kunnen laten komen. Die longen móéten wel komen. Anders was ik liever in die klaplong gebleven. Als het de bedoeling was geweest dat Jan en ik afscheid hadden genomen, dan was daar de afgelopen maanden voldoende gelegenheid voor. Maar ik bleef leven.

De dood en de liefde, ze zullen nooit hand in hand lopen, maar ze achtervolgen elkaar in de achtbaan van het leven. En hoe de dood ook probeert voor te dringen, de liefde zit altijd in het voorste karretje. Want ook al stopt het hart met kloppen, de liefde die erin zit staat nooit stil en leeft voor altijd voort.

Ik hoor de buitendeur open en dicht gaan. Het bekende geluid van Jans voetstappen op de nog onbeklede trap. Sleutel die omdraait in het slot. De heerlijke shoarmageur vult de woonkamer. Ook Balou kan de verleiding niet weerstaan en komt uit haar schuilplaats met haar neus in de lucht.

'Groeten en felicitaties van de buurman!'

'Dank je,' zeg ik terwijl ik mijn tanden zet in het verse Turkse brood dat gevuld is met gekruid, sappig vlees. Balou kijkt met argusogen toe.

'Ik heb onze huwelijksreis geboekt, hoor. We vertrekken morgen,' zeg ik met volle mond. Jan kijkt me vragend aan.

'Bestemming dakterras,' laat ik erop volgen.

'Ik ga de elektrieke Weber vast inpakken.' Hij grijnst van oor tot oor.

'Een echte man ken niet zonder een Webert.' Ik verheug me al op de heerlijke kip-groentespiezen die Jan altijd maakt. Ik zie het wel zitten, huwelijksreis op ons dakterras met een barbecue, fles bubbels en sausjes om ons witte brood in te weken.

'Zullen we nog een stukje van die marsepeinen taart nemen als toetje?' Van mijn oom en tante kregen we vandaag een prachtige rozentaart bezorgd.

'Goed plan.' Jan loopt naar de koelkast om de taart eruit te halen die we na ontvangst meteen koel hebben gezet. Ik rijd op mijn scoot naar de keuken en zoek in de overvolle la naar een taartmes. Jan zet de taart op het aanrecht en pakt twee bordjes. Samen pakken we het grote mes vast en zetten de scherpe kartelrand boven op de taart. Geen huwelijk zonder officieel taartmoment! Op het moment dat we beginnen te snijden, merken we dat het mes niet vloeiend door de lekkernij snijdt. Sterker nog, we komen er niet doorheen.

'Bot mes?' vraag ik Jan. We kijken nog eens goed naar de taart. Dan begint Jan keihard te lachen.

'Niks mis met dat mes, maar deze taart is een bloemstuk! Die rozen zijn niet van marsepein, maar echt!'

'Wat?' Ik steek mijn neus in de taart. Inderdaad niet de zoete geur van gebak. Ik voel voorzichtig aan de blaadjes. Verdomd, het zijn inderdaad echte rozen!

'Dat meen je niet! En we hebben die taart nog wel de hele dag in de koelkast gehad.' Ik gier het uit. 'Hoe dom kun je zijn,' hik ik. De hoestbui die volgt neem ik op de koop toe. Een dag niet gelachen is een dag niet geleefd, ook al zijn die hoestbuien killing.

'Als we die taart niet kunnen eten dan moeten we ons huwelijk maar gaan consummeren,' zeg ik als ik ben uitgehoest en voldoende hersteld ben om te praten. 'Geef jij de taart nog even water voor we naar de slaapkamer gaan?' Ik proest het weer uit. Met een serieus gezicht bevochtigt Jan plechtig de taart en geeft hem vervolgens een ereplekje op tafel tussen de andere bloemen. Dan draagt hij me naar de slaapkamer en legt me op bed.

Huwelijksreis naar 'hotel' Den Haag

Van: Jan
Aan: vrienden, familie en collega's
Verzonden: mei 2010

Lieve vrienden, familie, collega's,

Eigenlijk had ik gehoopt de eerstvolgende mail uit te sturen na een geslaagde longtransplantatie. Die transplantatie is er echter nog steeds niet, terwijl de noodzaak ervan wederom groter is geworden. Kon dat dan nog? Ja, dat kon, zo hebben we ervaren. Kim werd de afgelopen weken weer steeds benauwder. Dachten we zelf nog dat de benauwdheid grotendeels kwam door stuifmeel, de longfoto die afgelopen donderdag in het ziekenhuis werd gemaakt dacht daar anders over... Kims long, die na bijna drie maanden eindelijk weer bijna volledig teruggeplooid was, bleek voor een groot deel opnieuw ingeklapt. Klaplong twee binnen een paar maanden. Een onverwachte en onaangename verrassing.

Op de foto was goed te zien dat de long die half april geplakt was, nu nog maar op twee punten vastzit en verder weer volledig ingezakt is. De afgelopen weken is de long blijkbaar weer lucht gaan lekken in Kims borstholte. Daardoor ontstond er overdruk in de borstholte die nergens kon worden afgevoerd. Door de toenemende luchtdruk is de long langzaam weer steeds verder in elkaar geklapt. Nadat het topje van de long al afgeschreven was en het onderste deel niet veel meer doet, is nu ook het middengedeelte vrijwel nutteloos. De long wordt als grotendeels verloren beschouwd. Enige tijdelijke oplossing is een nieuwe drain aanbrengen om de overtollige lucht af te voeren en de long weer ruimte te geven om te ontplooien.

Terwijl we 's middags nog dachten voor de spits naar Amsterdam te rijden, werd het dus een ritje naar de röntgen voor het aanbrengen van een drain.

Een nauwkeurig en lastig klusje omdat deze drain tussen twee deels functionerende longstukken ingebracht moet worden. Wordt de drain te hoog of te laag gezet, dan zal het laatste stukje long ook nog inklappen. Fingers crossed dus, vooral omdat Kim er in deze fase eigenlijk geen enkele complicatie meer bij kan hebben. Maar dat wordt niet gevraagd. We krijgen het niet cadeau...

Van: Jan
Aan: vrienden, familie en collega's

Lieve vrienden, familie, collega's,

De drain zit. Alles goed gegaan. Er is een soort ventiel aan bevestigd zodat zich geen luchtdruk op kan bouwen. Het ventiel vervangt de onhandige drainbak met slangen waar Kim bij de vorige klaplong mee verbonden was. Met deze 'mobiele' variant hoeft ze niet continu op bed te liggen. En nu maar hopen dat deze drain zich goed houdt, zonder infecties of ander gedoe tot aan dat verlossende telefoontje waar we zo op hopen. We hebben die nieuwe longen meer dan ooit nodig...

Baloutje werd terwijl wij in het ziekenhuis zaten, opgehaald door Kims zus, waarvoor dank! Na het zetten van de drain zijn we naar de kamer gegaan en hebben eerst maar wat gegeten. Leve thuisbezorgd.nl en de Thai. In plaats van samen naar huis te rijden, reed ik daarna alleen heen en weer naar Amsterdam om spulletjes te halen voor een nieuwe logeerpartij in het ziekenhuis. De buurman verzorgt onze planten, de post is geregeld en aangezien we niet weten hoelang dit weer gaat duren, pak ik flinke tassen in. De checklist is lang, het is net op vakantie gaan, maar voelt toch anders. We zitten nog in onze wittebroodsweken. Na twee weken huwelijksreis op ons dakterras als uitsmijter een uitstapje naar Hotel Den Haag. Onze riante suite bevindt zich op zes hoog met prachtig uitzicht. We krijgen elke dag ontbijt op bed, en we hoeven maar te bellen en er is koffie of thee. Hoewel we er niet op uitkijken is de zee waar we allebei zo van houden dicht in de buurt. Wat wil een mens nog meer?!? NAAR HUIS!!!

Van: Jan
Aan: vrienden, familie en collega's

Lieve vrienden, familie, collega's,

Afgelopen zondag onverwacht toch naar huis, met 'mobiele' drain en de hoop dat deze zich goed houdt tot een nieuwe oproep voor longen... Wanneer? Nobody knows! *Het is overleven momenteel, ons sociale leven staat vrijwel stil, best lastig voor twee sociale types als ondergetekenden. Maar het gaat simpelweg niet, bezoek kost Kim te veel energie. Sowieso is het sprokkelen om overeind te blijven. Excuses dat we dus vrijwel nergens op reageren, op een enkele mail c.q. sms na, het is van tijdelijke aard en we zullen de schade inhalen,* promise! *Dank voor alle lieve kaarten voor ons huwelijk, de mooie bloemen, de prachtige cadeaus, de lieve woorden, dat voelt heel goed. Blijf bidden, duimen, hopen voor nieuwe longen, ze moeten er komen, hopelijk op zeer korte termijn. Want uiteindelijk hebben we de grenzen van datgene wat we aankunnen al zo vaak moeten verschuiven dat de rek er langzaam maar zeker uit begint te raken. Veel keuze hebben we niet, maar het zou fijn zijn als het tij zich ten goede zou keren.*

Op naar goed nieuws,

Een lieve groet,
Jan & Kim en een poot van Balou (die weer lekker thuis is!)

Kwaliteit boven kwantiteit

Ik lig buiten op het dakterras. Zon op mijn bolletje, dus onder het parasolletje. Twee zachte, dikke kussens op mijn gele zonnebed zodat ik geen pijn aan mijn botten krijg. Overal om me heen bloemen en planten. Paars, geel, wit, roze en groen. Op een klein tafeltje naast me een groot glas water. In mijn handen een goed boek. Trouwe scoot in de schaduw. Geluk in een notendop. Jan is buiten met Balou en kan elk moment weer terug zijn. Mijn telefoon gaat. Hartverzakking. Privénummer. Longen?!? Ik neem op, bibberende stem. Verwachtingsvol.

'Met Kim.'

'Dag Kim, je spreekt met Hugo.'

Teleurstelling. Geen longen. Waarom belt Hugo me op? Artsen bellen nooit voor de gezelligheid. Telefoontje van arts = stront aan de knikker. Mijn drain die elke dag door Jan verzorgd wordt zit goed en is niet ontstoken. Dat kan het dus niet zijn. Wat kan er niet wachten tot maandag wanneer ik een controleafspraak met Hugo heb op de poli?

'Ik wil iets met je bespreken, Kim. Je staat er niet best voor, dat weet je. Zonder drain klapt je long gelijk weer in. Een drain is nodig om je in leven te houden tot aan je transplantatie, maar aangezien dat nog wel een tijdje kan gaan duren door het grote donortekort voorzie ik problemen. Je kunt niet oneindig met een drain in je borstkas lopen. Op een gegeven moment gaat dat ding toch ontsteken en moet-ie eruit.'

'Ja, dat weet ik, maar vooralsnog gaat het goed.'

'Ik heb je vandaag besproken met de transplantatiearts uit Utrecht en dokter De Koning en ik vinden dat je serieus zou moeten overwegen om je op de internationale hoog-urgentiewachtlijst te laten plaatsen.'

Ik voel alle kleur uit mijn wangen wegtrekken. Op de internationale lijst geplaatst worden is niet zo maar wat. Sterker nog, de eisen die daaraan verbonden zijn, zijn loodzwaar. Om in aanmerking te komen voor die lijst moet je in het ziekenhuis gaan 'wonen' tot je transplantatie. Gezien de lange wachttijden kan dat dus betekenen dat je maanden, een jaar of nog langer in het ziekenhuis ligt en dat allemaal zonder garantie op longen. Ik heb in de loop der jaren te veel mensen zien wegkwijnen in een ziekenhuiskamertje, wachtend op longen die nooit kwamen.

Ik heb altijd gezegd dat daar mijn grens lag, dat ik dat nooit zou doen. Ik wil gelukkig sterven en gelukkig betekent thuis met Jan en Balou. Kwaliteit van leven is juist in de laatste maanden van mijn leven extreem belangrijk.

'Ik weet dat je niet goed gedijt in ziekenhuizen en dat je mentale gesteldheid er heel erg onder lijdt, maar ik denk dat het je enige kans is. Je hebt geen halfjaar meer te leven en ik betwijfel ten zeerste of je via het Nederlandse donorsysteem op tijd longen krijgt.'

'Maar ik sta nummer twee op de wachtlijst,' stamel ik.

'Dat klopt, maar je weet ook dat nummer één op de lijst al meer dan een jaar wacht op hoog urgent en jij pas vijf maanden. Als er longen zijn, gaan ze naar die persoon en niet naar jou, ook al ben jij er veel slechter aan toe. Helaas telt wachttijd in Nederland zwaarder dan de urgentie.'

'Maar dan moet ik alles opgeven wat me lief is! Ik kan niet zonder Jan en Balou. Ik wil thuis zijn met mijn eigen spulletjes. Ik wil mijn privacy en autonomie behouden.'

'En wij willen jou behouden. Ik denk echt dat dit je enige kans is. Denk er rustig over na, praat er met Jan over en dan bespreken we het maandag op de poli verder. Sterkte.'

'Dag,' zeg ik zachtjes. Als versteend blijf ik zitten. Er gaan zoveel emoties door me heen dat ik volledig blokkeer. Ctrl-Alt-Delete. Ik staar in het niets, hoor niets, voel niets. Langzaam dwarrelen er wat losse gedachteflarden door mijn hoofd. Jan, ik heb Jan nodig om te overleven... Ik kan het niet alleen, het is te zwaar... Baloutje, ik kan haar niet zo lang missen... Buitenlucht, de mooie bloemen op ons dakterras... Ik kan niet leven als een gevangene, opgesloten in een ziekenhuiskamer... Die tien weken ziekenhuis na de klaplong op Valentijnsdag waren al nauwelijks te doen. Ik gruwel als ik eraan terugdenk. Mijn lijf is ook niet meer in staat om mee te gaan in het hectische ziekenhuisritme. Ik kan dingen alleen nog maar in mijn eigen tempo doen en dat tempo ligt lager dan laag... Ik raak in paniek.

Ik wil niet dood, maar ik wil ook niet in een ziekenhuis wonen. Als ik deze grens ook nog moet opgeven, dan ben ik grenzeloos. Als ik mijn fundament aan de wilgen moet hangen, wat blijft er dan nog van me over? Ik kom er niet meer uit, het is te veel. Ik voel me als een sloopauto die de hamermolen ziet naderen en niet meer kan ontsnappen aan verplettering. Geen garage die me kan me garanderen dat de nieuwe onderdelen op tijd komen, of ze überhaupt komen. De kans dat de levertijd langer is dan de levensduur is meer dan aanwezig.

Ik moet hier met Jan over praten. Ik weet dat hij elk moment thuis kan zijn, maar elke seconde zonder hem lijkt nu te lang. We hebben de afspraak dat ik hem alleen bel in uiterste noodgevallen en dat hij dan als de sodemieter naar huis komt. Ons eigen alarmsysteem. Hoewel dit voor mij wel voelt als een noodgeval, weet ik me te bedwingen. Hij schrikt zich kapot als ik bel en dat wil ik niet. Met trillende handen stuur ik hem een sms: 'Schat, kun je naar huis komen, ik moet iets met je bespreken.' Binnen vijf minuten komt Jan het dakterras op rennen, Balou achter zich aan.

'Wat is er aan de hand? Alles goed met je?' Paniek in zijn ogen.

'Hugo belde net. Hij heeft overleg met Utrecht gehad en ze vinden dat ik hoog urgent internationaal moet. Ze denken dat het mijn enige kans is.'

Het nieuws komt bij Jan net zo hard aan als bij mij. Hij komt naast me op het ligbed zitten. Zwijgt. Ik pak zijn hand.

'Hugo denkt dat ik geen halfjaar meer heb en dat de wachttijd op de Nederlandse urgentielijst te lang voor me is omdat er nog iemand voor me staat.' Ik begin te huilen. 'Ik wil niet in het ziekenhuis wonen, Jan, dan knak ik. Ik kan niet zonder jou en Balou. Ik wil gelukkig doodgaan. Wat moet ik nou? Ik leef nog puur op karakter en vechtlust, mijn lijf is op. Als ik het in mijn kop niet goed kan houden, dan hebben we een probleem. Dan hou ik het niet meer vol.'

'Pff, fijn bericht om het weekend mee in te gaan,' zijn Jans eerste woorden. 'Ik moet het even laten bezinken.'

'Ik ook, maar hoeveel tijd hebben we om het te laten bezinken? Hoeveel tijd heb ík nog?'

Hij kijkt me aan. 'Ik denk dat ze gelijk hebben, schat. Je houdt dit niet oneindig vol. Maar je moet alles opgeven voor een kleine kans op een nog kleinere kans. Geen enkele garantie op dat lot uit de loterij, maar wel de zekerheid dat je doodongelukkig gaat worden in zo'n ziekenhuiscel. Ik wil wat het beste voor jou is en zal je nooit vragen iets te doen waar je je niet goed bij voelt. Jij bent de enige die deze beslissing kan nemen en wat je ook kiest, ik sta achter je. Maar als je het gaat doen, dan ga ik met je mee. We voeren deze strijd samen.'

Ik moet weer huilen. Lieve Jan, zichzelf wegcijferend en bereid me te laten gaan als mijn lijden ondragelijk wordt. Ik weet wat hij voelt, wat hij doormaakt. Ik heb hetzelfde ervaren met Ron. Hoe graag ik hem ook bij me wilde houden, ik moest hem loslaten in zijn belang. Je geliefde onmenselijk zien lijden doet nog meer pijn dan afscheid van elkaar nemen. Dat is onvoorwaardelijke liefde, dat je alles in het werk stelt om ervoor te zorgen dat je geliefde het goed heeft. Zelfs als je hem of haar daarvoor moet afstaan aan de dood.

'Het is gek, maar mijn eerste ingeving is dat ik deze kans moet grijpen omdat Duitse longen me uiteindelijk gaan redden. Geen idee waar ik dat op baseer, maar dat gevoel heb ik nu eenmaal. Maar als ik nadenk over de consequenties van kiezen voor de internationale lijst, dan word ik acuut depressief.'

'Laten we Marco bellen,' stelt Jan voor. 'Kijken wat hij ervan vindt.' Marco is ons lichtende voorbeeld in het hele transplantatieproces. We hebben ontzettend veel steun aan hem en op moeilijke momenten staat hij altijd klaar met de juiste woorden.

'Goed plan. Laten we eerst wat eten, ik kan niet denken met een lege maag.'

'Webertje?'

'Ja, lekker en met een flinke borrel graag.' Jan haalt nog een glas water voor me en gaat snel naar de supermarkt. Ontspannen het huis verlaten kan hij alleen nog maar als ik 'oppas' heb. Balou komt bij me liggen op het zonnebed en duwt me vakkundig stukje bij beetje aan de kant tot ze lekker ligt. Zij wel. Ik leg mijn hoofd op haar warme lijf en verdriet overmant me weer. Ik wil haar niet missen. Ik kan het niet. Ik wil thuisblijven met geloof, hoop en liefde als een medaillon om mijn nek in plaats van me te laten vangen door de verstikkende wurggreep van het ziekenhuis.

Jan komt weer binnen. We barbecueën. Zwijgen veel. Alleen met onze eigen gedachten, angsten en vragen. Herkauwend op het vlees dat heerlijk mals is maar toch niet lekker naar binnen wil glijden. 'Gaat het?' vraagt Jan.

'Never been better...' We zwijgen weer.

'Ik ga een gesprek aanvragen in Utrecht.' Jan kijkt me aan. We hebben meer informatie nodig voordat we een goede beslissing kunnen nemen. Ik knik, ben het helemaal met hem eens.

'Ik vrees alleen dat ik de puf niet heb om met je mee te gaan.'

'Dat weet ik. Laat al het uitzoekwerk maar aan mij over en concentreer jij je maar helemaal op jezelf.' Ik zucht van opluchting. Er waren tijden dat ik me overal in vastbeet, maar dat was toen en dit is nu. De energie om me op andere dingen dan ademhalen te concentreren ontbreekt me volledig. Gelukkig is Jan net zo'n pietje-precies als ik in zijn honger naar informatie. Ik kan hem voor tweehonderd procent vertrouwen en dingen volledig aan hem overlaten. Ik durf mijn leven en ook mijn lot in zijn handen te leggen.

We blijven tot laat op het dakterras zitten. Bij het invallen van de schemering steekt Jan de kaarsen aan in de kandelaars die aan de pergola hangen. Het flakkerende vlamlicht werpt zachte schaduwen op de houten vlonder. Ik kijk rond. Voel me omringd door warmte. Dit is mijn thuis. Hier hoor ik. Niet in een ziekenhuiskamer. Ik denk aan vroeger, aan het speelhuisje in de tuin waarin ik de wens uitsprak ooit een eigen huis te hebben waar ik me fijn en veilig zou voelen.

Ik herinner me een huisje in de tuin. Het is wit. Het heeft raampjes en een deur die echt open kunnen. Het glimt een beetje als de zon erop schijnt. Het is een huisje van een soort afwasbaar karton of zo, waar je op mag tekenen. Mijn zusje heeft het gisteren voor haar verjaardag gekregen, maar ik mag er ook mee spelen. In het gras liggen allemaal gekleurde stiften. Ik heb de gele gekozen. Geel is mijn lievelingskleur. Ik teken lachebekjes en bloemetjes op de muren. Juul kan veel beter tekenen dan ik. Ze is tweeënhalf jaar jonger. Zij tekent poppetjes en beestjes. Haar vingers zitten onder de stift. De mijne ook.

'Zullen we het huis gaan inrichten?' vraag ik aan mijn zusje. 'Doe jij maar, ik ben nog niet klaar met kleuren.' Ik huppel naar binnen en pak de twee kinderstoeltjes die in de woonkamer staan. Ze hebben dezelfde vorm als grotemensenstoelen, ze zijn alleen een stukje kleiner. Wankelend probeer ik met beide stoeltjes naar buiten te lopen. Ik ben niet sterk genoeg en val bijna.

'Doe je voorzichtig?' roept mama vanuit de keuken. Ze schilt de aardappels voor vanavond. Papa gaat frietjes bakken. Zijn 'specialiteit', zegt hij altijd. Ik weet niet precies wat specialiteit is, maar de frietjes vind ik altijd erg lekker. Ik doe er altijd nog een beetje extra zout op en er moet appelmoes bij. Ik ga altijd bij hem in de keuken staan om te kijken. Hij doet dan een stukje brood in de pruttelende pan om te testen of het vet warm genoeg is. Daarna eet hij het stukje brood op. Ik zou best ook een hapje lusten, maar ben bang dat ik er buikpijn van krijg. Toen ik nog heel klein was mocht ik helemaal geen vet eten omdat dat niet goed verteerde of zoiets. Dat heeft te maken met mijn ziekte. Nu heb ik heel goede pillen die ervoor zorgen dat ik wel vet mag eten. Nu mag ik chips en frietjes en jus. In het begin moest ik daaraan wennen en vond ik het helemaal niet lekker. Ik werd er zelfs een beetje misselijk van. Maar dat vertelde ik niet tegen papa en mama. Toen ik nog geen vet mocht moest mama altijd speciaal voor me koken en dat vond ik zo zielig. Nu hoeft dat niet meer en kan mama eerder gaan zitten. Ze heeft veel pijn in haar rug en dat wordt erger als ze lang staat. Ik wil niet dat mama pijn heeft. Ik wil normaal zijn, net als mijn zusje en de kinderen in mijn klas. Op school denken ze dat ik geen suiker mag. Dat klopt helemaal niet. Als er dan kinderen jarig zijn en trakteren, dan krijg ik altijd een appel in plaats van snoep. En ik hou zo van snoep. Dropjes, lolly's, kauwgom. Maar ik vind het wel lief dat ze rekening met me houden, dus ik zeg er dan maar niks van. Van mama mag ik dan thuis altijd een extra snoepje bij de thee.

Ik sleep de kinderstoeltjes richting de tuin. 'Kijk je uit voor het parket?' zegt mama. 'Er zitten toch viltjes onder.'

'Ja, maar als je ze zo schuin houdt, dan schuurt het over de grond.'

'O.' Er zit inderdaad een klein krasje op de vloer. 'Ik doe ze wel een voor een,' zeg ik snel. Ik til het stoeltje van mijn zusje als eerste naar het huisje. Het is immers van haar, dus haar stoeltje moet eerst. Daarna pak ik mijn stoeltje. Mijn zusje is inmiddels uitgetekend en zit in het huisje. Ik klop beleefd op de deur. Ze doet open en ik mag met de stoeltjes naar binnen.

'Zal ik wat eten in huis halen?' zeg ik stoer alsof ik een moeder ben. 'Ja, doe maar,' zegt ze, 'dan dek ik de tafel vast.' Ik ren weer naar buiten. 'Niet met de deur slaan,' zegt mijn zusje. Dat zegt mama ook altijd. Voorzichtig doe ik de deur dicht.

Mama is bijna klaar met aardappels schillen. 'Mam,' zeg ik met een zeurderig stemmetje. 'Ja?'

'Mogen we een stukje taart eten in het huisje? Juul dekt de tafel en ik zou eten in huis halen.' Mama lacht en aait door mijn haren. Ze pakt de kwarktaart uit de koelkast en snijdt twee stukjes af.

Ik loop naar de tuin en roep keihard triiinnng als ik bij het huisje ben. Mijn zusje doet open. 'Dag Lydie,' zeg ik.

'Dag Marijke,' zegt ze. 'Kom binnen in mijn huis.' Uitnodigend steekt ze haar arm uit en stapt naar achter.

Ik loop naar binnen. 'Ik heb wat lekkers meegenomen.'

'Ach, dat komt goed uit, ik heb net de tafel gedekt.'

We gaan zitten op onze stoeltjes en eten onze taartjes op met kleine hapjes. Als het bordje leeg is zegt Juul: 'Ik ga nog even tekenen, hoor.' 'Ik blijf nog even binnen,' antwoord ik. Als ik alleen ben in het huisje doe ik de ramen dicht. Knus, hoor. Ik zou hier wel altijd willen blijven zitten in dat veilige huisje. Niemand kan hier lelijke dingen tegen me zeggen zoals een jongen op school vandaag die een grapje maakte over mijn ziekte. Hij zei dat ik 'visstick van fibrose' had. Dat vond ik niet leuk. In het huisje kan niemand me pijn doen zoals vorige week in het ziekenhuis toen ze een naald in mijn arm stopten en allemaal buisjes bloed uit me haalden. Ik heb niet gehuild, want huilen is stom, maar het deed heel erg zeer. Er zit nog een klein blauw plekje op mijn arm. Ik hoop dat ik later als ik groot ben zelf een huisje heb waar ik me op momenten dat ik me niet fijn voel in kan verstoppen. Dan doe ik de ramen en deuren dicht en dan kan niemand bij me komen.

Ik keer weer terug op het dakterras dat vastzit aan mijn kinderwens, dit is ook een eigen huis. Ik kijk naar mijn telefoon die me ook vanavond weer doodzwijgt. Als dat ding nu gewoon eens zou rinkelen met het bericht dat er longen voor me zijn, dan is alles opgelost. Hoeven we die hardvochtige keuze niet te maken. Ziekenhuis of thuisblijven? Maar het blijft stil. Heb ik een keuze? Als je zo graag wilt leven, moet je dan niet alles doen om het risico van de dood te verkleinen? Ook als dat betekent dat je alles op moet geven? Ja, ik heb een keuze. Tijdens een van de gesprekken in het ziekenhuis die Jan en ik hadden met maatschappelijk werkster Verena, werd me dat heel helder gemaakt.

'Maar ik heb toch geen keuze?' jammerde ik toen we het hadden over de fysieke pijn die ik steeds weer moest doorstaan bij onderzoeken en wat dat uiteindelijk psychisch met me deed.

'Jij bepaalt wanneer het genoeg is. Jij bepaalt hoe ver je wilt gaan in de medische mallemolen. En vergeet niet, doodgaan is ook een keuze.' Kiezen voor de dood? Zo had ik het nog niet bekeken. Als ik het echt niet meer volhoud, dan kan ik altijd de nooduitgang naar de dood nog nemen. Hoe erg ik dat monster ook verafschuw, het geeft me bij nader inzien ook een bepaalde zekerheid. Een van de weinige zekerheden die ik op dit moment nog heb.

Als Jan en ik uiteindelijk naar bed gaan, verwacht ik niet te kunnen slapen van alle emoties, maar ik ben zo uitgeput dat het toch lukt. Uitrusten doe ik echter niet. Ik heb de ene na de andere nachtmerrie over kleine ziekenhuiskamertjes waarvan het plafond en de muren op me afkomen om me te verpletteren. Alles is zwart, donker. Ik kan niet ademen. Paniek. Mensen in witte jassen met megagrote naalden jagen achter me aan en willen me pijn doen. Ik kan niet wegrennen. Mijn benen zitten vast in de grond. Het lijkt op de dromen die ik vroeger als kind wel eens had waarin ik achterna werd gezeten door enge mannen en ik niet hard genoeg kon lopen om te vluchten. Ook toen wilden mijn benen geen stap verzetten. Uiteindelijk, op het moment dat de enge mannen me wilden grijpen, steeg ik ineens op. Ik kon vliegen, hoog boven alle ellende uit. Op het nippertje gered. Die dromen liepen uiteindelijk altijd goed af, maar of dat voor deze ook geldt, betwijfel ik.

Drijfnat van het zweet word ik wakker, huilend. Mijn vleugels om mee te vliegen zijn gebroken en ik kan mezelf nu alleen nog maar bevrijden uit de nachtmerrie door wakker te worden. Maar hoe kun je wakker worden en blijven als de eeuwige slaap je probeert mee te slepen in haar donkere niets?

'We gaan het niet doen en ik kom graag persoonlijk toelichten waarom niet.' Jan heeft het ziekenhuis aan de telefoon en ik lig hijgend en puffend op de bank. Jan heeft de afgelopen weken na het telefoontje van Hugo over de internationale wachtlijst vele gesprekken gevoerd. Hij sprak met de arts in Utrecht, het hoofd verpleging, Eurotransplant, maatschappelijk werk. Alles om informatie te vergaren om daarmee een zorgvuldige afweging te kunnen maken over het al dan niet 'intern' gaan in het ziekenhuis in Utrecht. En we bedachten de voorwaarden waaronder we het eventueel wel wilden proberen.

De randvoorwaarden die Jan en ik voor het wonen in het ziekenhuis op tafel legden, vielen eerst niet goed. 'Onbespreekbaar,' was de reactie op ons verzoek dat Jan vierentwintig uur per dag bij me kon zijn en zowel mij als de drain mocht verzorgen. 'Kan niet. Punt.' Maar met die 'punt' nam Jan geen genoegen. Argumenten. Leg maar uit waarom niet. Maar verder dan 'we doen het niet omdat we het niet doen' kwam de onderbouwing niet. Uiteindelijk bleek er toch meer te kunnen dan in eerste instantie werd aangegeven. Wij hadden wél argumenten en daar konden ze niet omheen. Ik heb inmiddels immers zoveel zorg nodig dat ze me die in het ziekenhuis onmogelijk kunnen bieden. Dagelijkse een-op-een-zorg voor onbepaalde tijd matcht niet met de krappe bezetting op de afdeling. Jan die een regeling met zijn werk heeft getroffen kan me die zorg wel geven, sterker nog, hij doet al niet anders. Het verzorgen van de drain was een heikel punt, maar werd uiteindelijk ook gehonoreerd. Het voorkomen van infecties aan het ding is van levensbelang en hoe meer handen eraan zouden zitten, hoe groter de kans dat het mis zou gaan.

Hoewel de voorwaarden uiteindelijk met veel moeite zeker gesteld waren, kwamen we na veel wikken en wegen uiteindelijk toch uit op een vette NEE. De kans dat de internationale wachtlijst iets zou gaan opleveren was niet groter dan onze behoefte om mijn kwaliteit van leven zo hoog mogelijk te houden. Samen genieten in vrijheid. Gelukspotten tot een kunst verheffen. Van alle kleine dingen die nog wel kunnen iets groots maken. Onze privacy behouden en dat beetje leven dat ik nog heb in eigen hand nemen. Wegkwijnen in een ziekenhuiskamer en daar mijn laatste adem uitblazen passen niet in dat scenario. De opmerking 'Kim heeft het in het ziekenhuis beter dan thuis' die Jan om zijn oren kreeg tijdens een van de gesprekken, maakte ons heel duidelijk dat er qua empathie ook nog wel wat te winnen was bij sommige mensen. Voor die oorlog hadden we allebei niet meer de puf.

'Dan maar geen schlagers und bratwurst.' Ik probeer overtuigend te klinken, maar het sterke gevoel dat een Duitse donor mijn leven gaat redden, raak ik maar niet kwijt. Door de beslissing om niet op de internationale lijst te gaan is een Duitse donor echter uitgesloten. 'Als het lot vindt dat ik toch op de internationale lijst moet, dan zal dat op een of andere manier wel gebeuren,' grap ik. Jan kijkt me met een schuin oog aan en maant me tot stilte. Ik heb al vaker 'grappige' uitspraken gedaan die pardoes uitkwamen. 'Misschien moet ik maar een klaplong nemen om op de urgentielijst te komen' was er een van...

De kat met negen levens

Ik word wakker van een hoestbui. Probeer overeind te komen. Geen lucht. Er is iets flink mis. Longbloeding, een flinke. Ademen is onmogelijk. Long weer ingeklapt? Maar ik heb toch een drain? Draaierig, zo draaierig. Controle weg. 'Ik word niet goed,' kan ik nog net uitbrengen terwijl ik in paniek Jans hand pak. Ik voel mijn lichaam verstijven. Val achterover op bed. In de verte Jans stem. 'Is het je hoofd? Is het je hoofd?' Paniek in zijn stem. Ik wil zeggen dat ik geen tia heb zoals van de zomer, maar ik kan niet meer reageren. *Jan, Jan het is niet mijn hoofd,* probeer ik te schreeuwen, maar mijn lijf is een stuurloos ding geworden waar ik geen enkele controle meer over heb. Geluid krijg ik er niet meer uit, lucht krijg ik er niet meer in. Pijn in mijn hart, overmand door machteloosheid en verdriet. Koud, zo koud. *Lieve Jan, ik wil je zo graag geruststellen en zeggen wat er aan de hand is! Ik heb een longbloeding en een klaplong, Jan!*

Mijn lichaam lijkt ermee op te houden, mijn geest vecht om te blijven. *Ik wil terug naar Jan!* Geen lucht, borrelend bloed in mijn luchtpijp. Ik zak verder weg, zweef richting bewusteloosheid. Is dit het dan? *Jan, blijf bij me!* 'Ambulance, met spoed,' is het laatste wat ik hoor. Hulpeloosheid. Witte mist, overal om me heen. Ik zweef boven de situatie. Dan niets meer. Alles houdt op. Zwart.

Ik voel wat gepruts aan mijn gezicht. 'We gaan je zuurstofslang vervangen voor een kapje met vijftien liter zuurstof,' hoor ik in de verte. Zuurstof heb je in de hemel niet nodig, schiet er door mijn hoofd. Ik ben niet dood! Maar ik kan ook niet ademen, constateer ik er meteen achteraan. Alles om me heen is wazig. Mijn lijf voelt loodzwaar aan. Bloedsmaak in mijn mond. Strak, alles is strak vanbinnen. Adem, adem, geef me adem! Jan, waar is Jan? Ik hoor zijn stem.

'Niks aftakelen met de brandweer, daar is geen tijd voor. Ik til haar zelf naar beneden. Lopen jullie achter me aan met de zuurstof. Actie, ze moet nu naar het ziekenhuis!' Jan tilt me op. Ik hang slap in zijn sterke armen. Hou me vast, lieve schat, hou me vast en laat me niet los want dan is het over. Jij bent mijn link naar het leven. Ik heb je nodig, Jan, zo nodig. Blijf bij me. Beweging, hectiek. Ik laat me meevoeren. Weet het verschil tussen droom en werkelijkheid niet meer. Ik zweef. Balou in haar mandje, stokstijf zittend. Grote ogen vol paniek kijken me aan. Ik wil afscheid nemen, maar er is geen tijd, er is geen lucht. 'Dag Balou.' Niet meer dan een fluistering. Zwart, alles weer zwart.

Gierende sirene. Schuddend en bonkend over de weg. 'Ze begint iets stabieler te worden en een beetje meer kleur te krijgen. Saturatie nu 92 procent met vijftien liter zuurstof. Pols weer wat regelmatiger.' Ik zak weer weg. Krijg nog net mee dat Jan mijn ouders belt dat ze met spoed naar het AMC moeten komen omdat het helemaal mis is. Is het dat? Ja. Zwart.

Naalden in mijn lijf, röntgenfoto van mijn longen, grote spuit op mijn drain waarmee lucht uit mijn borstholte wordt gezogen. Ik spuug bloed in een bakje. Bloedend ten onder net als Ron?

'De long is helemaal ingezakt ondanks de drain. Ze heeft een spanningspneu gehad. Er is zoveel luchtdruk opgebouwd in de borstholte dat haar hart in de verdrukking is gekomen en een flinke tik heeft gehad. Misschien heeft het zelfs wel even stilgestaan.' De arts op de eerste hulp vertelt Jan hoe de zaken ervoor staan. 'Ze heeft veel te veel koolzuur in haar bloed en we willen haar naar de IC brengen om maatregelen te nemen. We moeten koolzuur afvoeren met een beademingsapparaat om te voorkomen dat ze in coma raakt.'

'Niet... IC,' jammer ik. Niet ademondersteuning zoals Ron dat ook had op het laatst. Niet zo'n afgrijselijk beademingsmasker. Niet, niet, niet! Draaierig, zo draaierig. Mist om me heen.

'Rustig maar, schatje.' Jan pakt mijn hand. 'Niet... IC... Jan. Niet... als... Ron. Straks... nog... eens... koolzuur... meten... als... ik... beetje... op... adem... ben. Zuig! Moet... aan... zuig.' Jan weet de arts er met moeite van te overtuigen me het voordeel van de twijfel te geven. Ik mag in eerste instantie naar de gewone longafdeling. Als de volgende koolzuurmeting nog steeds veel te hoog is, wordt het alsnog IC. Koppijn. Zo'n koppijn.

Kamertje met raam. Bed. Jan naast me. Nog steeds wazig in mijn hoofd. Ademen gaat iets beter. Slap. Voel me zo slap. En moe. Geloof dat ik nog nooit in mijn leven zo moe ben geweest. Jan ziet dat ik wakker ben.

'Dat was kantje boord.'

'Hm. Wat is er precies gebeurd? Ik kan me niet zoveel meer herinneren.'

'Wat weet je nog?'

'Dat ik wakker werd van een hoestbui, voelde dat ik een behoorlijke longbloeding had en dat ik niet meer kon ademen. Toen werd ik niet goed in mijn hoofd en voelde ik mijn lichaam verstijven. Ik hoorde jou roepen "is het je hoofd" en toen niets meer. Ik vond het zo erg dat ik je niet meer kon vertellen wat er aan de hand was.'

'Ik dacht echt dat je een hersenbloeding had en dat het einde oefening was. Nadat je zei dat je niet goed werd en mijn hand pakte, viel je achterover, draaiden je ogen weg en begon je te schudden. Ik heb toen gelijk de zuurstof zo hoog mogelijk gezet, 112 gebeld en je overeind gehouden. Achteraf de enige juiste handeling qua bloeding en klaplong. Baloutje zat al die tijd aan je voeten. Toen de ambulance kwam ging ze aan mijn kant van het bed zitten om niet in de weg te lopen. Daarna is ze bibberend in haar mandje gaan zitten.'

'Arme Loutje. Ik kan me nog herinneren dat ik "Dag Balou" heb gezegd en dat ze me met die grote ogen aankeek. Daarna ging het licht weer uit.'

'Weet je nog dat Gijs naast de brancard heeft gestaan en zei: "Hou vol, meissie, je ziet zo blauw als een druif, je ziet zo blauw als een druif."'

Jan imiteert het Amsterdamse accent van onze overbuurman feilloos. Ik moet erom lachen, ook al is de situatie eigenlijk om te huilen.

'Heeft Gijs bij me gestaan?' Terwijl ik daar in mijn verlepte onder-goed midden in de straat lag? Daar gaat mijn imago... 'Was ik echt zo paars?'

'Ja.'

'Purple Kim, pu-hur-ple Kim...' zing ik zachtjes.

'*I only wanted to see you laughing again, purple Kim,*' vult Jan aan.

Kimmetje lacht verandert in Kimmetje huilt.

'Het was echt bijna over, hè?' Jan knikt. 'Schatje, wil je me een ple-zier doen en...?'

'Ja,' zeg ik al voordat Jan zijn zin heeft afgemaakt. 'Ik beloof je plech-tig dat ik mijn zieke grapjes in het vervolg niet meer hardop zal uit-spreken.' Mijn 'Als het lot vindt dat ik toch op de internationale lijst moet, dan zal dat op een of andere manier wel gebeuren,' is door iemand daarboven iets te serieus genomen. Het lot laat niet met zich spotten, dat blijkt maar weer.

'Ik wil morgen naar Utrecht worden overgebracht. Als ik dan toch in het ziekenhuis moet zijn, dan pik ik die internationale lijst meteen mee.'

'Ik ga ze zo gelijk bellen voor overleg. We gaan het doen, schatje, jij en ik. Er zit ergens een engeltje op je schouder dat vindt dat we nog wat tijd verdienen. Dat moet wel, nu je ook dit hebt overleefd.'

'Dankjewel Ron,' fluister ik. We kijken allebei omhoog door het raam naar de hemel. 'Ik denk dat-ie op die wolk daar zit,' zeg ik tegen Jan. Hij volgt de richting van mijn vinger. Als onze ogen op hetzelfde punt gericht zijn, breekt de zon door. We putten er kracht uit en kun-nen weer even verder. Mijn ogen vallen dicht.

'Probeer maar wat te slapen, dan breng ik per sms vast een paar men-sen op de hoogte van je klapperrrrr van de week.'

Ik doe mijn ogen open. Geen idee hoelang ik heb geslapen. Papa en mama zitten in de kamer, ogen vol zorgen. Ik steek mijn beide handen uit. Allebei pakken ze er een. Ik breng mijn handen met die van hen naar mijn wangen. Druk ze ertegenaan en sluit mijn ogen. Geef ze kusjes.

'Jan heeft me weer gered,' fluister ik.

'Die jongen is een engel,' zegt mijn moeder. 'Die sleept ons er allemaal doorheen met zijn onverwoestbare optimisme.'

'Als ik nieuwe longen heb, ga ik op een cursus kleien en boetseer ik eigenhandig een standbeeld voor hem,' zeg ik plechtig. Ons onderwerp van gesprek komt binnen.

'Mijn ouders gaan Loutje zo ophalen, dus die is onder de pannen.'

'O, wat fijn,' zucht ik opgelucht. Jans ouders zijn al net zulke schatten als die van mij en Balou is dol op ze.

'Dan rijd ik zo met je vader naar ons huis om nog wat spullen in te pakken en alles voor Balou klaar te zetten.'

'Neem je wat fijne boeken voor me mee en mijn iPod?'

'Mirte komt je straks ook nog even een zoen geven als je dat fijn vindt.' Ik knik. Wil mijn lieve vriendinnetje graag zien. We kennen elkaar pas twee jaar maar we zijn twee handen op één buik. We hebben ontzettend veel lol, maar schuwen ook de serieuze onderwerpen niet. Met haar werd ik voor de eerste en ook de laatste keer in mijn leven dronken. Een concert van Kim Wilde, acht wijntjes en een sambucca waren toch iets te veel van het goede voor mijn toen al aftakelende lijf. Jan liet mijn onzinnige geklets, gegiechel en gekreun van de misselijkheid gelaten over zich heen komen nadat hij me had opgehaald en maakte me en passant nog wijs dat ik een tatoeage op mijn rug had laten zetten en een tepelpiercing had genomen. Zo'n dag of vier dampte de alcohol nog uit mijn poriën en voelde ik me hondsberoerd. Lesje geleerd: dronken is niet leuk, nooit meer doen.

Tijdens mijn eerste klaplong in februari kwam Mirte net als Floor bij me logeren in het ziekenhuis zodat Jan thuis een weekend kon bijtanken. Hoewel ik gelijkwaardigheid in een vriendschap heel erg belangrijk vind en vrienden zo veel mogelijk buiten het zorgproces wilde houden, had ik er bij haar geen moeite mee dat ze me op de postoel hielp en me waste. Het feit dat ze verloskundige is, was ook een pluspunt. Ze had al zoveel blote konten gezien dat die van mij er ook nog wel bij kon. Ik koesterde vele dierbare herinneringen, zoals aan die keer dat ze hijgend en puffend een prachtige olijfboom ons dakterras op sjouwde. 'Als Kim niet naar Frankrijk komt, dan komt Frankrijk wel naar Kim,' zei ze terwijl ze het goed in het blad zittende boompje neerzette, samen met een mooie pot, een zak aarde en hydrokorrels. Ik was op het punt aanbeland dat niemand meer iets voor me kon doen om het fysieke leven makkelijker te maken, maar op het mentale vlak zat er nog wel wat rek in. Me geluksmomenten en een lach bezorgen was een wezenlijke bijdrage aan mijn welbevinden. Mirte stond garant voor beide.

Twee dagen na mijn laatste bijna-dood-maar-toch-weer-niet-ervaring lig ik weer in een ambulance. Op weg naar het ziekenhuis in Utrecht waar ik word opgesloten tot er nieuwe longen voor me zijn. Gelukkig krijg ik 24-uursbewaking van Jan. Ik ben te zwak om fatsoenlijk uit mijn ogen te kijken, laat staan de lolbroek uit te hangen in de ambulance. Het is een beetje op. Jan rijdt met onze eigen auto naar Utrecht en ik heb hem met een flauw lachje beloofd dat ik dit keer niet zal verdwalen. 'Wedstrijdje wie er het eerste is?' Jan wint.

Een van de grotere kamers. Twee bedden, uitzicht op een tegelwand, prachtige boom in het midden van het pleintje beneden. Vertrouwde postoel staat geparkeerd tegenover mijn bed. Foto's van Balou aan de wand. Jan doet een spelletje achter de computer en ik lig op bed. Rugleuning wat omhoog, kussens in mijn nek en rug. Ik lig en zelfs dat is me al te veel. Dokter De Koning komt binnen en kijkt me met een bedenkelijk gezicht aan.

'Je lijkt wel een dood vogeltje.'

'In een dood vogeltje zit nog meer leven,' hijg ik. Ik ben sinds de laatste klaplong stikbenauwd en de ontplooiing van de long wil niet erg vlotten.

'Hebben ze die drain al eens doorgespoten om te checken of-ie nog open is?'

'Nee. Er is de afgelopen dagen wel veel lucht naar buiten gezogen door de drain.'

'Vind je het goed als ik probeer om je drain door te spuiten? Ik heb zomaar het idee dat-ie dicht zit.'

'*Be my guest*.' Dokter De Koning pakt een enorme, steriele spuit en zuigt hem vol lucht. Hij sluit hem aan op de drain. Ik wacht rustig af wat er gebeurt. Hij probeert de lucht met kracht naar binnen te spuiten. Er gebeurt niets.

'Zie je wel. Ik voel enorme weerstand, dus dat ding zit dicht. Dat verklaart ook dat je long is ingeklapt terwijl je een drain had.' Hij gooit zijn volle gewicht tegen de spuit. Weer gebeurt er niks. Lijkt het. Ineens schiet de spuit door en begin ik van schrik en pijn te gillen. Het voelt of ik word neergeschoten, alsof een kogel van lucht zich door mijn oksel naar buiten boort. 'Mijn oksel ontploft!' schreeuw ik in paniek. Doodsbang dat mijn huid is opengescheurd door dit brute geweld.

'Zo, die is weer open.' Dokter De Koning negeert mijn gegil en kijkt tevreden. Ik kijk vol argwaan naar mijn beurse, opgezwollen oksel. Nee, er zit geen gat in. Huilen of lachen? Zenuwachtig lachen met een trillend lipje doet recht aan beide, besluit ik.

'Het is ook een draintje van niks. Zo'n dun ding gaat snel dichtzitten, zeker als-ie er al zo lang inzit.'

'Dus hij kan weer dicht gaan zitten?' vraag ik angstig.

'Ja.'

'En dan is de kans groot dat de zaak weer helemaal inklapt?'

'Ja.'

'Dan wil ik een nieuwe drain. Een enorme dikke pook die niet dicht kan gaan zitten. Een vierde klaplong overleef ik echt niet.'

'Oké. Ik zal hem zelf wel inbrengen want het moet snel gebeuren. Da's een tijd geleden dat ik een drain heb gezet. Leuk om het weer eens te doen.' Dokter De Koning lijkt zich er meer op te verheugen dan ik...

Ik lig op een harde tafel op de röntgen. Dokter De Koning bereidt zich met zijn assistentes voor op het aanbrengen van de nieuwe, dikke drain. Ik ben bloednerveus en Jan houdt mijn hand vast. Als het maar goed gaat. Op het moment dat de oude drain wordt verwijderd moet onmiddellijk de nieuwe erin om te voorkomen dat de long nog verder inklapt. Ook kan ik moeilijk ademen zonder de zuig die op de drain is aangesloten. Drain eruit, zuig weg, zonder adem, dikke pech. Ik huiver als ik de enorme naald zie die zo tussen mijn ribben door gejast gaat worden. Maar alles beter dan het risico op een nieuwe klaplong.

Dokter De Koning wordt door zijn assistentes in steriele kleding geholpen.

'Jij bent zeker nog nooit aangekleed door drie vrouwen, hè,' zegt hij triomfantelijk tegen Jan.

'Aangekleed niet...' is Jans droge reactie. Ik gier het uit, ondanks de zenuwen. De Koning kan de grap ook wel waarderen. Hij trekt als laatste zijn steriele handschoenen aan. Het moment van de waarheid is daar. Ik begin te zweten. Jan geeft een bemoedigend kneepje in mijn hand. Ik grijp hem nog steviger vast.

'Wel goed verdoven, hoor, want ik ben allergisch voor pijn.' De Koning grinnikt.

'Ben je er klaar voor?'

'Nee, maar toe maar, dan heb ik het tenminste gehad.'

'Oké, dan begin ik nu met de verdoving.' Ik voel een stekende pijn tussen mijn ribben van de verdovingsspuit. De Koning laat er geen gras over groeien. Hij duwt de naald steeds verder door en spuit tegelijkertijd de verdoving naar binnen. Als de naald mijn longvlies raakt kreun ik hard. Man, wat doet dat toch zeer. Alsof iemand je scheen bewerkt met een stalen buis. Ik bijt mijn tanden bijna in tweeën. Gelukkig zijn die sterker dan de rest van mijn lijf.

'Goed, we laten de verdoving even inwerken en prepareren de oude drain vast los.' Zenuwknoop in mijn maag, kriebel in mijn buik. Please, laat het goed gaan! Ik realiseer me dat ik Jan wel heel hard knijp. Hoewel hij geen krimp geeft, laat ik mijn greep wat verslappen.

'Oké, de oude drain zit los. Ik ga hem er nu uittrekken.' Ik verstijf. 'Adem maar in en blaas maar uit op je hand.' Ik volg braaf de instructies op. Ik voel dat er aan de drain wordt gesjord. Waarom doet het zo'n pijn?

'Dat ding zit vast,' bromt De Koning. Hij trekt nog wat harder.

'Auw!' Ik heb het gevoel dat mijn huid scheurt. 'Zijn de hechtingen wel goed los?' De Koning buigt zich nog wat verder over me heen.

'Verdomd, er zit inderdaad nog een hechting.' Hij snijdt hem door.

'Goed, poging twee. Inademen en uitblazen op je hand met bolle wangen.' Ik zet me schrap en doe wat hij vraagt. Weer getrek aan de drain. Dit keer geen pijn. Vloeiend verlaat de slang mijn lichaam. Ik sta op scherp. Adem in. Het gaat niet makkelijk, maar het gaat. Pijn? Nee, niet meer dan ik al had.

'Komt de incisie.' Ik voel wat geduw op mijn huid bij mijn ribben. 'Komt de naald.' Met bruut geweld wordt er iets naar binnen geramd. Ik hoor Jan die er met zijn neus bovenop zit slikken. Geduw, getrek en gewroet. Niet zachtzinnig. Absoluut niet zachtzinnig.

'Ben door je spieren heen, naald bij longvlies.' Pijn! Plop, naald door longvlies heen.

'Drain gaat er nu in.' Weer wat gefruts en dan rust. Het geduw en getrek houdt op. Ademen gaat makkelijker. Het ding zit erin en mijn long heeft het gehouden! Ik ontspan. Overal kramp in mijn lijf. Ik heb mijn spieren van de stress iets te enthousiast aangespannen.

'Ik ga de drain nu vasthechten.' Terwijl De Koning een mooi borduurwerkje aflevert, sluit een van de assistentes me weer aan op de drainbak en het zuigapparaat. Mijn long reageert meteen en ik voel meer lucht naar binnen stromen. Jan kijkt me opgelucht aan. Hij speelt zijn rol in onze eigen ER wederom dapper. 'Nog even een controlefoto maken om te checken of de drain goed zit en dan zijn we klaar.' De foto wordt gemaakt en de drain zit goed. Ik hoest voorzichtig, geen pijn. De drain zit dus niet te diep. Na alle pijn die ik heb gehad is het een cadeautje dat ik deze niet voel. Ik ben blij en geniet. Bizar maar waar.

Kim goes international

'Je staat op de internationale wachtlijst. De auditcommissie heeft de aanvraag goedgekeurd,' deelt dokter De Koning mede. Diagnose: persisterende pneu. In gewone mensentaal, een klaplong die niet meer herstelt. Een van de strenge criteria om in aanmerking te komen voor een internationaal wachtplekje. Opluchting. Het is gek dat die klaplong tegelijkertijd mijn kansen verkleint en vergroot. Verkleint omdat het de situatie heel penibel heeft gemaakt en ik het niet lang meer vol ga houden. Vergroot, omdat ik nu in Duitsland boven aan de wachtlijst sta en de kans dat er op tijd longen zijn iets is toegenomen. Gaat mijn voorgevoel dan toch uitkomen? Krijg ik toch die Duitse longen? Ik blijf meespelen in de loterij, maar mijn winkansen zijn verbeterd. *Kim goes international.*

Een paar dagen na het zetten van de dikke drain, komt dokter De Koning mijn kamer binnenlopen. 'Uit de röntgenfoto die vanochtend gemaakt is, blijkt dat je long is ontplooid. Straks gaan we de drain dichtzetten en als dat goed gaat, halen we hem er morgen uit. Dan zuurstof afbouwen en naar huis.' Jan en ik zijn met stomheid geslagen. Long ontplooid? Ik voel toch echt dat ik de bovenkant van mijn long nog steeds niet kan gebruiken. Drain eruit? Dat wordt mijn dood! Keer op keer is het afgelopen halfjaar gebleken dat mijn long zonder drain (of met een dichte drain) weer inklapt.

'Die drain gaat er niet uit,' zeg ik tegen dokter De Koning. 'Dat overleef ik niet. Ik snap er überhaupt niets meer van. Eerst moet ik hier met alle geweld komen omdat ik een indicatie heb voor de internationale lijst en als ik er dan eenmaal ben, dan willen jullie me weer van die lijst afhalen en naar huis sturen terwijl de situatie niet is veranderd.'

'De situatie is wel veranderd, want je long is ontplooid.'

'Ja, nogal wiedes dat dat ding weer overeind is gaan staan met die nieuwe drain en onderschat het effect van de zuig ook niet. Er wordt op dit moment zo hard aan die long gezogen dat zelfs mijn impotente opa daar nog potent van zou worden.' De Koning trekt een wenkbrauw op. Ik vervolg mijn betoog. 'Er is nu al drie keer gebleken dat die long weer inzakt als ik drainloos ben.'

'Je bent hier in een gecontroleerde omgeving. We willen zien wat er gebeurt als we de drain eruit halen. En mocht je long weer inklappen, dan kunnen we meteen ingrijpen.'

'Ik kan je al vertellen wat er gebeurt als de drain eruit gaat en ik was toch echt niet van plan om voor de bühne nog een keer een klaplong te krijgen. Ik ben nog niet eens bijgekomen van de vorige.' Ik kijk dokter De Koning wanhopig aan en fluister: 'Jullie hebben volgens mij geen idee hoe heftig en kritiek die laatste klaplong is geweest. Als Jan niet onmiddellijk had gehandeld, dan had ik hier niet meer gezeten.'

'Besef je wel dat de kans op een infectie aan die drain heel groot is en dat als dat gebeurt je niet meer transplantabel bent en je overlevingskansen dan ook verkeken zijn?' De Koning kijkt me recht aan.

'Ik weet wat de risico's van een drain zijn, maar die zijn in mijn geval minder groot dan de gevolgen van het verwijderen van de drain. Ik weet dat ik niet veel tijd meer heb en dat die longen snel moeten komen, maar ik wil het zo lang mogelijk volhouden en dat lukt me niet zonder drain. Als jullie die drain eruit halen, dan loop ik weg.' Terwijl ik het zeg realiseer ik me dat ik eerst nieuwe longen nodig heb om te kunnen vluchten. Dat ik alleen nog maar in staat ben om op een bed te liggen. Ik raak in paniek. Ik sta met mijn rug tegen de muur. Help Jan, help. Bescherm me alsjeblieft. Ik heb de woorden amper gedacht of Jan neemt het over van me.

'Die drain gaat er niet uit. Bel eens met Hugo, bekijk de dossiers en foto's uit het andere ziekenhuis, dan zul je zien dat die long het niet houdt zonder drain. En weet je zeker dat die long helemaal ontplooid is?' Wat gemompel als reactie.

'We maken morgen nog wel even een CT-scan, dan kunnen we nauwkeuriger zien hoe de long er voor staat. Tot die tijd laten we het dan maar zo.' De Koning verlaat de kamer en ik klamp me wanhopig vast aan Jan. Bang voor wat komen gaat. Ik kan niet meer.

'Ik heb geen puf meer voor discussies, Jan,' jammer ik zachtjes.

'Dat weet ik, joh, daarom ben ik ook hier. Als jij nou gewoon doorgaat met ademhalen, dan regel ik de rest.' Hij geeft een kus op mijn voorhoofd. 'We doen het samen, lieverd en we gaan het redden.' Ik klim omhoog uit het dal via het rotsvaste vertrouwen van Jan. Het moet goed komen. Als ze die drain maar laten zitten... Weer paniek. Ron, bescherm me. Laat me niet doodgaan. Waar ben je nou? Vijf minuten later een sms van medium Yvonne Belle met een boodschap van Ron: *Kimmie, ik sta naast je. Aan de ene kant staat Jan en aan de andere kant ik. Jouw twee mannen samen aan je zij. Samen zullen we je beschermen. Dus zeg niet: waar ben je nou? Ik ben bij jou! Je longen zullen komen in het ochtendgloren om je opnieuw leven te geven. Liefs Ron.* Nou breekt mijn klomp. Ik vertel aan Jan wat ik dacht en laat hem de sms lezen. Ook hij heeft met al zijn nuchterheid geen verklaring voor het sms'je dat rechtstreeks antwoordt op de wanhoopskreet die ik in gedachten slaakte. Behalve dat het wel heel toevallig is.

'Tijd voor je schoonheidsslaapje!' Jan staat op van mijn bed en hangt het NIET STOREN- briefje op de deur, trekt het gordijn dicht en houdt als een pitbull de wacht.

Hand door mijn haar. Jan maakt me wakker omdat de dokter binnen is gekomen. 'Uit de CT-scan is gebleken dat je long inderdaad nog niet helemaal ontplooid is. De top ligt nog steeds los, dus we laten de drain er nog even in.' Ik moet me inhouden en slik met moeite een *I told you so!* in.

'Het streven blijft echter om die drain er zo snel mogelijk uit te halen.' Voordat ik kan reageren, vervolgt De Koning zijn verhaal. 'Er was gisteren een aanbod voor je uit Duitsland. We hebben de longen meteen afgekeurd. Het waren cocaïnelongen.' Jan en ik kijken elkaar aan. Wat een achtbaan. Drain erin, drain eruit. Longen. Toch weer niet.

Teleurstelling en hoop planten zich voort tot een onbeduidend gedrocht. Hoewel ik Nina Hagen *unbeschreiblich weiblich* vind, heb ik geen enkele ambitie om in haar schoenen te stappen. Veel te veel gedoe al dat ge-make-up en wat betreft die piercings, verder dan twee oorbellen wil ik niet gaan. Tatoeages, laat maar zitten. Ik geloof dat ik genoeg infuus- en drainnaalden heb gezien voor de komende drie levens.

'Ik hou best van een borrel, maar drugs daar doe ik niet aan,' is mijn eerste reactie.

'Cocaïnelongen zijn de slechtste longen die je kunt krijgen.'

'Dan wacht ik liever tot er een beter setje voorbijkomt. Wel hoop-gevend dat er al na een paar dagen op de internationale lijst iets be-schikbaar kwam.'

'Ze zijn je niet vergeten en je staat echt bovenaan. Hopelijk komt er snel een beter aanbod.' Dokter De Koning vertrekt weer. Hij wel. Jan en ik blijven achter met een gevoel dat zich het beste laat vangen in zoiets als teleurstellende hoop.

'Er waren vannacht weer longen voor je, maar helaas hebben we ze weer moeten afkeuren. Dit keer zat er een grote ontsteking in en het zou te gevaarlijk zijn om je die longen te geven.' Het tweede aanbod in twee weken.

'Nou maar hopen dat drie keer scheepsrecht is,' is mijn reactie. Wat moet ik anders zeggen? Ineens besef ik dat ik mijn scheepsrecht al ver-speeld heb. Dit wás al het derde aanbod. Het heeft geen zin om uit te schreeuwen dat ik snak naar een beetje lucht, naar zuurstof, naar ver-lossing. Dat ik knok voor wat ik waard ben, maar dat ik dit gevecht ga verliezen als dat perfecte setje longen niet snel komt.

'Denk je dat ik maandag weer door de audit heen kom?' vraag ik dok-ter De Koning met een klein stemmetje.

'De indicatie persisterende pneu staat nog steeds overeind dus dat moet geen enkel probleem zijn.'

'Indicatie staat overeind, nu die long nog.' Ik tik gefrustreerd tegen de rechterkant van mijn borstkas. Ondanks de geruststellende woorden van dokter De Koning over mijn indicatie, gieren de zenuwen door mijn lijf. Elke veertien dagen beoordeelt een roulerend clubje internationale artsen of ik nog terminaal genoeg ben om mijn plekje op de internationale wachtlijst te behouden. Het geeft me een heel onprettig en frustrerend gevoel dat mensen die me nog nooit gezien hebben, beslissen over mijn leven op basis van een dossier. Een papieren tijger die klaarstaat om me op te vreten. Ik kan er slecht mee omgaan dat ik mijn leven in handen moet leggen van vreemden en dat ik er zelf niks meer over te zeggen heb. Ik haat het om afhankelijk te zijn. Als ze besluiten om me van de lijst af te halen ga ik dood, zo simpel is het. Wanneer ik mijn ouders bel om te vertellen dat ook het derde setje longen niet goed genoeg was, verzint mijn vader ter plekke een nieuw spreekwoord. 'Drie keer is scheepsrecht, maar vier keer is Kimsrecht. Let op mijn woorden.'

'Ik wil niets liever dan je op je woord geloven, papa. Niets liever dan dat.'

Maandagmiddag. Het loopt tegen zessen. Ik ga kapot van de stress. Jan ijsbeert door de kamer. Nog steeds geen uitslag van de auditcommissie terwijl die al lang bekend had moeten zijn. Moet er extra over mij vergaderd worden voordat ze een beslissing kunnen nemen? Ben ik een twijfelgeval? Mijn toestand is verslechterd, maar zien de artsen dat ook? Help me! Geef me weer twee weken vol hoop en kansen. Laat me niet doodgaan, please!

Maandagavond tegen halftien. Nog steeds geen uitsluitsel. Jan en ik worden gek van de onzekerheid.

'Ik ga nu de verpleging bellen.' Jan voegt de daad bij het woord en drukt op de bel. Binnen een paar minuten staat er een verpleegster in de kamer.

'We hebben nog steeds niks gehoord over de audit en we beginnen ons een beetje zorgen te maken,' valt Jan met de deur in huis.

'Is dokter De Koning nog niet bij jullie langs geweest?'

'Nee, en hij zei gisteren dat de uitslag in de middag bekend zou zijn, dus dat zit ons niet lekker.'

'Ja, dat snap ik. Ik ga de dokter gelijk bellen en vragen hoe het ermee staat.' Ze verlaat de kamer. Mijn handen zijn koud en ik klappertand van de zenuwen. Van dit ja of nee hangt alles af. Jan komt bij me op bed zitten. We houden elkaar vast tot de verpleegster weer binnenkomt. Mijn ogen puilen van verwachting en angst uit mijn kop. 'Je hebt er weer twee weken bij gekregen.' Ik begin te huilen van opluchting. Jan laat een zucht ontsnappen waar ik alleen maar jaloers op kan zijn. Zal ik ooit weer zo diep kunnen zuchten? Misschien kan ik in de verlenging van dit kansspel de komende twee weken scoren. De bal ligt op de stip, de keeper hoeft hem alleen maar door te laten gaan... In Nederland kan ik slechts hopen op een toevalstreffer. Minister Ab Klink ligt voor mijn doel en heeft tot nu toe alle ballen weten af te vangen die een overwinning in de toekomst moeten vergroten. Mijn hoop blijft gevestigd op Duitsland.

Weer twee weken voorbij. Vol met discussies over de drain. Moet-ie eruit of blijft-ie erin? Elke keer weer een andere arts die zijn of haar eigen 'plasje' over de situatie wil doen. Als we de ene hebben overtuigd van het nut van de drain, dan staat de volgende aan mijn bed om alle afspraken weer om te gooien. Uiteindelijk willen ze allemaal maar één ding en dat is de drain eruit halen. Maar die drain is mijn lifeline. Ik bezwijk bijna aan alle paniek en stress die deze discussies veroorzaken. Ik knok uit alle macht voor mijn leven maar moet ook nog vechten voor het behoud van de drain die me in leven houdt. Ik heb er de kracht niet meer voor. Het put me zo uit dat ik bijna breek.

Vandaag is de stress nog meer toegenomen. Het is weer auditdag. Geen aanbod van longen de afgelopen veertien dagen. Niet voor mij, wel voor drie andere mensen op de wachtlijst, waaronder de nummer 1 in mijn bloedgroepcategorie. Elke bloedgroep heeft zijn eigen wachtlijst en daarnaast speelt ook het formaat longen dat je nodig hebt een cruciale rol bij het vinden van de goede match. Hoezeer ik het iedereen ook gun en hoe oprecht blij ik ook voor ze ben, het is moeilijk om de nieuwe kans op leven in de kamers naast me te zien terwijl ik naar adem lig te snakken. De dood maakt me egoïstisch. Waarom waren die longen niet voor mij? Tussen wens en realiteit zit een onoverbrugbare kloof, een gapend gat waar ik niet in wil storten. Ik schaam me voor mijn gedachten, maar ik kan ze niet negeren. Ze zijn er, ontsproten aan de wens om te leven. Ze overwoekeren mijn sociale karakter als onkruid dat met geen middel bestreden kan worden. Hoewel ik het type ben dat andere mensen altijd voor laat gaan, wil ik nu dat eerste plekje in de rij bemannen. Ikke, ikke, ikke want ik wil niet stikken. Ik had nooit gedacht dat ik tot zulke egoïstische gevoelens in staat was. Het lijkt erop dat ik mezelf schromelijk heb overschat.

Mijn toestand is verder verslechterd. Ik ben te ziek om het ziekenhuisritme vol te houden. Geen moment laten ze me met rust. Onderzoek hier en daar. Elke millimeter van mijn lichaam lijkt wel een eigen specialist te hebben. De diëtiste, de fysiotherapeut, ze kunnen me gestolen worden. Het heeft een averechts effect, maar ik krijg het maar niet aan hun verstand gebracht. Men gelooft heilig in een multidisciplinaire aanpak met de daarbij behorende protocollen, waaraan de behoeftes van mij als individu ondergeschikt zijn. Hoe meer ik word gedwongen om te eten, hoe minder ik binnenhoud. Ik moet echter de vastgestelde dagelijkse calorieën- en eiwitquota halen zodat ik op krachten blijf voor de operatie. Maar het doel heiligt niet de middelen. De naar karton smakende vette loempia's, de rubberen pannenkoeken, de megapizza's, de kipnuggets, ik word er hondsberoerd van en mijn kotsfrequentie neemt even dramatisch toe als mijn gewicht af. Pas als ik meer gewicht hecht aan mijn eigen gevoel en ik de snacks inruil voor extra drinkvoeding gaat het beter en weet ik mijn BMI precies op het minimaal vereiste getal 18 te houden, dat in mijn geval gelijkstaat aan 45 kg. De spierkracht in mijn benen moet ik op peil houden met een 'bedlegpress' maar steeds als ik me met mijn laatste beetje energie op het apparaat heb uitgeleefd, heb ik dikke, pijnlijke knieën. De oefeningen die ik al maanden samen met Jan doe, zijn meer dan voldoende voor mijn zwakke gestel, maar die staan niet in het protocol, dus hebben geen officieel 'keurmerk'. O, wat mis ik mijn oude, vertrouwde ziekenhuis en dokter Hugo. Niet dat daar alles perfect was, verre van dat, maar er werd wel naar me geluisterd en ik werd niet in protocollen en hokjes geduwd waar ik niet in paste. Ik ben zo moe van alle discussies. Ik weet dat iedereen handelt met de beste bedoelingen, maar het pakt zo jammerlijk verkeerd uit. Jan is de hele dag druk met brandjes blussen namens mij. Ik heb er de energie niet meer voor. Ik heb het te druk met ademhalen.

Gelukkig krijgen we steeds meer steun van het personeel. De unitcoördinator en hoofdzuster, maatschappelijk werk en de afdelingsarts doen hun uiterste best om een spil te zijn tussen ons en de transplantatieartsen. Dat geeft kracht. Een van de mensen die mij wel begrijpt, zegt tegen me: 'Je bent niet lastig, ze vinden je lastig. Dat is wat anders en niet jouw probleem.'

Het verschil tussen een academisch en een 'gewoon' ziekenhuis is me inmiddels meer dan duidelijk. Academisch betekent, cijfertjes, grafiekjes en paniekjes. Bij stijging van mijn infectiewaardes met een paar puntjes, schiet iedereen in de vlekken. De drain! Er zit vast een ontsteking in de drain! Hij moet eruit! Nee mensen, de drain is niet ontstoken dus die blijft lekker zitten, maar mijn longen zijn wel helemaal naar de kloten en zitten vol infectie, vandaar die stijgende bloedwaardes. Keer op keer een herhaling van zetten.

Ik stel voor om regelmatig een kweek van de drain te nemen, als extra check op infectie. Door Jans uitstekende verzorging van de drain durf ik dat wel aan. Ik weet zeker dat ze niks zullen vinden dat maar líjkt op een bacterie. De huid om de drain heen is niet eens rood en er is nog nooit een druppel pus of andere troep uitgekomen. Mijn voorstel wordt ingewilligd. Steeds opnieuw blijkt dat er geen sprake is van een infectie in de drain. Jan laat bij de verzorging ervan dagelijks iemand van de verpleging meekijken. Onverstoorbaar doet hij zijn werk zonder zenuwachtig te worden van de ogen die hem op de vingers kijken. 'Goh, je doet het wel heel nauwkeurig,' is steevast de reactie. 'Je doet het beter dan wij', 'Ongelofelijk, ik heb nog nooit een drain-insteek gezien die er zo keurig uitziet na zoveel weken en ik draai toch al een tijdje mee', 'Meestal sneuvelt zo'n drain al na een week, bijzonder dat deze nog steeds goed zit'. Jan en ik kijken elkaar aan en denken hetzelfde.

Mentaal ben ik bijna geknakt. Ik hou nog steeds vol, voor hem, maar ik moet diep, diep in het rood gaan. Elke dag weer. Ik zit gevangen in mijn lijf dat als een lappenpop op bed ligt. Niet meer en niet minder. Mijn persoonlijkheid, mijn privacy, mijn vrijheid, de controle over mijn leven, ik heb het allemaal moeten opgeven. Er is geen ruimte voor in ziekenhuisland. Ik heb Jan de songtekst van 'Laat me' van Ramses Shaffy laten uitprinten en die boven mijn bed gehangen. Een stille noodkreet die door alle schreeuwerigheid om me heen niet wordt opgepikt. *Laat me mijn eigen gang nou gaan. Ik heb het altijd zo gedaan.* Als ik het echt zat ben zet ik mijn iPod op, gooi de volumeknop helemaal open en sluit me af voor alles en iedereen. Het nummer 'Let me be myself' van 3 Doors Down draai ik grijs. In mijn hoofd brul ik keihard mee met zanger Brad Arnold:

> *I left myself behind*
> *Somewhere along the way*
> *Hoping to come back around*
> *To find myself someday*
>
> *... I'll never see the light of day*
> *Living in this cell*
> *It's time to make my way*
> *Into the world I knew*
> *Take back all of these times*
> *That I gave in to you*
>
> *... Please, would you one time*
> *Let me be myself*
> *So I can shine with my own light*
> *And let me be myself*

Ik beloof mezelf plechtig dat als ik dit pand ooit mag verlaten, ik het heft weer in handen ga nemen en dat ik NOOIT meer andere mensen beslissingen laat nemen over mij en mijn leven. Dat ik NOOIT meer dingen doe waar ik niet achtersta. De enige die zich ongelimiteerd tegen me aan mag bemoeien en naar wie ik zal luisteren is Jan. Hij geeft me de ruimte, ook als ik anders tegen dingen aankijk dan hij. Ruimte en vrijheid zijn alles wat ik nodig heb om in het gareel te lopen. Van dwang of het aanhalen van de teugels ga ik steigeren. Ik sla op hol en zie me dan maar eens te vangen.

Laatste wens

Ik lig hier nu al weken en ik mis Balou. Zo erg dat het pijn doet. Jan gaat elke week een dagje bij haar op bezoek en wandelt uren met haar door het bos. Ik ga mee in zijn hart en ben er dan voor mijn gevoel toch een beetje bij. Zal ik haar ooit weer zien, kunnen knuffelen? Jan maakt uitgebreide fotoverslagen van zijn avonturen met Balou en mijn lieve schoonzus Jolanda print ze voor me uit als kamerdecoratie. Schoonmama houdt namens Balou een dagboek bij van al haar avonturen en een paar keer per week krijg ik een brief van mijn trouwe viervoeter. In mijn steeds kleiner wordende wereldje het hoogtepunt van de dag. De brieven maken me aan het lachen en aan het huilen. Ze zijn zo leuk en levensecht geschreven dat het net is of Balou zelf tegen me praat. Op mijn bed een knuffelhondje dat op Balou lijkt. Op mijn vierendertigste slaap ik weer met een knuffel. Vierendertig jaar maar zo hulpeloos en kwetsbaar als een kind. Op zoek naar een schuilplaats voor de grote, boze ziekenhuiswereld, hunkerend naar veiligheid, snakkend naar bescherming die ik maar ten dele vind. Maar nog steeds in leven, gedragen door de liefde van Jan, mijn familie en naaste vrienden. Verlangend naar een weerzien met Balou.

In het andere ziekenhuis konden we Balou nog naar binnen smokkelen als hulphond, hier lukt dat niet. De wand tegenover mijn bed hangt inmiddels vol met Balou, Balou en... Balou. Als ik het even niet meer zie zitten kijk ik naar de foto waar ze mijn roze met zwart gestreepte sokken aan haar voorpoten draagt, recht in de camera kijkt en overdreven gaapt alsof ze wil zeggen: 'Ach, als jullie dat nou leuk vinden... *Boring!*' De foto is gemaakt tijdens een vakantie in Zeeland en hoewel ik hem al duizend keer gezien heb, blijft hij een glimlach op mijn gezicht toveren. Dan denk ik aan haar blije, uitbundige gespring op het strand, haar verwoede, maar nimmer succesvolle pogingen om zeemeeuwen te vangen en haar bokkensprongen als een koude golf zeewater tegen haar buik klotst. Dan denk ik aan mezelf die naast haar rent met liters lucht in schone, gezonde donorlongen. Onbeperkte mogelijkheden, het leven grenzeloos verkennend. Laat die longen op tijd komen. Alsjeblieft.

Zuster Willemijn ziet hoe zwaar ik het heb en attendeert me op Stichting Ambulance Wens. Een stichting die de laatste wensen van terminaal zieke mensen vervult onder begeleiding van medisch personeel. Vervoermiddel: ambulance met alles erop en eraan voor noodgevallen. Ik heb nog nooit van de stichting gehoord en check met Jan hun website.

'Het is een heel leuke stichting waar we wel vaker gebruik van maken,' zegt zuster Willemijn terwijl ze met een schuin oog onze internetspeurtocht volgt. 'Op die manier kun je een bezoek aan je hond brengen.' Alleen van het idee dat ik Balou zou kunnen zien, begin ik al te stralen. Zuster Willemijn geeft me een lichtpuntje waardoor de dwangbuis van het duister die me gevangen houdt, een beetje losser komt te zitten en mijn geest zich weer iets vrijer kan bewegen. 'Als de artsen het goedvinden, kunnen we je wens indienen en meestal kun je dan binnen een paar dagen al op pad.'

'Ik verwacht dokter De Koning vanmiddag toch nog om me te vertellen of ik weer twee weken extra op de internationale wachtlijst mag staan. Dan vraag ik hem gelijk of ik een dagje aan de boemel mag!'

'Ik ben er morgen ook, dus ik kan morgen het aanvraagformulier voor je in orde maken als De Koning toestemming geeft,' laat zuster Willemijn me weten voordat ze de kamer verlaat. Ik pak Jans hand en kijk hem blij aan. 'Ik ga naar Baloutje,' fluister ik met het enthousiasme van een luide schreeuw.

Het is woensdag. Vol verwachting lig ik gewassen en geschoren op bed. Vandaag ga ik naar Balou! Dokter De Koning heeft me toestemming gegeven. Mijn afspraak met de diëtiste kan daardoor vanmiddag 'helaas' niet doorgaan. Goh, jammer. 'Nou moet ik het deze week zonder pluim doen, Jan,' refereer ik aan de wekelijkse uitspraak van de diëtiste wanneer mijn gewicht stabiel is gebleven of ik zelfs maar liefst een gram ben aangekomen. De afgelopen week hebben Jan en ik mijn dossier ingezien met verslagen van de verpleging en artsen. *We moeten Kim vaker vertellen dat ze het goed doet omdat ze bang is dat haar gezondheid achteruitgaat in het ziekenhuis. Geef haar waar mogelijk een pluim.* De diëtiste heeft deze theorie een-op-een vertaald naar de praktijk. 'Nou, jij hebt weer een pluim verdiend, hoor,' persifleer ik haar na elk flesje bijvoeding dat ik weer naar binnen heb geklokt. Jan heeft een denkbeeldige vaas op tafel gezet waar we al mijn pluimen in verzamelen. Het ding puilt inmiddels uit, want ik ben een extreem braaf meisje. Bij elke pluim die ik krijg moet ik denken aan meester Patrick van wie ik een tijd les kreeg in de (toen nog) eerste klas van de lagere school. Als je je opdrachtjes en sommetjes goed had gedaan mocht je met je schriftje aan zijn bureau komen. Dan stak hij zijn duim op, waar je dan in mocht knijpen om vervolgens een plakplaatje uit te zoeken voor op je hand of in je schrift. Zijn duim was groter dan mijn kleine knuistje dat wit zag van het knijpen. Het daarna veroverde plakplaatje een sieraad op mijn hand waar ik de hele dag naar keek. Dat waren nog eens tijden. Toen was ik zes... Nu ben ik een volwassen vrouw en de pluimen, plakplaatjes en opgestoken duimen om in te knijpen, ontgroeid. Niet iedereen schijnt dat door te hebben. We maken er maar weer wat geintjes over die linea recta verhuizen naar de inmiddels overvolle graplap.

Ik kijk verwachtingsvol naar de sluisdeur van mijn ziekenhuiskamer. Door het glas zie ik op de gang twee mannen in geelgroene ambulancepakken. Tussen hen in een brancard met daarop een teddybeer in dezelfde geelgroene dienstkleding. De vervulling van mijn wens kan beginnen! De mannen rollen mijn kamer binnen en stellen zich voor als Kees en Hans. Ze lijken er net zoveel zin in te hebben als Jan en ik, want hun grijns is net zo groot als de onze.

'Zullen we?' stel ik voor. Ik wil geen minuut langer in dit hok blijven dan nodig is. Kordaat helpen Kees en Hans me op de brancard. De eerste keer in het afgelopen jaar dat ik me vrijwillig en voor de lol laat vastsnoeren. Beer gaat mee, evenals mijn pantoffels, een mobiel zuurstof-apparaat, de drainbak en een bak voor als ik moet spugen. Als ik op mijn overvolle brancard de gang op wordt gereden, komen we zuster Saskia tegen die vandaag voor me zorgt. Ze moet lachen. 'Wel bellen als er longen voor me zijn, hè,' breng ik haar voor de zekerheid in herinnering. 'Alleen voor longen kom ik terug.'

'Komt goed, als er longen zijn ben jij de eerste die het hoort. Hoe laat ben je vanavond thuis?'

'Uurtje of tien?' Ik kijk Kees en Hans vragend aan.

'Het is jouw dag, dus als jij tot tien uur weg wilt blijven, dan doen we dat.' Dan besef ik ineens dat ik onderdeel van het meubilair op de afdeling ben geworden. Zowel zuster Saskia als ik hebben het over thuiskomen alsof het de normaalste zaak van de wereld is dat ik in een ziekenhuiskamertje woon. Zuster Saskia lijkt hetzelfde inzicht als ik te hebben. 'Wat stom dat ik vroeg hoe laat je thuiskomt, ik bedoel natuurlijk terugkomt.'

'Ja, dat is vrij ernstig,' grinnik ik. Ik zwaai nog eens en daar gaan we. Een vrolijke optocht naar de liften. Als we uiteindelijk bij de 'pret-ambulance' aankomen, hap ik als een vis naar lucht. Ik vraag Kees of hij het zuurstofapparaat eens wil checken. Ik heb pijn in mijn kop, ben dodelijk vermoeid en krijg niet voldoende lucht naar binnen. Kees bestudeert het apparaat en kan niks geks ontdekken. De zuurstof staat goed ingesteld. Dan valt het me op dat het permanente gesuis van de zuurstof die mijn neus in wordt geblazen ontbreekt. Ik hoor slechts korte pufjes bij elke inademing. Dan snap ik waarom ik zo benauwd ben.

'Eh, dit apparaat is niet geschikt voor mensen met taaislijmziekte,' zeg ik tegen Kees. 'Omdat-ie geen continue zuurstofflow afgeeft, maar reageert op mijn inademing, krijg ik niet genoeg zuurstof binnen. Ik heb niet genoeg kracht meer om diep genoeg in te ademen.' Ik weet waar ik het over heb, want in de tijd dat ik nog thuis was heb ik een dergelijk apparaat uitgeprobeerd in opdracht van mijn verzekering. 'Met dit apparaat hou ik het niet vol vandaag.'

'Wat hebben jullie hier aan zuurstofcilinders?' vraagt Jan.

'Twee grote cilinders.'

'Dan haal ik nu nog een paar kleintjes op de afdeling en dan kunnen we het precies redden vandaag.' Jan springt uit de ambulance en ik zie hem tempo makend weer het ziekenhuis in verdwijnen. Kees sluit me aan op een grote zuurstoftank die wel onafgebroken zuurstof afgeeft. Het ademen gaat ineens een stuk makkelijker en mijn hoofdpijn trekt langzaam weg. Ik ben blij dat ik op tijd heb ontdekt wat het probleem was. Ik snuif de zuurstof naar binnen om een beetje op te laden. Heerlijk. Terwijl ik lig te genieten van het beetje extra lucht, komt Jan alweer aanhollen. Twee zuurstofcilinders in zijn armen. Circus Moelands is compleet en kan on tour! Hans vraagt of ik nog een filmpje wil kijken tijdens de rit. De ambulance is zelfs uitgerust met een dvd-speler. 'Nee, dank je, ik wil graag naar buiten kijken.' Jan houdt mijn hand vast en tijdens de rit genieten we allebei van de bomen, de wolken en de zon. Even weg van die steriele wanden, die muffe ziekenhuislucht, die witte jassen en dat doodgekookt eten.

Binnen een uur draaien we het terrein van Jans ouders op. Balou staat al met haar snuit door het kattenluik te kijken wat er allemaal gebeurt. Mijn hart maakt een sprongetje als ik haar zie. Als de ambulance stilstaat en de deuren opengaan, komt Balou keihard aanrennen. 'Baloutje!' roep ik met een dikke stem. Ze stormt op de ambulance af en springt erin. Ze kwispelt, ze kronkelt en maakt zachte geluidjes terwijl ik eindelijk haar zachte vacht weer onder mijn handen voel. Ik moet huilen van blijdschap. Als Balou wat gekalmeerd is, gaat ze naast me zitten. Haar ogen sprankelen en het lijkt alsof ze lacht. Ik kan niet stoppen met haar te aaien, te voelen. O, wat heb ik haar gemist!

Ik ben de wereld om me heen even vergeten en zie nu pas dat mijn ouders, schoonouders, zus en schoonzus om de ambulance heen staan. 'Hallo!' roep ik terwijl ik uitbundig zwaai. Van alle gezichten is ontroering af te lezen. Ik word ongeduldig, wil uit die ambulance om mijn familie te knuffelen. Hans en Kees hebben aan een half woord genoeg en beginnen me uit de ambulance te takelen. Jan staat al klaar met de

Na de uitzending van *Pauw & Witteman* waarin ik de discussie aanging met VVD'er Hans van Baalen over het falende donorbeleid in Nederland.

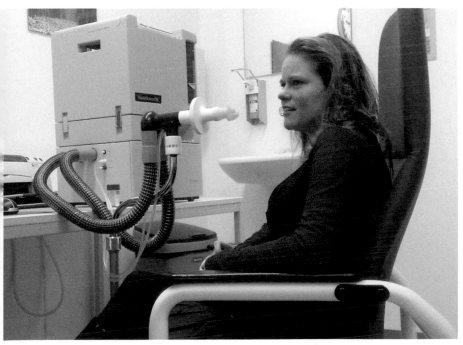

Nerveus voor het longfunctieonderzoek dat zo gaat plaatsvinden.

Met Jan in Normandië tijdens onze eerste vakantie samen. We hebben een maand verkering.

Met Jan in Normandië.
We zijn smoorverliefd.

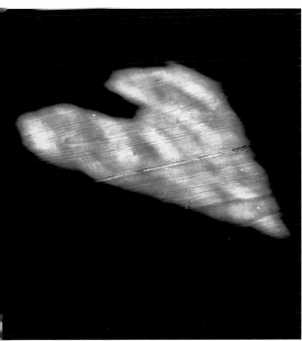

Het hart van zonlicht dat in het Franse kasteel op
onverklaarbare wijze op de vloer verscheen.

Onze held Balou op
sokken.

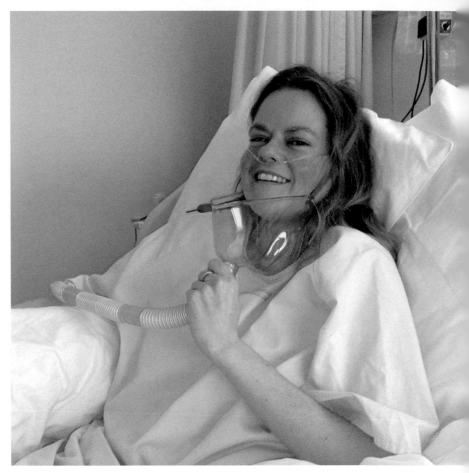

15 februari 2010, de dag na de ernstige klaplong. Ik lig te wachten om per ambulance te worden overgebracht naar 'De Bunker' in Den Haag.

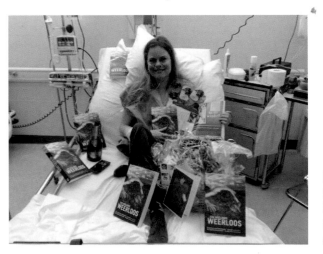

Boekpresentatie van mijn eerste thriller, *Weerloos*, in het ziekenhuis. Ik wilde er toch een feestje van maken.

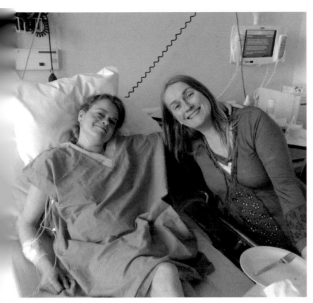

Een week na de klaplong.
Vriendin en medium
Yvonne Belle komt me
steunen.

De voorbereiding voor
het aanbrengen van
de infuuslijn. Ik zit er
helemaal doorheen en
Jan steunt me door mijn
hand vast te houden.

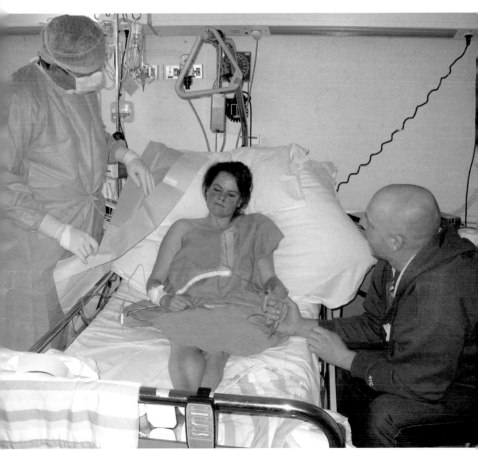

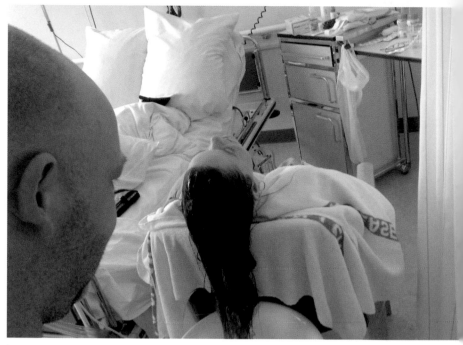

'Kapper Jan' wast mijn haar in de mobiele wasbak.

Vriendin Mirte kwam logeren zodat Jan een dagje 'vrij' kon nemen.

Jan maakte van elk ontbijt een feestje omdat ik steeds zo misselijk was.

Na zes weken voor het eerst van mijn bed af. Het eerste dat ik deed was een kopje koffie zetten voor Jan.

Koninginnedag 2010, de dag na de oproep voor transplantatie die uit- eindelijk niet doorging. Jan koopt als troost de moeder aller suiker- spinnen voor me.

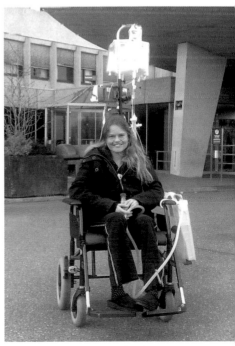

Voor het eerst weer buiten na de klaplong.

Vriend en topvisagist Ronald doet zijn best om me er feestelijk uit te laten zien voor mijn huwelijk.

Luisterend naar de toespraken tijdens ons huwelijk.

an en ik hebben elkaar net het jawoord gegeven. Tijd voor champagne!

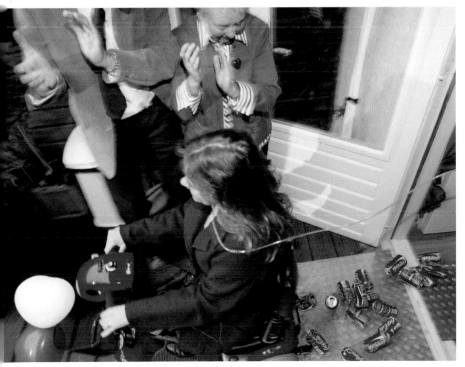

Just married! Na de huwelijksceremonie scheur ik op mijn scootmobiel met ratelende colablikjes het dakterras op.

Baasje blij, hondje blij en leve de wensambulance!

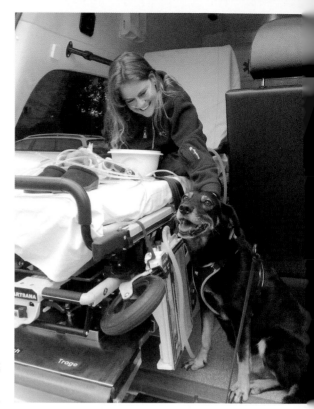

Na een schoonheids-slaapje 'wandelen' met Balou en Jan. Ik heb het heel erg benauwd maar geniet met volle teugen.

Het uitzicht vanuit mijn ziekenhuiskamer. Op dat moment zijn de artsen al ruim drie uur met mijn transplantatie bezig.

Jan houdt mijn trouwring vast en de rozenkrans die ik van mijn vriendin Marina Nemat kreeg. Ik lig op dat moment op de operatietafel.

Met mijn bijzondere vriendin en collega-auteur Marina Nemat.

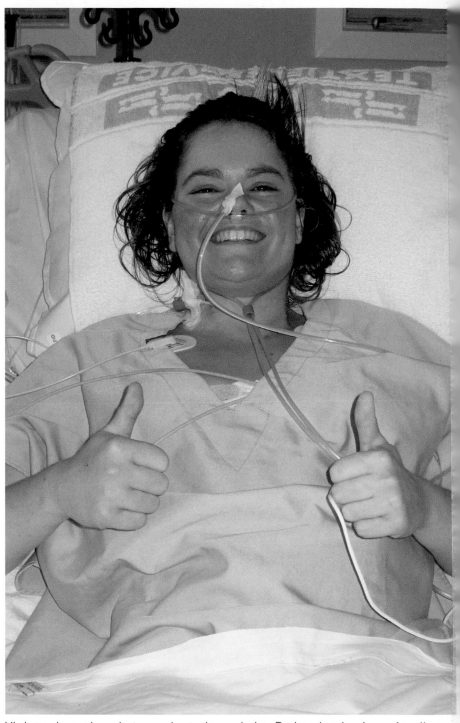

Vlak na de geslaagde transplantatie op de i.c. De beademing is eraf en ik adem voor het eerst met mijn nieuwe longen. Ik ben dolgelukkig.

Mijn vader en Jan drinken in het ziekenhuisrestaurant een biertje op de geslaagde operatie.

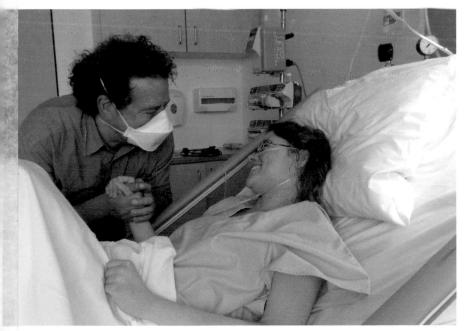

Twee dagen na de transplantatie ben ik terug op de longafdeling. Marco is op bezoek. Ik ben nog erg zwak maar kan niet stoppen met lachen.

De eerste wandeling met Jan en Balou zes weken na mijn transplantatie.

Voor het eerst weer op de fiets!

Drie maanden na mijn transplantatie op bezoek bij mijn grote held dokter Hugo. Fantastisch om zijn spreekkamer zelf in te kunnen lopen.

Tijdens het eindejaarsconcert van Van Dik Hout in Paradiso met het 'Kim 2.0'-shirt aan. Martin Buitenhuis droeg het nummer 'Ik leef' aan me op.

Klaar voor de helikopter-
vlucht over New York.

De wereld aan mijn
voeten!

rolstoel waar ik me vandaag als een koningin in zal laten rondrijden. Op mijn pantoffels wiebel ik met grote inspanning naar hem toe. Baloutje wijkt niet van mijn zijde.

Ik ben blij als ik zit. Ik zoen en knuffel eerst alle lieve mensen om me heen voordat ik me naar binnen laat rijden. Ik zit vol met emoties. Is dit mijn laatste uitstapje voordat ik ga hemelen? Is dit de laatste keer dat ik Balou zie? Of krijg ik toch die nieuwe kans op leven, op lucht, op longen? De rit en alle indrukken hebben me uitgeput. Jan legt me op de bank en zijn moeder dekt me toe met een dekentje. Hoewel ik elke seconde van deze dag bewust wil meemaken, kan ik niet anders dan slapen. Balou mag voor deze ene keer bij me op de bank komen liggen. Ze laat zich dat geen twee keer zeggen en krult zich tegen me aan. Met mijn hand op haar lijf val ik in slaap. Geroezemoes van mijn familie als achtergrondmuziek in mijn oren.

Een zoen op mijn hoofd. Een luid geeuwende Balou. Ik heb ruim anderhalf uur geslapen. 'Het is prachtig weer, schat.' Jan kijkt me enthousiast aan. 'Zullen we een stukje gaan wandelen met Loutje?'

'Ja!' reageer ik blij terwijl ik de slaap uit mijn ogen wrijf.

'Loutje, ga je mee naar buiten?' Ze maakt rare bokkensprongen en stuift naar haar kussen. Ze steekt haar kont in de lucht en wrijft met haar kop over het kussen terwijl ze gromgeluidjes maakt. Jan tikt op haar achterste en dat vergroot haar blijdschap alleen maar. Ze kwispelt haar staart er bijna af. Wat heb ik dit 'voor-het-uitlaten-ritueel' gemist. Jan trekt haar het tuigje aan en helpt mij in de rolstoel. Hij toert me eerst nog even naar het toilet voordat we vertrekken. 'Eerst baasje plassen, dan Balou.' Ik geniet van het zitten op een echte wc. Eentje die niet wegrijd als ik erop wil gaan zitten omdat de remmen het niet goed doen. Als ik klaar ben helpt Jan me weer in de rolstoel. De drainbak zet ik op de voetensteun tussen mijn benen. De zuurstofflessen hangen aan de rugleuning. Jan geeft mij de lijn met Balou en hotsend en klotsend rijden we door het boerenland, over het gras en langs de maïsvelden. De zachte wind waait mijn neus in.

Wat ruikt het lekker buiten! Zalige, frisse lucht vult mijn longen zo goed en zo kwaad als het gaat. Wat een ruimte om me heen. Geen beperkende muren en vieze ramen die me het zicht op de prachtige wereld ontnemen. Ik buk voorover en pluk een bloemetje. Ik ruik eraan. Streel de tere, gele bloemblaadjes, kriebel met het steeltje aan mijn neus. Ik geniet zo dat de tranen in mijn ogen springen. Balou trippelt vrolijk een paar meter voor ons uit en kijkt regelmatig achterom of we wel volgen. Jan zet de rolstoel even stil, buigt zich over me heen en houdt me stevig vast. Zijn baardstoppels prikken aangenaam tegen mijn wang. We zijn dichter dan dicht bij elkaar. Woorden zijn overbodig, ze kunnen het gelukzalige gevoel toch niet vatten. We pakken het moment en omarmen het zoals we elkaar en het leven omarmen. Intens, vol passie. Als volmaaktheid bestaat, dan moet dit het zijn. Als er een perfect moment bestaat om te sterven, dan zou ik nu ter plekke in elkaar mogen storten. Maar juist omdat het moment zo perfect is, wil ik door. Ik wil meer! Rupsje-nooit-genoeg kruipt over het bloemetje in mijn hand. Ik wil nog eindeloos genieten van dit soort momenten met Jan en Balou. Ik voel de vechtlust binnen in me opvlammen. Van een bescheiden kaarsje tot een knetterend vuur dat nog lang niet geblust wil worden. Ik verwarm me aan de vuurtongen die me moed inspreken, laat me optillen door ijzeren wilskracht. De stem van het leven schreeuwt harder dan die van de dood. Ik moet het volhouden!

'September wordt mijn maand, Jan,' zeg ik plotseling. Ik frons mijn wenkbrauwen. Waar komt dat nou ineens weer vandaan?

Ik kijk met een tevreden gezicht om me heen. Lieve mensen aan een grote tafel die afgeladen is met Chinese gerechten. Geklets, gelach, een warme sfeer. Balou aan mijn voeten alsof er niets aan de hand is. Jan op de stoel naast me. Papa, mama, Juul, Jans ouders en zus. Hans en Kees van de wensambulance. Getik van bestek op borden, gekraak van kroepoek die in stukken wordt gebroken. Ik ben deel van het geheel, maar voel me ook een toeschouwer. Een passant die even mag meegenieten, maar dan weer door moet. Het is net of ik buiten voor het raam naar binnen sta te gluren. Licht voorovergebogen, mijn neus tegen het glas gedrukt. Mijn vluchtige ademhaling laat een spoor van condens achter. Ik raak het koude raam aan. Kan de warmte van het knusse licht en de keuvelende mensen er bijna doorheen voelen. Een rilling over mijn rug van ontroering, van verlangen. Kon ik hier maar mijn tent opzetten. Haringen als ankers in de grond. Ik weet dat ik mag blijven als ik het vraag. Maar ik ben een reiziger en ik moet door. Ik tors het gewicht van mijn rugzak vol afscheid mee naar onbekende bestemming en bezwijk bijna onder de druk.

Vier keer is Kimsrecht

Het is zondagavond laat. Week vijf en zes op de internationale wacht-lijst zijn bijna voorbij. Weer geen aanbod de afgelopen twee weken. Zenuwkriebels voor de audit gieren alweer door mijn buik. De stress lijkt bij elke 'keuring' groter te worden. Ik ben inmiddels zo benauwd dat ik zelfs mijn grootste hobby, lezen, niet meer kan uitvoeren. Het vasthouden van een boek is een inspanning die te zwaar is geworden. Steeds verder word ik in een vacuüm van onmogelijkheden gezogen. Klemgezet, met mijn rug tegen de muur, wachtend op die bulldozer die me het laatste zetje geeft en vermorzelt. Jan sms't wat heen en weer met een vriend.

Zeg hoe zit het nou eigenlijk met die longen? Schiet het al een beetje op?

Nope, nog steeds geen longen beschikbaar.

Dan ga ik nu een schietgebedje doen.

De kamerdeur gaat open. Het is zuster Willemijn, samen met de zaal-arts. Ik kijk Jan aan en zeg: 'Of ik heb een ernstige ziekte, of er zijn longen.'

'Die ernstige ziekte heb je al,' is Jans droge reactie.

'Dan moeten het longen zijn.' Ik durf het bijna niet te denken, laat staan hardop uit te spreken. Bang dat de luchtballon die mijn kamer binnen zweeft kapot zal gaan en met het geluid van een kind dat zijn tong sputterend naar me uitsteekt, leegloopt. Het is zondagavond 23:17 uur als dokter Bloem de magische woorden uitspreekt: 'Er zijn longen voor je...'

Stilte.

Ik heb dit moment al talloze malen in mijn hoofd beleefd, maar geen van de keren benaderde het wat ik nu voel. 'Echt waar?' Er gaat een siddering door me heen als een stroomstoot die mijn accu weer even een extra zetje geeft. Ik zie kippenvel op Jans armen staan. 'Echt waar?' vraag ik nogmaals. 'Droom ik niet?' Mijn ogen vol verwachting op dokter Bloem gericht.

'We hebben echt longen voor je. Alle eerste onderzoeken van de donorlongen zien er goed uit.' Ik denk aan die eerste oproep in april toen het er zo veelbelovend uitzag en de operatie toch nog werd afgeblazen. Moet ik hopen, moet ik vrezen? Ik weet niet of ik een vierde teleurstelling aankan. Ik ben zo moe. Ik wil de strijdbijl begraven en niet mezelf. Laat papa gelijk krijgen met zijn vier keer is Kimsrecht...

'Natuurlijk weten we pas op het laatste moment of de operatie echt door kan gaan, maar laten we er het beste van hopen.' Dokter Bloem spreekt uit wat ik denk.

'O, laat het dit keer raak zijn,' fluister ik. Ron, help me, red me, breng die longen bij me. Alsjeblieft. Laat me leven. Tranen in mijn ogen van blij verdriet. Ik voel warmte en rust om me heen en dan weet ik dat het goed is. Heb vertrouwen, schiet het door mijn hoofd.

'We laten jullie even wennen aan het idee en dan komen we over een kwartiertje terug voor het prikken van een infuus en het opstarten van alle onderzoeken.' Dokter Bloem en zuster Willemijn verlaten de kamer. Jan en ik grijpen elkaar stevig vast. Ik voel hoe zijn warme adem mijn huid raakt als hij 'deze keer gaat het lukken,' fluistert. Het is erop of eronder.

'Ik doe het voor jou.' Ik pak zijn gezicht tussen mijn handen en kijk hem recht aan. 'Voor jou wil ik leven.' Mijn hart slaat een paar slagen over. Van liefde, van spanning.

'Ik vind het zo eng. Ik ben bang, Jan.'

'Dat snap ik, ik ben ook bang, lieverd.'

'Ik ga het halen, hè?'

'Ja, jij gaat het halen. Dat weet ik zeker. We zijn niet voor niks zo ver gekomen. Ron en Marleen zullen je beschermen.' Ik kijk omhoog naar onze engeltjes. Ik zie ze niet, maar voel ze wel. Jan belt papa, mama, Juul en Marco dat ze weer mogen komen opdraven. Dat het erop lijkt dat het eindelijk zo ver is. En we sms'en de vriend die vanavond voor het eerst in zijn leven een schietgebedje deed.

Je mag vaker een schietgebedje doen... Er zijn longen voor Kim en dat is geen grap...

Infuus zit, twaalf buizen bloed afgenomen, hartfilmpje en longfoto gemaakt, kweken gedaan, temperatuur gemeten. Ik speel de hoofdrol in *Kim 2.0, the making of.* Ik hoop dat het een glansrol wordt. Aan mij zal het niet liggen. Laat de regisseur me goedgezind zijn.

'Probeer nog maar wat te slapen want het duurt nog wel even voordat de donorlongen hier in het ziekenhuis zijn. Het kan wel acht uur in de ochtend worden.' Zuster Willemijn staat aan mijn bed, Jan zit erop. Om me heen mijn ouders, zus en Marco. Allemaal gespannen gezichten. Af en toe een grap. Ingetogen blijdschap vermengd met de angst voor teleurstelling. 'Dokter Korporaal vertrekt om één uur vannacht om de longen te gaan halen.'

Jan en ik tellen 1 en 1 bij elkaar op. Een geplande vertrektijd + het duurt nog wel even voordat de donorlongen hier zijn = longen die van ver komen. Duitsland? Maar slapen? Hoe kan ik nou slapen als dit misschien mijn laatste uren zijn? Twee op de tien mensen overleven de zware operatie niet. Mijn dilemma is zowel levensgroot als van levensbelang.

Stel dat de donorlongen toch nog worden afgekeurd, dan moet ik zorgen dat ik nog een beetje energie overhoud om de dagen, weken, maanden tot het volgende aanbod door te komen. Dat lukt me niet als ik een nachtje doorhaal. Maar als de operatie wél doorgaat en het gaat mis, dan heb ik nog maar enkele uren om afscheid te nemen van mijn dierbaren die rond mijn bed zitten. Ik ben zo blij dat ik Balou pas nog heb gezien. Als ik mijn ogen sluit, voel ik haar zachte vacht nog aan mijn vingers kriebelen. Haar natte neus op mijn wang als ze me een kusje geeft. En mijn lieve Jan. Ik wil hem dichter dan dicht bij me hebben. Hem aanraken, zoenen, vasthouden. Ik wil zoveel tegelijk. Wat doe je als de mogelijkheid zeer reëel is dat je nog maar een paar uur hebt te leven? Ik kom tijd tekort. Nog een keer luisteren naar het nummer 'Ik leef' van Van Dik Hout dat ik de afgelopen tijd heb grijsgedraaid? Of het prachtige' Weg uit Nederland' dat zo'n enorm gevoel van heimwee bij me oproept en appelleert aan alles wat ik mis uit mijn oude leven? De vrijheid, de ongedwongenheid, de zon, de zee, lucht...

Wanneer ik denk aan de wilde wolkenlucht in Hollands licht, de Noordzeekust
Wanneer ik denk aan de wilde wolkenlucht, hoe het IJsselmeer in zonlicht rust

Ik leg de lat wat hoger voor mezelf. Ik mag de liedjes pas weer luisteren als ik wakker ben na een geslaagde operatie. Een extra stimulans om mezelf er doorheen te knokken. Eigenlijk wil ik nu ook geen oordoppen in. Het sluit me af van mijn omgeving, van Jan.

'Zullen we dan maar een tukje gaan doen?' Mijn vader kijkt me aan alsof ik gek ben geworden. Het lijkt wel of hij vanavond weer een stukje grijzer is geworden. 'Nou ja, proberen wat rust te pakken, want het wordt nog een lange nacht. Mij spuiten ze straks plat, maar jullie niet.' Ik probeer er streng bij te kijken. Het werkt. Pa, ma, zus en Marco zoeken de bedjes op die in de familiekamer voor ze klaarstaan. Jan kruipt dicht tegen me aan op bed. Ik verdwijn in zijn armen en sluit mijn ogen. In mijn hoofd stormt het harder dan op de Barentszzee.

'Het gaat allemaal sneller dan we dachten.' Zuster Willemijn staat na een uur alweer aan mijn bed. Ik sper mijn ogen open, weer helemaal terug in de realiteit.

'Het gaat nog steeds door?' Ik onderdruk een geeuw. Wonder boven wonder heb ik toch nog een beetje geslapen.

'Ja, het ziet er nog steeds goed uit. Ze verwachten je op de OK.' Willemijn houdt het mij inmiddels welbekende operatiejurkje in de lucht.

'*Charming...*' Jan helpt me uit mijn kleren en in het ding.

'Je onderbroek mag je nog even aanhouden tot we echt naar de operatiekamer gaan.' Dat kan ik waarderen. Ik heb er een hekel aan om in mijn blote kont te liggen.

'Ik ga nu je familie wakker maken en dan gaan we zo op pad.' Mijn ogen zoeken die van Jan. Ik heb het warm en koud tegelijk. Kriebels in mijn buik, klappertandend van de spanning. Jan streelt mijn haar, mijn rug en geeft me zachte kusjes. Ik sluit mijn ogen en verdwijn in het moment, in zijn liefde en kracht. Maar ik weet dat de klok onverbiddelijk doortikt en dat ontsnappen aan de greep van de tijd onmogelijk is. Nog even en dan komt het afscheid, voor enkele uren of voor altijd.

Mijn ouders, zus en Marco komen de kamer binnen, gevolgd door zuster Willemijn. Ik kijk ze stuk voor stuk aan. Mijn ogen spreken woorden die mijn mond niet kan vormen. Papa knijpt bemoedigend in mijn hand. Wat zou ik graag in zijn veilige armen springen, op zijn schoot klimmen. Lees je me een sprookje voor, papa? Vertel je me een verhaaltje van kabouter Puntmuts, net als vroeger? Het vroeger waarin nog toekomst was. Vertel me een verhaaltje en geef me perspectief. Lieve papa, jouw sprookjes liepen altijd goed af. Elke dag verzon je een ander avontuur. Het deed me uitkijken naar de dag van morgen. Met nieuwe kansen, prachtige verwachtingen. Papa, vertel me nog één keer een verhaal, en laat het goed aflopen. Wat zou dat een sprookje zijn.

Ik kijk nog één keer mijn ziekenhuiskamer rond. De kamer die me beknotte in mijn vrijheid, maar tegelijkertijd ook een schuilplaats was voor het leven dat ik niet meer aankon. Een buffer tussen mij en drukte, de mensen van wie ik zoveel hield maar geen energie meer voor had. 'Jan, wil je het gordijn nog even opendoen? Ik wil de lucht nog een keer zien.' Het is midden in de nacht, buiten is het donker. De contouren van wolken tekenen zich af in de zwarte hemel. Ik pluk er een uit de lucht, stop mijn gedachten erin om wat ruimte te krijgen in mijn hoofd en laat hem boven mijn bed zweven.

'Goed, het is zover.' Zuster Willemijn ontgrendelt de remmen van mijn bed. Jan helpt haar mijn voertuig te keren in de krappe kamer. In slingerende optocht volgen we de weg naar het onbekende. Hoewel ik het warm heb van de spanning, lig ik onder de dekens. Het gele hemdje laat iets te veel bloot zien naar mijn zin en ik wil het wel een beetje netjes houden. Ondanks de beschermende dekens voel ik me naakt, kwetsbaar en klein. Zo klein. Een bocht, een lange gang. Kunstlicht geeft de omgeving een onwerkelijke aanblik. Dan een laatste keer met bed en al het hoekje om. Een grote, zware schuifdeur doemt op. De poort naar de hemel of de deur naar de hemel op aarde? Zuster Willemijn laat weten dat we er zijn. De anesthesist komt naar buiten en geeft me een hand. Ik voel me al verdoofd voordat hij ook maar iets gedaan heeft. Hij heeft een Duits accent. Er is ons niet verteld waar de longen vandaan moeten komen, maar mocht het niet uit Duitsland zijn, dan heb ik in ieder geval een anesthesist met Duitse *Gründlichkeit*. Ik vertel hem dat ik bang ben en Jan graag zo lang mogelijk bij me wil hebben.

'Je man mag mee de OK op totdat we echt gaan beginnen met voorbereiden en je in slaap brengen. We hebben nog wel wat tijd.' Ik glimlach dankbaar en ben opgelucht. De telefoon van de anesthesist gaat. Het is een kort gesprek.

'Het gaat toch allemaal sneller dan verwacht met het uitnemen van de donorlongen. We moeten nu aan de slag. Je hebt twee minuten om afscheid te nemen van iedereen, ook van je man. Door de tijdsdruk kan hij niet meer mee de OK op. Vergeet niet je sieraden af te doen.' Jan en ik slikken hoorbaar en tegelijk. Twee minuten om afscheid te nemen? Van vijf dierbaren. Dat is veel te kort! Vierentwintig seconden per persoon. Nog minder dan een halve minuut om al mijn liefde en dankbaarheid te verdelen. Hoe doe ik recht aan wat ik voel, wat ik wil zeggen? Ik zoek naar woorden, maar vind ze niet. Het worden stilzwijgende omhelzingen, gedragen door een hartenklop en een 'ik hou van jou'. Dag mama, dag papa, dag Juultje, dag Marco. Tot straks... Geen drama, geen gejank. Sober maar intens. Dan is mijn Jantje aan de beurt. We pakken elkaars handen, knijpen elkaar bijna fijn. Ik wil hem niet loslaten. Blijf bij me, Jan! Ik druk mijn lippen op de zijne, zo stevig dat het bijna pijn doet. Proef zijn zachtheid, zijn liefde. Het smaakt naar zoveel meer. Tranen in mijn ogen, pijn in mijn hart. Laat het geen *kiss before dying* zijn.

'Wil jij mijn trouwring afdoen?' vraag ik Jan. 'Je hebt hem vier maanden geleden bij me omgedaan, dus jij moet hem ook afdoen. Dan is de cirkel rond.' Jan pakt mijn uitgestoken linkerhand. Hij aarzelt. Slikt. Onze hoofden gebogen, tegen elkaar aan. Dichtbij. Zo dichtbij. Voorzichtig schuift hij de ring van mijn vinger. Dat kleine ringetje in die grote hand. Hij sluit zijn vingers er beschermend overheen. Ik verzegel zijn gesloten vuist met een kus. Mijn ring in Jans kluis van liefde. Onze ogen huilen dezelfde tranen. Trekken samen op in een spoor van afscheid over onze wangen. De anesthesist komt er weer aan. 'We gaan beginnen.' Snel doe ik mijn andere ringen af, trek mijn oorbellen uit mijn oren.

'Wil jij erop passen, mama?' Ze knikt en pakt mijn sieraden aan. Een laatste kus voor iedereen. De anesthesist rijdt mijn bed richting de open deur. Ik kijk om naar Jan. Zijn prachtige ogen. Dag lieve mooie man. Ik hou met mijn rechterhand zijn hand vast tot het laatste moment. Zwaai met de andere naar mijn familie en Marco. Dan moet ik Jan echt loslaten. Bij elke millimeter die ik verder bij hem wordt weggereden nemen de pijn en de paniek toe. Elke millimeter een onoverbrugbare afstand. Leegte. Voel me zo alleen. Deze laatste stappen moet ik zelf zetten. De weg terug is bijna afgesloten. De deur staat nog op een kier, ik hou de klink stevig in mijn hand. Zal ik hem dichtslaan? Van Dik Hout zorgt in mijn hoofd voor de finalemuziek.

De deur achter me dicht
Ik draai me om, ik zie dat alles openligt
Aarzelend op weg in het donker, door de dagen naar het licht
En plotseling terwijl de regen valt, voel ik de zon op mijn gezicht...

Steriele ruimte. Mensen in groene pakken. Mondkappen voor hun gezicht, mutsjes op hun hoofd. Handschoenen. Plastic fantastic. Twee paar handen tillen me van mijn bed op de operatietafel. Zuurstof en drainslang worden goed gelegd. Felle, ronde lampen boven mijn hoofd. Ik denk aan mijn donor die net als ik op een operatietafel ligt, ergens op de wereld. Hij of zij kan het licht niet meer zien. Ik zie voor me hoe hij of zij werd weggereden bij geliefden, zoals het dode lichaam van Ron ruim vijf jaar geleden bij mij. Naar de operatiekamer voor het afstaan van organen, voor het doorgeven van het cadeau van het leven. Ron redde drie levens en wat was ik trots op hem. Vijf jaar geleden was ik nabestaande van een donor, nu sta ik aan de andere kant en ben ik een ontvanger van een donororgaan. Ik ben me bewust van het verdriet en het geluk dat op hetzelfde moment zijn weg zoekt. Er zitten altijd twee kanten aan een verhaal. Het laatste hoofdstuk van de een is de proloog voor de ander. Het voorwoord van een nieuw boek vol vertellingen over leven, hoop en liefde. Over tweede kansen. Er wordt een warme deken over mijn benen gelegd. De anesthesist komt naar me toelopen en gaat links van me staan. De controlfreak in mij neemt de overhand en brengt me terug in het nu.

'De drain mag er pas uit als de nieuwe longen erin zitten, hoor. Als je hem er eerder uit haalt ga ik dood.' Ik voel de angst uit mijn ogen knallen. Ik klappertand weer. De anesthesist kijkt me aan, zwijgt. Hij pakt mijn arm. In zijn hand een spuit met doorzichtige vloeistof. Hij zet hem op mijn infuus. Duwt op de zuiger. Spuit. KO op de OK.

Op leven en dood

Jan
04.00 uur
Ze rijden mijn allerliefste bij me vandaan. Wat is ze klein en kwetsbaar in dat grote bed. Ik zie de angst in haar ogen, ik weet hoe bang ze is. Ik wil haar niet loslaten, maar het moet. Ze is het beste wat me ooit is overkomen. Ik wist niet dat ze bestond, maar ineens was ze daar, mijn ideale vrouw. Neem me haar niet af. Dit is het moment waar we zo voor geknokt hebben. Wachten, hopen, tegenslag na tegenslag en weer door met hopen, met wachten. Alles komt samen in dit ogenblik. Ik klem haar ring nog steviger in mijn hand. Het is het enige tastbare dat ik op dit moment van haar heb. In mijn broekzak de rozenkrans die ze van haar Iraanse vriendin Marina heeft gekregen. Haar geluksamulet. Ik ben bereid me te laten omdopen tot bijgelovige, te vertrouwen op onzichtbare positieve krachten. Lieve Marleen, lieve Ron, lieve God, bescherm haar nu ik niet naast haar kan staan.

Dokter Korporaal
eerder die avond, 22.00 uur
Aanbod voor mevrouw Moelands. Bloedgroep O+, TLC 4,2-5,1 liter. Bloedgassen donor goed, eerste bronchoscopie ter plaatse ook. Thoraxfoto's prima. Prachtige geventileerde longen van een zevenenvijftigjarige vrouw. Dit lijkt een potentieel geschikte donor. Op basis van de info die ik nu heb, ga ik de procedure in gang zetten. Checken of er OK-ruimte en een IC-plek beschikbaar zijn, de uitneemchirurg, inzetchirurg, intensivist, anesthesist, OK-personeel en perfusionist oproepen. Zorgen dat het Witte Kruis in Den Haag een transplantatiewagen regelt voor het vervoer van het team en de donorlongen.

23.00 uur

Zaalarts bellen. Mevrouw Moelands kan geïnformeerd worden en de onderzoeken kunnen in gang gezet worden.

01.00 uur

Ik vertrek met mijn team om de donorlongen ter plaatse te bekijken. De transplantatiewagen staat keurig klaar. Ik word vergezeld door een chauffeur, de transplantatiecoördinator en de chirurg die de donorlongen zal uitnemen. Adrenaline in mijn lijf. Het blijft elke keer weer spannend. Zijn de longen geschikt? Redden we vannacht weer een leven?

04.00 uur

Wij zijn aan de beurt. De uitneemchirurg en ik. Bloedgassen en thorax-foto's nogmaals beoordeeld en goed bevonden. Nu kijken of de binnen-kant net zo mooi is als de foto's doen vermoeden. Ik sta aan het hoofd-einde en breng de scoop met camera in de luchtpijp. Ik zuig eerst zo veel mogelijk slijm weg. De longen moeten zo schoon mogelijk zijn voordat ze worden uitgenomen. Dat vermindert de kans op complicaties voor de ontvanger. Ik check de longen zorgvuldig. Geen tumoren of an-dere beschadigingen te ontdekken die tot problemen zullen leiden. Ik verwijder de scoop en knik naar de uitneemchirurg die samen met de hartchirurg in steriele kleding klaarstaat. Stap opzij zodat ze hun werk kunnen doen. De thoraxchirurg onderzoekt de longen aan de buiten-kant, de hartchirurg het hart. Samen zullen zij straks hart en longen uit-nemen, als er geen afwijkingen gevonden worden.

'Wat mij betreft kunnen de longen door. Als het hart is verwijderd begin ik met uitnemen.'

'Prima, dan bel ik vast naar Utrecht dat er groen licht is en ze de voor-bereidingen op de OK in gang kunnen zetten.'

04.45 uur

'Groen licht, de longen zijn goed. We beginnen nu met uitnemen en verwachten rond een uur of acht met de donorlongen bij jullie te zijn.'

Jan
04.09 uur

Ik loop samen met Kims ouders, Juul en Marco terug naar kamer 26 op de longafdeling. De kamer waar Kim en ik de afgelopen zes weken ons thuis van hebben proberen te maken. De kamer is leeg zonder haar. Het klopt niet, alles is uit balans. Mijn bed staat er net zo verloren bij als ik me voel. Zie ik haar ooit weer terug of moet ik het vanaf nu doen met alle prachtige herinneringen? Zal ik haar stem straks weer horen of heeft ze zojuist haar laatste woorden tegen me gesproken? Iedereen is stil, zoekt een plekje om te zitten. De stemming is wat terneergeslagen en gespannen. We staan weer op, niemand heeft rust. We omhelzen elkaar stevig. Dat doet goed. We hebben tot het laatst toe voor Kim gedaan wat we konden, haar met liefde verzorgd en ondersteund. Nu kunnen we alleen maar wachten. Langzaam komen de gesprekken op gang. We praten over de afgelopen maanden, over hoe zwaar het was, maar ook over alle mooie momenten. Ons huwelijk als ultieme bezegeling van onze liefde.

Dokter Korporaal
05.40 uur

Klemmen op de bloedvaten. Donorlongen niet meer doorbloed. De race tegen de klok begint. We hebben nog zes uur om de longen in mevrouw Moelands te zetten. Beide longen worden gelijktijdig uitgenomen. De chirurg splitst ze als ze uit het lichaam van de donor zijn. De transplantatiecoördinator laat het bloed eruit lopen en vult ze met preservatievloeistof. Doorzichtige zak eromheen en in het ijs. Koelbox gevuld met kostbare lading. We hebben goud in handen. We vertrekken, snel, snel, snel. Nu komt het erop aan. Rennend naar de transplantatiewagen die al klaarstaat om ons met loeiende sirenes naar Utrecht te brengen. Adrenaline. Gas erop, de snelheidsmeter naar 180. Ik bel nog even met de OK in Utrecht dat we op schema liggen. Ik ben verheugd te horen dat daar alles ook naar wens verloopt en dat de voorbereidingen in volle gang zijn.

Jan
06.45 uur
De tijd tikt langzaam weg. Tergend, zenuwslopend langzaam. De klok lijkt harder te tikken dan anders. Ik heb een hekel aan het geluid. Klop op de deur. Ik draai mijn hoofd zo snel om dat ik bijna een spier in mijn nek verrek. Is er nieuws? Gaat de operatie door? Een verpleegster komt binnen met koffie en broodjes. We bestoken haar met vragen over de stand van zaken, maar ze weet net zoveel als wij. Niets. De broodjes en koffie worden op tafel gezet. Ik druk de verpleegster op het hart om ons op de hoogte te houden als er ook maar iets te melden valt. Ze vertrekt. Kims moeder schenkt koffie in en haar vader gaat rond met de schaal broodjes. We zetten er dapper onze tanden in. We moeten op de been blijven en het gammele gevoel van slaapgebrek en spanning proberen kwijt te raken. We filosoferen met volle mond verder over de opmerking dat de donorlongen pas rond acht uur hier in het ziekenhuis zullen zijn. Het kan niet anders dan dat ze van ver komen. Waarschijnlijk uit Duitsland, want daar stond Kim boven aan de wachtlijst. Krijgt ze toch gelijk met haar 'ik krijg Duitse longen'. Ze doet wel vaker uitspraken met een eng voorspellend vermogen. Haar 'september wordt mijn maand' lijkt ook te kloppen. O, wist ik maar of de operatie doorgaat. Ik hou nog steeds een flinke slag om de arm. Vorige week was er nog een patiënt die al drie uur op de OK was toen de operatie alsnog werd afgeblazen... Ik wil er niet te veel aan denken, maar zolang ik geen zekerheid heb, blijft dit spookscenario door mijn hoofd gaan. Zou Kim al onder narcose zijn? Is ze niet te lang alleen geweest op de OK? Ik hoop maar dat ze niet te bang is geweest. Wat had ik graag ook dat laatste stukje met haar samen gedaan. Samen zijn we onverwoestbaar en kunnen we alles aan. Ik kijk naar buiten. Het begint al licht te worden. De zon komt op, oranje lucht. Ik denk terug aan wat medium Yvonne Kim een paar maanden geleden liet weten. 'Ze' komen in het ochtendlicht. Maar waar is die helikopter? De landplaats waar we op uitkijken blijft leeg.

Dokter Korporaal
08.00 uur
We zijn er bijna. Nog steeds binnen de tijdslimiet. Koelbox met de longen staat achter in de auto. Sirenes loeien, de motor tot het uiterste gedreven. We rijden het ziekenhuis binnen. Chirurg pakt de koelbox en gaat vast vooruit. Ik kijk nogmaals op mijn horloge. 8.18 uur. Gehaald. Longen veilig op de plaats van bestemming. Mijn hart komt wat tot rust. Nu de tweede helft met goed resultaat uitspelen om ons doel te halen. Ik snel naar de OK voor de overdracht, achter de uitneemchirurg aan. Collega Bertels is er al. Ik praat hem vlug bij. Hij neemt het nu van me over, mijn dienst zit erop. Ik ga ervan uit dat hij de familie zal laten weten dat de operatie doorgaat.

Jan
08.00 uur
Kim is al bijna vier uur weg. Nog steeds geen informatie. De heliland-plaats nog steeds leeg. Hoor ik daar in de verte een ambulance? De spanning in de kamer is bijna onhoudbaar. Waarom vertelt niemand me iets? Marco is inmiddels naar zijn werk vertrokken en komt later weer terug.

08.15 uur
Ik sta stijf van angst. Zou er onderweg iets zijn misgegaan en komt Kim zo alsnog onverrichter zake terug van de OK? Misschien wel met een litteken, maar zonder nieuwe longen? Het schijnt tot nu toe één keer gebeurd te zijn dat er tijdens het transport van de donorlongen iets niet goed ging en de operatie die al begonnen was, moest worden afgebroken. Het absolute nachtmerriescenario dat Kim en ik ook besproken hebben. Ik weet niet of we zo'n tegenslag nog kunnen verwerken. Ik weet in ieder geval zeker dat Kims lijf het niet meer aankan. Er komt weer een verpleegster binnen. Ik schiet overeind. 'En, weten jullie al iets?'
'Nee,' is het onverbiddelijke antwoord.
'Ik wil nú weten of de operatie is doorgegaan.' Ze vertrekt op zoek naar de antwoorden waar ik steeds maar om moet vragen.

Dokter Bertels

08.38 uur

Rechterlong van mevrouw Moelands is verwijderd. Ging makkelijk want long lag al gedeeltelijk los door pneumothorax. Geen verklevingen of bloedingen. Nieuwe rechterlong uitgepakt, ligt klaar in steriele, stalen schaal. Inzet van nieuwe long gestart. Linkerlong van mevrouw Moelands moet het lichaam nu in zijn eentje van genoeg zuurstof voorzien. Gaat moeizaam.

10.00 uur

Waardes dalen. Alarmen. Saturatie te laag, stapeling van koolzuur. Hart heeft het moeilijk. Bloeddruk zakt weg. We moeten ingrijpen. Hart-longmachine wordt aangesloten. Waardes trekken weer bij.

10.15 uur

Eerste long zit erin. Functioneert. De hechtnaden en aansluitingen zijn geïnspecteerd. Nu de linker vervangen. Ik verwacht complicaties. Deze long is in 2006 'geplakt' na een pneumothorax. Het is zeer waarschijnlijk dat er verklevingen zitten die het losmaken van de long ernstig bemoeilijken en tot hevige bloedingen kunnen leiden. Er komt een telefoontje binnen op de OK. De familie van mevrouw Moelands weet nog steeds niet of de operatie is doorgegaan. In alle hectiek en de wisseling van de wacht is dat erbij ingeschoten. Of ik ze de stand van zaken kan vertellen. Ik vertel de chirurg dat ik de familie een tussentijdse update ga geven en verlaat de OK. Die mensen zitten al bijna zes uur in onwetendheid.

Jan

10.00 uur

Ik staar nog steeds uit het raam naar de helilandplaats. Niets. Waar blijft die helikopter? De longen zouden hier twee uur geleden al zijn. Straks zijn ze niet op tijd en mislukt de operatie omdat de donorlongen niet binnen zes uur geplaatst zijn. Is de operatie doorgegaan of zijn de donorlongen toch op het laatste moment afgekeurd? Niemand weet iets. Niemand kan me wat vertellen. Nog steeds niet. Dit is onmenselijk. Elke minuut lijkt een uur te duren. De *nurse practitioner* komt binnen. 'Hoe is het hier?'

'Hoe is het hier? We weten nog steeds niet of de operatie überhaupt is doorgegaan!'

'Wat? Ik ga gelijk voor je bellen.' Ze rent de kamer uit. Ik hou van haar kordaatheid. Ze is snel weer terug. 'Dokter Bertels komt er nu aan om jullie de stand van zaken door te geven.'

Nerveus loop ik de gang op. IJsbeer heen en weer. Dan zie ik hem de lift uit stappen. De gang die tussen ons in ligt is eindeloos lang. Doe iets! Steek je duimen op! Laat me weten of alles goed is! Hij loopt door de klapdeuren. Te veel meters moeten overbrugd worden. Ik denk dat ik gek word. En dan, twee duimen in de lucht. Ik schiet vol. Gelukkig! De operatie is doorgegaan. Ze zijn mijn meisje aan het redden.

'Het verloopt allemaal voorspoedig en de eerste long zit er al in.' Transplantatiearts Bertels geeft me een hand. Geweldig, de eerste long zit er al in!

'We gaan nu beginnen met het uitnemen van de linkerlong, maar dat kan nog wel even duren. We maken ons zorgen om de verklevingen en zijn bang voor complicaties. Probeer nog maar even wat te slapen, want de komende uren zie je me waarschijnlijk nog niet terug. Als er iets te melden valt dan hoor je het.' Ik kijk hem aan, hij leest de twijfel blijkbaar in mijn ogen. 'Er is iets misgegaan qua communicatie. Ik ging ervan uit dat dokter Korporaal jullie al geïnformeerd had dat er definitief groen licht was en zij dacht dat ik dat had gedaan.' Miscommunicatie, *what's new in this building.*

'Maar hoe zit het nou met die helilandplaats? Ik heb urenlang de boel onafgebroken in de gaten gehouden, maar geen helikopter te zien.'

'De landplaats waar jullie op uit kijken is voor het kinderziekenhuis. Die van ons ligt aan de andere kant van het ziekenhuis. Maar meestal gaan we niet met een helikopter maar met een speciale transplantatiewagen.'

Dokter Bertels gaat weer terug naar de OK. Er gaat een zucht van verlichting door de kamer. We omhelzen elkaar. De ontlading is van korte duur. Vrijwel direct neemt de angst weer de overhand. Zal het allemaal goed gaan? Gaat de uitname van de tweede long mijn liefje alsnog opbreken? Kims vader geeuwt. We zijn allemaal doodmoe en besluiten even te gaan liggen. Kims familie vertrekt naar de familiekamer. Ik duik eerst de douche in. Ga zitten op de koude tegels terwijl het warme water over me heen stroomt. Ik huil mijn ogen uit mijn kop.

Dokter Bertels
10.30 uur
De uitname van de linkerlong gaat boven verwachting goed. Geen bloedingen of andere complicaties. De eerst geplaatste donorlong functioneert nog steeds goed. De hart-longmachine gelukkig maar kort nodig gehad. Altijd een risico. Inzetten tweede long begint. De twee chirurgen werken samen als een geoliede machine. Grote handen in dat kleine lijfje. Bloedvaten gehecht, klemmen eraf. De long vult zich met bloed en lucht. Dat blijft een prachtig gezicht. Het lijkt erop dat dit een geslaagde transplantatie gaat worden. Ik dien nog wat antibiotica toe. Long twee functioneert ook. Tijd voor de bronchoscopie om te controleren of alle hechtingen in luchtpijp en bloedvaten goed zitten. Of er nergens iets langs lekt. De camera aan de scoop bevestigt wat ik al vermoedde, het ziet er prima uit. Ik ga de familie het goede nieuws vertellen.

Jan
11.15 uur
Ik lig een halfuur in bed. Kleren nog aan om er meteen weer uit te kunnen als het nodig is. Ik draai me om en kruip diep weg onder het dekbed. Een klop op de deur. Ik vlieg overeind. Dokter Bertels komt binnen. De schrik slaat me om het hart. Hij is veel te snel terug, dit is niet goed. O, god, toch geen onstelpbare bloedingen? Ik kijk nog eens goed naar dokter Bertels. Een stralende lach op zijn gezicht. Lach = goed? Hij laat me niet langer in spanning.

'Long twee zit er ook al in. Geen enkele complicatie, geen bloedingen. Het uitnemen van de oude long ging boven verwachting makkelijk en snel. We gaan nu beginnen met afhechten, alle apparatuur aansluiten en dan kan Kim naar de vercouver. Ik schat in dat ze vanmiddag om vier uur op de IC is en dan mogen jullie bij haar.'

Wat een wonder! Mijn gebeden zijn verhoord! Dankjewel Marleen, dankjewel Ron! Dank God! Ik voel in mijn broekzak. Mijn vingers zoeken Kims trouwring die in het zakje bij de rozenkrans zit. De ring die ik hopelijk over een paar dagen weer om haar vinger kan schuiven. En dan gaat-ie nooit meer af!

Dokter Bertels vertrekt weer. Ik hol naar de familiekamer en storm naar binnen. Kims ouders en zus zijn nog wakker. Verwachtingsvolle blikken in vermoeide hoofden.

'De tweede long zit er ook al in! Geen enkele complicatie!' Ik schreeuw het uit. 'Ze gaan nu de wond hechten en alle apparatuur aansluiten. Vanmiddag om vier uur mogen we al bij haar op de IC!' Mijn stem breekt. Ik ben niet de enige die zijn emoties niet meer onder controle heeft. Om me heen gesnuf en gesnotter van blijdschap, van opluchting. De angst om haar te verliezen neemt af. De komende dagen zijn heel spannend, maar de eerste hobbel is genomen. Nou ja, eigenlijk is dit al de tweede. Hobbel één was het beschikbaar komen van donorlongen voordat Kims lijf het op zou geven. Nummer twee was een geslaagde operatie. Check & check. Twee vinkjes op de lange lijst die we stap voor stap nog moeten afwerken. Ik bel Marco om hem het goede nieuws te vertellen. Daarna breng ik mijn ouders op de hoogte die al een vermoeden hadden van de goede afloop omdat Balou al de hele ochtend blij kwispelend rondloopt. Nadat ik heb opgehangen neemt de onrust weer toe.

'Zullen we de kamer maar vast leeghalen?' stel ik voor. Ik moet iets omhanden hebben. De kamer moet helemaal schoongemaakt en ontsmet zijn voordat Kim er over een paar dagen weer in mag. Om afstoting van de longen te voorkomen, krijgt ze medicijnen die haar weerstand volledig platleggen. Het gevaar van infectie is levensgroot. Kims ouders en zus volgen me naar kamer 26. Vol goede moed beginnen we met het volstouwen van tas na tas. Het duurt een tijd voordat we de kamer leeg hebben. Ik heb de vele kaarten erg stevig vastgeplakt op de muur.

Als ook dat klusje geklaard is kan ik niet langer wachten met het nieuws over de geslaagde transplantatie breder te verspreiden. Ik stuur de eerste vijfentwintig sms'jes naar vrienden, familie en collega's. Er hebben zoveel mensen met ons meegeleefd, er zijn kilo's kaarsen in de brand gestoken en de hemel is zwaar van de schietgebedjes. Binnen een paar minuten slaat mijn telefoon compleet op hol. Het nieuws heeft zich als een olievlek verspreid. Ruim driehonderd keer piept, bromt, trilt mijn telefoon. Berichtjes met felicitaties van vrienden, collega's en familie stromen binnen, zelfs vanuit de verste uithoeken van de wereld. Fantastisch!

16.00 uur
Kamer 26 is leeg en klaar voor de schoonmaak. Ik heb het gros van de spullen achter in de auto gelegd die in de parkeergarage 'woont'. De spullen die ik denk nodig te hebben staan in een tas naast me op de grond. Kims ouders en Juul komen aanlopen met hun bagage. Gevieren gaan we naar de IC om daar voor een paar nachten ons kamp op te slaan. We krijgen twee kamers tot onze beschikking met een tweepersoonsbedbank. We leggen onze spullen in de kamers. Ik deel er een met Kims vader en haar moeder en zus nemen de andere. En dan is het moment aangebroken waar we al die uren naar uit hebben gekeken, we mogen voor het eerst naar Kim toe! Ik ga als eerste met Kims moeder.

De IC van het UMC Utrecht is ultramodern en splinternieuw. Het doet me denken aan een soort kassencomplex. Overal glas en kunstlicht vermengd met daglicht. Ik zie de blauwe lucht met een enkele wolk. Lucht. Het woord dat de afgelopen maanden zo'n dubbele betekenis heeft gekregen. Een paar aardige IC-verpleegkundigen vangen ons op. Ik ben gespannen, maar dit keer op een positieve manier. Ik kan niet wachten tot ik mijn liefste weer kan zien en aan kan raken. Een van de verpleegkundigen begint te praten: 'Het is misschien een beetje een vervelend gezicht als jullie Kim zo zien. Bereid je erop voor dat ze nog een beademingsbuis in haar keel heeft en dat er heel veel slangen uit haar lijf komen. Om haar heen staat alles vol met infusen en monitoren en ze is een beetje opgezwollen door de operatie en de medicijnen.'

Tijdens alle instructies kijk ik om me heen om de omgeving in me op te nemen. Ik ben iemand die zijn ogen en oren graag openhoudt. Schuin achter me ligt iemand op bed. Geel ziekenhuishemd aan. Ik kijk nog eens goed. Het is Kim! Een schok door mijn buik en hart. Wat ademt ze rustig! Ze ligt half overeind en is nog in diepe slaap. Ik schiet vol. Dit moment komt binnen.

De verpleegster neemt ons mee naar een ruimte tegen de IC-kamer aan. We moeten onze handen wassen met desinfecterende zeep. Mondkapjes of steriele kleding is niet nodig. En dan eindelijk, eindelijk mag ik mijn vrouw een zoen geven. Ik kus haar op haar mond. Zachtjes, om de beademingsbuis niet van zijn plek te duwen. Bang om haar wakker te maken terwijl ze zo rustig slaapt. En rust heeft ze wel verdiend na die helse strijd die ze heeft moeten leveren. Wat ben ik trots op haar. Ik pak haar handen vast. Het afgelopen jaar waren ze door het zuurstoftekort steenkoud, nu zijn ze warm. Ik voel aan haar voeten. Ook warm. Haar nagels zijn roze en niet meer paars. De nieuwe longen werken al op volle toeren. Je ziet aan alles dat haar lichaam al druk aan het herstellen is van de zware ingreep. Wat een genot om die rustig bewegende borstkas te zien! Ik kan er geen genoeg van krijgen. Ik kijk naar Kims moeder. Ik zie dat ze het moeilijk heeft om haar dochter zo te zien. Dat ze haar amper aan durft te raken, bang dat ze breekt. Ik leg mijn hand op haar schouder als steun.

'Dit is maar even,' zeg ik. 'Voor je het weet dartelt ze weer rond.' Kims moeder knikt, maar lijkt niet overtuigd.

'Ons meisje doet iedereen versteld staan, wacht maar af.'

Kims vader en zus komen binnen. Met zijn vieren staan we te kijken naar dit wonder. Zwijgend. Ieder met zijn eigen gedachten aan Kim en de afgelopen tijd. Om ons heen infuuspompen, monitoren die signalen afgeven, piepen en knipperen. Het lijkt het commandocentrum van Cape Canaveral wel. Ik ben inmiddels zo gehospitaliseerd dat ik er niet meer van schrik en de meeste apparaten zelfs wel kan plaatsen. Ineens voel ik Kims hand bewegen. Ze knijpt zachtjes in de mijne. En dat terwijl de slaapmedicatie nog niet eens is afgebouwd. Ontroering. Tranen in mijn ogen. Ik realiseer me dat dit het moment is om mijn belofte aan haar na te komen.

'Als alles goed gegaan is moet je op de IC "Lang zal ze leven" voor me zingen als ik wakker word, hoor,' vroeg ze me een tijdje geleden. Ik buig me over haar heen en begin te zingen. De X-factor-finale zal ik er niet mee halen, maar Kim lijkt er blij mee te zijn. Langzaam tilt ze haar handen op en dirigeert met twee vingers mee op de maat. Haar ogen nog steeds gesloten, maar het eerste contact is gelegd. Ik kan mijn geluk niet op. *Find your way back home, baby! You're my hero and I love you!* Eigenlijk haar tekst voor mij die ze altijd retevals zingt. Joer mai hierrooow and ai loooooooof joe. Ik dacht niet dat ik het ooit zou zeggen, maar ik kan niet wachten tot ze mijn trommelvliezen weer mishandelt.

Kim 2.0
16.28 uur
Roze. Alles om me heen is felroze. In die roze waas lig ik. Er zit iets in mijn keel. Dat moet de beademingsbuis zijn. Hm, een stuk minder eng en onprettig dan ik van tevoren had gedacht. Het roze slokt me op.

Jan
17.00 uur
Kims slaapmedicatie wordt afgebouwd. Haar ogen gaan een beetje open. Ik hou haar hand vast. Ze heeft een heel droge mond en probeert iets tegen me te zeggen. Dat lukt niet door de beademingsbuis in haar keel. Ze wordt onrustig en begint naar de buis te grijpen. Ze wil hem uit haar keel trekken. Dat is een naar gezicht. Ik probeer haar te kalmeren met mijn stem en pak haar handen. Een verpleegster komt aangesneld en legt Kim uit dat als ze nog een uurtje rustig blijft liggen, de buis eruit mag. Een voorzichtige glimlach rond haar lippen, een nauwelijks zichtbare knik met haar hoofd. Ze wordt weer rustig.

18.00 uur

De buis wordt eruit gehaald. Spanning in mijn buik. Nu is het erop of eronder. Zijn de nieuwe longen in staat om volledig op eigen kracht te functioneren? Vijf uur na de operatie van de beademing af is belachelijk snel. Maar aan de andere kant staat Kim ook niet bekend om haar geduld. Twee verpleegsters verlossen haar van de vervelende buis in haar keel. Ik slik. Dan het allermooiste moment. Haar buik rijst, haar longen zuigen zich vol lucht. Haar buik daalt, een zucht verlaat haar mond. Dan nog eens. Haar eerste, eigen teugen. Zo diep en zo rustig. Zo heb ik haar nog nooit zien ademen. Daar is die heerlijke lach van haar. Een smile van oor tot oor. Ze balt haar vuisten, klopt er zachtjes mee op haar borstkas en steekt haar duimen triomfantelijk de lucht in. 'WE DID IT, BABY!' Ik schreeuw het bijna uit. Ze knikt, lacht, knijpt in mijn hand. Dit is het, dit is alles. Hiervoor heeft ze die lijdensweg doorstaan. Waanzinnig. We kijken elkaar zielsgelukkig aan. Ik hou haar vast, knuffel haar en geef haar een paar zoenen.

Kim 2.0
18.00 uur

Ik voel dat er aan me geprutst wordt. Laat me met rust. Dit is vervelend. Wazig in mijn kop. Ik probeer mijn ogen open te doen. Het lukt niet goed. Blijf nou van me af! Ik krijg even niet genoeg zuurstof. Niet weer! En dan... LUCHT. Oneindige lucht! 'De beademingsbuis is eruit, schat,' hoor ik Jan zeggen. 'Je ademt nu zelf.' Ik adem in. Wat een sensatie. Wat voelen mijn nieuwe longen fijn. Wat voelen ze van mij. Helemaal niet vreemd zoals ik verwacht had. Deze longen en ik, we horen bij elkaar. Mijn ogen zoeken Jan. Ik adem zelf, Jantje! Ik ben nog te zwak om te praten. Gebarentaal dan maar om duidelijk te maken dat ik me goed voel, om te laten zien hoe gelukkig ik ben met mijn nieuwe longen. Ik aai over mijn borstkas. Bal mijn vuisten. Klop mezelf zachtjes op de borst en steek mijn duimen omhoog. Mijn mondhoeken scheuren bijna, zo staan ze op spanning van mijn brede lach.

Ik wenk Jan. Hij buigt zich naar me toe. Moet zijn oor bijna tegen mijn lippen leggen om mijn hese fluistering te verstaan. 'O, Bert, ik heb zo'n vreselijke dorst,' imiteer ik Ernie uit *Sesamstraat*. Ik ben drijfnat van het zweet en mijn tong lijkt wel met secondelijm aan mijn tanden geplakt. Jan regelt een glas water met een rietje voor me. Dankbaar zoekt mijn pijnlijke, dikke tong verkoeling. Ik zuig het water op als een plant die al een week droogstaat. Heerlijk. Na een tweede glas ben ik verzadigd. Een enorme moeheid overvalt me. 'Heb ik het goed gedaan?' vraag ik Jan.

'Lieve schat, ik ben zó trots op je. Je hebt het fantastisch gedaan!' Ik kijk hem aan door mijn wimpers. Zo blij dat ik zijn mooie lach weer zie. De narcose leunt zwaar op mijn oogleden. Ik voel dat ik langzaam wegzak in een gelukzalige slaap. Ik geef me over, zonder angst.

Jan

18.30 uur

Kims moeder en Juul blijven bij Kim en ik loop met haar vader naar het restaurant om wat te eten. Veel honger heb ik nog niet. Mijn maag zit vol met euforie. Mijn benen voelen zwaar, alsof het hele afgelopen jaar erin zit. Nu de ergste spanning is geweken en de adrenaline langzaam uit mijn lijf vloeit, voel ik pas hoe moe ik ben. Naast een kleine maaltijd bestellen we allebei een Palm-biertje en proosten op de goede afloop. De felicitaties blijven binnenstromen per sms, mail en voicemail. Voordat we terug naar Kim gaan, stuur ik een updatemail rond aan alle mensen die ons al die tijd hebben gesteund, op afstand of van heel dichtbij. Marco is er inmiddels ook weer. Kim laat hem vol trots haar roze nagels zien. Haar stem klinkt al krachtiger dan een uur geleden. Wat heeft een lichaam toch een ongekend herstelvermogen. Een verpleegster komt binnen.

'Mensen, jullie zijn echt met te veel. Er mogen maar twee mensen tegelijk bij haar, anders is het te vermoeiend.' Ik zie aan Kim dat het haar inderdaad te veel energie kost, maar dat ze er ook heel erg van geniet. We beloven de verpleegster dat we ons aan de regels zullen houden, maar niet voordat ze een groepsfoto van ons heeft gemaakt. We gaan met zijn allen rond Kims bed staan. Zes gelukzalige breedbekkikkers die lachen omdat Kims leven er niet meer van afhangt. Op Kims vader na verlaten we daarna allemaal de kamer. Schoonpapa houdt eerste wacht en ik los hem vannacht om twee uur af. Ik vraag Kim of ze dat goedvindt. Ze lacht en steekt haar duimen in de lucht. Tuit vervolgens haar lippen voor een zoen. Ik loop achterwaarts de kamer uit en zwaai nog een keer voordat ze uit mijn gezichtsveld verdwijnt. Eenmaal in de familiekamer plof ik neer op de tot bed omgebouwde bank. Ik val als een blok in slaap.

Kim 2.0
22.15 uur
Papa zit naast mijn bed. Hij houdt mijn hand vast. Ik raak niet uitgepraat. Ik vertel hem hoe gelukkig ik ben dat ik weer kan ademhalen. Dat ik voel dat deze longen sterk en veerkrachtig zijn. Dat ze bij me passen. Hoe blij en dankbaar ik ben met mijn donor. Dat mijn hart bij de rouwende familie is. Bij elke zin schiet ik vol van ontroering, van blijdschap. Dan wil ik cola. Ik heb zo'n zin in cola! De nachtverpleegkundige heeft er geen bezwaar tegen en bedient me op mijn wenken. Goddelijk! Ik geniet van de bubbels die aangenaam prikken op mijn tong. Papa houdt het flesje vast en zorgt dat het rietje in mijn mond blijft zitten. Mijn coördinatie is nog niet je van het. Ik kijk papa aan. Wat hou ik van die man! Ik moet weer huilen.

Jan
02.00 uur
De wekker gaat. Ik schrik wakker. Is het allemaal echt gebeurd? Heeft Kim werkelijk nieuwe longen? Pas als ik Kims kamer op de IC binnenloop en het met eigen ogen zie, weet ik zeker dat ik niet meer droom. En wat ik zie is te bizar voor woorden. Kim zit rechtop in haar bed, slurpt aan een flesje cola met een rietje en kletst honderduit tegen haar vader. Wat een wedergeboorte!

Kim 2.0

Het is dat ik zoveel slangen in en aan mijn lijf heb, anders zou ik uit bed springen. Vier dikke drains, een plaskatheter, zuurstof, maagsonde, een infuuslijn met vele vertakkingen die via mijn nek naar mijn hart loopt, maken dat ik me amper kan bewegen. Het hindert niet, ik ben euforisch. In mijn hoofd bruist en knettert het. Voor het eerst in mijn leven kan ik ademen zonder dat mijn longen aanvoelen als te strak gespannen elastieken die elk moment kunnen knappen. Ik inhaleer diep. Ik ben gewend dat het moeizaam gaat, pijn doet. Ademen met de handrem erop. Maar nu is de rem eraf. Ik geef gas en vlieg bijna uit de bocht. Ik heb lucht! Zoveel lucht dat ik bijna niet weet wat ik ermee moet. Wat een sensatie! Hier heb ik zo hard voor gevochten.

Jan zit naast mijn bed. Hoofd in zijn handen, zijn ellebogen steunen op zijn knieën. Ik hoor de opzwepende deun die uit zijn iPod schalt. Hij draait een van zijn favoriete mixen van Armin van Buuren en gaat er helemaal in op. Jan verwerkt net als ik blijdschap of verdriet graag met muziek. Ik kijk naar hem. Hoe hij geniet. Voor het eerst in zeven maanden ontspannen. Ik heb het warm en niet alleen van de medicijnen die me laten zweten als een otter. Ik gloei, glim en straal van liefde voor hem. De dood heeft het afgelopen jaar een kuil gegraven, maar we zijn er op het nippertje niet in gevallen. Op de bodem ligt sinds gisteren een fundament waarop gebouwd kan worden.

Ik sla een bord met DROOM IN UITVOERING de grond in. Ik vul het gat met al onze wensen. Een voor een zullen we ze plukken als de nieuwe dagen die ons gegeven zijn. Eindeloze wandelingen met Balou maken, met blote voeten door de zee lopen, rennen over het strand, de zon zien zakken in de zee, met een boek en kaarsjes op ons dakterras, fonkelende sterren kijken en ze zacht laten landen op een wolk met onze dromen als ze vallen. Mijn trouwjurk dragen op het feest dat we gaan geven voor ons huwelijk. Het feest waar ík het licht ga uitdoen met blaren op mijn voeten van het dansen. De krijtrotsen in Frankrijk beklimmen, fietsen over de Brooklyn Bridge in New York. We hebben nog drie levens nodig om alle plekken op de wereld te bezoeken die op ons verlanglijstje staan.

Ik blijf naar Jan kijken terwijl ik mijn hand op mijn borstkas leg en er liefkozend overheen streel. Alsof ik op die manier mijn nieuwe longen kan aaien. Hallo lieve longen, wat zijn jullie fijn, wat zijn jullie welkom. Ik denk aan mijn donor. Ben zo dankbaar dat deze held of heldin me gered heeft. Nieuwe longen, nieuwe kansen. Ik heb nog geen idee of mijn donor een vrouw of een man is geweest. Mijn gevoel zegt dat ik vrouwenlongen heb gekregen. Het voelt zacht en lief en niet stoer en stevig. Ik sluit mijn ogen. Mijn handen bewegen mee met mijn borstkas, waar moeiteloos lucht in en uitstroomt. Na een poosje hoor ik de sluisdeuren van mijn kamer opengaan.

Het is een verpleegster met de post. Jan is inmiddels uit zijn eigen momentje gekropen en heeft zijn iPod aan de kant gelegd. Hij helpt me met het openmaken van de envelop. Ik ben nog te zwak en tril te veel van de medicijnen om dat zelf voor elkaar te krijgen. Hij geeft me de kaart. Hij is van de vrouw van een collega-transplantant. Het goede nieuws heeft zich razendsnel verspreid. Ik lees de lieve woorden. Slik. Als ik de woorden 'nieuwe longen' lees, komt het besef van wat er allemaal gebeurd is plotseling echt binnen. Het raakt me als een mokerslag en ik breek. Tranen stromen over mijn wangen. Van geluk, letterlijke opluchting en dankbaarheid naar mijn donor en zijn of haar nabestaanden. Voor het eerst in zeven maanden kan ik keihard huilen zonder dat ik bijna out ga van het zuurstofgebrek. Janken met gierende uithalen want mijn lucht is niet op. En van dat besef ga ik nog harder huilen. Jan houdt me vast en huilt met me mee.

Dokter Korporaal en dokter Bertels komen binnen. Allebei stralende lach en twinkelende ogen.

'Zo, hoe is het hier?'

'Fantastisch!' zeg ik vol overtuiging.

'Het is allemaal heel goed gegaan, zonder complicaties. We zijn heel tevreden. We gaan je nog wel een bloedtransfusie geven, want je HB is te laag.'

'Ah, bloedarmoede, dat verklaart waarom ik zo licht in mijn hoofd ben.' Altijd fijn om te weten waarom je bepaalde klachten hebt, zeker nu ik mijn lichaam weer helemaal opnieuw moet leren kennen. Nieuwe longen, nieuwe medicijnen... Niets voelt meer zoals vroeger in mijn vorige leven. Toen wist ik elk pijntje te duiden, nu kan ik slechts gissen en vragen.

'Wie is het? Wie is mijn donor? Was het een vrouw?'

'Wil je het echt weten?' Ik knik bevestigend.

'Het was een zevenenvijftigjarige vrouw.'

'Oeh, zevenenvijftig?' flap ik eruit. 'Is dat niet wat oud?' Ik was ervan uitgegaan dat mijn longen 'jonger' zouden zijn. Ze voelen zo vitaal, zo jeugdig. Zevenenvijftig klinkt zo 'bejaard'. Dan bedenk ik dat mijn donor jonger is dan mijn ouders. Vind ik mijn ouders bejaard? Nee. Allesbehalve.

'Dit zijn oerdegelijke longen die wel honderd jaar mee kunnen,' stelt dokter Bertels me gerust.

'Deutsche degelijkheid?' vraag ik.

'Dat mogen we je niet vertellen. Je mag alleen het geslacht en de leeftijd van je donor weten.'

'Jammer,' hum ik terwijl de radertjes in mijn hoofd op volle toeren draaien. Ik ben zo benieuwd of mijn voorgevoel dat ik Duitse longen zou krijgen, klopt. Jan kijkt me aan. Zijn speurneus staat al in de startblokken. We komen er wel achter, lees ik in zijn ogen. Ik kijk ondeugend terug.

'En dan nog iets,' zeg ik tegen dokter Korporaal en dokter Bertels, 'die drains mogen eruit, hoor!' Ik kan het niet laten om met een knipoog te refereren aan de ontelbare discussies die de afgelopen weken zijn gevoerd over het al dan niet verwijderen van mijn drain. Bulderend gelach door de kamer. De dokters kunnen mijn grapje wel waarderen. Alle stress en meningsverschillen verdwijnen naar de achtergrond. We hadden allemaal hetzelfde doel en dat hebben we bereikt. Dat de weg ernaartoe wat moeizaam ging, doet er niet meer toe. We komen allemaal als winnaar uit de bus. Deze mensen hebben mijn leven gered. Vol overtuiging en vol oprechtheid. De blijdschap op hun gezichten is echt, ondanks de professionele afstand. Ik zou ze het liefst omhelzen en een dikke zoen geven, maar dat ligt in ziekenhuisland over het algemeen nogal gevoelig. Daarom doe ik het maar met woorden.

'Jullie hebben mijn leven gered, dankjewel.' Slechts zes woorden die moeten uitdrukken hoe ik me voel. Zes, het Chinese symbool voor geluk. Ik hoop dat het genoeg doorklinkt in mijn nog wat hese stem, dat ik mijn geluk niet op kan en dat zij mijn fortuin hebben gemaakt. De ultieme uitoefening van de artseneed, het redden van een leven. Ze zijn met vlag en wimpel geslaagd. Door hun strijd voor mijn leven kan ik weer met trots mijn vaandel dragen en hoef ik hem niet halfstok te hangen.

Dag twee in mijn nieuwe leven. De morfine is zojuist op mijn verzoek gestopt omdat ik er nogal van ga hallucineren. Spinnen die met harige poten over veloursrode gordijnen kruipen, prachtige, kleurrijke bloemen, gezichten die dichterbij komen en weer verdwijnen. Wisselende kleuren die in een rad voor mijn ogen draaien. Zodra ik mijn ogen sluit begint de film te spelen. Het fascineert me, maar het is ook doodvermoeiend om aan de binnenkant van je ogen niet het vertrouwde zwart te zien. Als er een man in groene operatiekleding in een visioen op me af komt lopen en iets in mijn infuus spuit met een valse grijns op zijn gezicht, vind ik het welletjes. Kappen met die zooi. Liever een beetje pijn dan meegesleurd worden in een wereld die niet de mijne is.

En een 'beetje' pijn heb ik nu inderdaad. Mijn borstbeen is tijdens de operatie doorgezaagd en protesteert bij elke beweging die ik maak. Het voelt net alsof er een te strakke hartslagmeter om mijn borstkas zit. Ik kan mijn bovenlichaam niet goed bewegen. Bij elke draai moet mijn hele lijf mee. Mijn borstbeen voelt fragiel en kwetsbaar aan en ik ben als de dood dat het losschiet en weer in tweeën breekt. Niet te veel bij nadenken.

Er klinkt een reutel op mijn ademhaling. Een beetje operatieslijm. Ik probeer te hoesten, maar heb geen controle over mijn spieren en ademhaling. Het slijm zit in mijn luchtpijp en ik krijg het niet goed omhoog. Het geeft een benauwd gevoel en ik raak een beetje in paniek. Mijn hoest klinkt vreemd en onwennig. Het is een bizarre gewaarwording dat ik niet meer kan hoesten, terwijl dat vierendertig jaar lang mijn corebusiness is geweest. Ik doe nog een poging, maar veel verder dan 'Ik ben Kim en ik doe een zielige zeehond na', kom ik niet. De alarmbel van de zuurstofmeter gaat, mijn saturatie zakt naar zeventig terwijl negentig de ondergrens is. Broeder Jan schroeft automatisch de zuurstof wat op. Ik wil nooit meer benauwd zijn! Jan pakt mijn hand en spreekt me sussend toe. Zijn aanraking en rustgevende stem kalmeren me weer een beetje. Zijn helende werking in combinatie met een beetje extra zuurstof laten de zuurstofwaardes weer in recordtijd naar honderd procent stijgen. Dit razendsnelle herstel geeft me vertrouwen. Deze nieuwe longen kunnen wel tegen een stootje.

De IC-arts komt binnen. 'Zeg, ben jij eigenlijk wel getransplanteerd?' vraagt hij met een grote grijns op zijn gezicht.

'Zeker weten.' Ik wijs op het litteken dat horizontaal over mijn borstkas loopt.

'Je ziet er al zo goed en levendig uit. Dat heb ik wel eens anders gezien.' Ik glim van trots.

'Het is een bikkel, hoor,' laat Jan de arts weten.

'Hoe voel je je?'

'Goed, ik kan alleen niet meer hoesten.'

De arts lacht. 'Je moet wennen aan je nieuwe longen en er controle over leren krijgen. Je tussenribspieren en middenrif hebben een tik gehad van de operatie en die moet je weer opnieuw leren gebruiken. Daarbij zijn er wat zenuwen doorgehaald waardoor je gevoel op sommige punten minder zal zijn.' Ik kijk naar mijn rechterborst, die volledig gevoelloos is sinds de operatie. 'Herstelt dat nog?' vraag ik, terwijl ik er zachtjes op klop.

'Ik kan geen garanties bieden, maar de kans dat het gevoel gedeeltelijk of in zijn geheel weer terugkomt is aanwezig. Zenuwen groeien ongeveer een centimeter per maand. Geef het allemaal wat tijd.' Klinkt logisch. Mijn borstkas heeft als een motorkap opengestaan, dus het is niet zo gek dat het wat tijd nodig heeft voordat alles weer als vanouds op zijn plek zit en functioneert. Ik ben blij dat mijn ademreflex het vanaf het allereerste moment wel goed gedaan heeft. Dat scheelt weer een hoop kopzorgen en komt mijn nachtrust ten goede.

'Mocht ik een tepelpiercing willen, dan is dit dus het moment,' grinnik ik. 'Ik voel het toch niet.' Jan trekt een moeilijk gezicht.

'Wat je ook niet meer voelt, is als er dieper in je longen slijm dwarszit. Het is dus goed om af en toe gewoon eens te hoesten omdat er nog wat prut van de operatie kan zitten.'

'Ik heb net al een poging gedaan en er met moeite wat uitgekregen.'

'Het grapje dat wij dan altijd maken is: "Was het van jezelf of van je donor?"'

'Gatverdamme!' Ik ben op slag kotsmisselijk. Artsenhumor, het blijft een vak apart.

'Je moet er maar niet te veel over nadenken.'

'Tot nu toe hadden we daar ook nog niet over nagedacht,' laat Jan hem fijntjes weten.

'We zijn zo tevreden over je herstel dat je wel weer terug mag naar de longafdeling. Ik ga zo meteen even bellen of je kamer al klaar is.' Wauw, nu al terug naar de longafdeling! Straks ga ik nog het record 'snelste thuis na transplantatie' halen. Ik kijk Jan glunderend aan.

'Je kamer is nog niet klaar. Je herstelt te snel. Er zit niks anders op dan dat je nog een nachtje bij ons blijft.' De IC-verpleegkundige die me vandaag onder haar hoede heeft lacht me vriendelijk toe. 'Beter vrijwillig op de IC dan omdat het niet anders kan, toch?' Ik vind het allemaal prima. Ik lig best, word goed verzorgd en ik geniet van het uitzicht dat ik heb op de lucht. Wat mij betreft kan het dak eraf. 'Zullen we er dan maar een feestdag van maken?' stelt zuster voor. 'Zal ik je haar eens lekker wassen en ontklitten?' Ik kijk haar verheugd aan. Mijn haar is niet meer gedaan sinds voor de transplantatie en plakt als een klont op mijn kop. Het voelt smerig.

'Heb je daar wel tijd voor?' vraag ik aarzelend. Ik ben gewend dat persoonlijke aandacht in een ziekenhuis zeer schaars is door tijd- en personeelsgebrek.

'Daar maak ik tijd voor. We moeten je morgen toch een beetje netjes naar de afdeling sturen, nietwaar? Frisse kamer, frisse Kim.'

'Maar hoe was je mijn haar dan in bed?' vraag ik.

'Laat dat nou maar aan mij over, jij mag met je oogjes dicht gaan liggen genieten.' Ze vertrekt om wat spullen te halen en vraagt Jan om borstel en shampoo vast klaar te zetten. Al snel is ze terug met een soort opblaaswasbak met nekuitsnede waar ze mijn hoofd inlegt. Ik kan wel janken van genot als het warme water over mijn hoofd stroomt. 'O, dankjewel dat je dit wilt doen. Je hebt geen idee hoe fijn dit is.' Ik moet mijn uiterste best doen om niet in tranen uit te barsten. Ik ben zo ontroerd dat ze uitgebreid de tijd voor me neemt en echt haar best doet om het me naar de zin te maken. Tegelijkertijd voel ik me ook bezwaard. De tijd die ze met mij bezig is, kan ze niet aan andere mensen besteden die het misschien wel harder nodig hebben dan ik.

'Laat je maar even flink vertroetelen want over een paar dagen moet je het zelf doen,' is haar reactie op mijn bedankje.

'Ik kan niet wachten tot ik het weer zelf kan! Ik ben lang genoeg afhankelijk geweest.'

Geduldig en liefdevol masseert ze de shampoo in mijn haren, spoelt alles zorgvuldig uit en herhaalt het proces nog een keer.

'Zo, en dan nu de grootste uitdaging, kijken of we die klitten eruit kunnen krijgen. Als ik je pijn doe, geef je maar een gil.'

'Ik kan wel wat hebben, hoor,' zeg ik stoer. Er is bijna geen doorkomen aan, maar uiteindelijk lukt het om de borstel soepel door mijn haar te krijgen. Ik ben blij dat zij deze klus op zich heeft genomen want Jan had er allang de schaar in gezet. Daarna wast ze me en trekt me een schoon hemdje aan. Samen met Jan verschoont ze mijn bed. Ik ben helemaal klaar voor een nieuwe dag naar herstel.

Marco komt binnen. Het loopt tegen zevenen in de avond.

'Wauw, wat zie je er goed uit.' Ik begin gelijk weer te stralen. Ik kan niet vaak genoeg horen dat het goed gaat, dat het nu eindelijk na die helse maanden een keer meezit.

'Kijk eens hoe roze mijn nagels nog steeds zijn!' Ik steek mijn hand naar hem uit en hij pakt hem vast.

'Dat vond ik na mijn transplantatie ook zo bijzonder, dat mijn nagels niet meer grauw en paarsig waren én dat ik warme handen had.'

'Wat een wonder is het, hè!' Ik raak niet uitgepraat over het geluk dat ik heb gehad. Ik realiseer me meer en meer hoe bijzonder het is dat ik er nog ben, dat ik kan ademen met de longen van mijn donor. Hoe prachtig het cadeau is dat ze aan mij heeft gegeven.

Ik denk aan de mensen zoals Mo op de longafdeling die nog moeten wachten op een orgaan en voel een enorme boosheid op de politiek die het tekort aan donororganen in stand houdt. Ieder met zijn of haar eigen politieke redenen, weggemoffeld onder kulargumenten, de tweehonderd wachtlijstdoden per jaar als collateral damage. Bijna was ik een van die tweehonderd geweest. Ik neem me voor om waar ik kan te blijven strijden voor een Actief Donor Registratiesysteem: je bent automatisch donor, tenzij je bezwaar maakt. Hoezo geen vrije keus bij dit systeem? Nee zeggen is net zo goed een keus als ja zeggen. Het Elektronisch Patiëntendossier dat minister Klink van Volksgezondheid in 2008 introduceerde, werkte via hetzelfde principe: je zou geregistreerd staan tenzij je bezwaar maakte. Ik vraag Jan om een tandenborstel om de nare bijsmaak uit mijn mond te poetsen.

'Je mag zo terug naar je oude kamer op de longafdeling.' Dokter Korporaal staat aan mijn bed. 'Voor je gaat verhuizen halen we er alvast twee van de vier drains uit. De longfoto's van vanochtend laten zien dat dat kan. Ik vraag de arts-assistent om ze er zo uit te halen.'

'O, fijn!' Een paar slangen minder staat me wel aan.

Een paar minuten later komt de assistent al binnenlopen. Ik trek met een enthousiast gebaar mijn gele ziekenhuisjurkje omhoog. In ziekenhuisland kijkt niemand van dat soort dingen op.

'Ik ben er klaar voor, hoor.' Hij begint aan de hechtingen van de eerste drain te peuteren. Als de kabel los ligt vraagt hij me diep in te ademen en uit te blazen op mijn hand. Ik ken de procedure inmiddels en doe braaf wat me gevraagd wordt. Ik bereid me voor op het rare gevoel dat het verwijderen van een drain met zich meebrengt. Ik blaas en hij trekt, maar behalve dat het ontzettend veel pijn doet, komt er geen millimeter beweging in de drain. De tranen springen in mijn ogen en ik kreun. Hij vraagt me nogmaals op mijn hand te blazen en doet een nieuwe poging om de drain uit mijn borstkas te trekken. Ook dit keer zonder resultaat. 'Dit durf ik niet aan, dat ding zit muurvast. Ik ga er even wat specialisten bijhalen die wat meer ervaring hebben.'

Ik knik met natte oogjes. Auw, auw, wat doet dat zeer. Al snel komt twee vrouw sterk mijn kamer in marcheren. De experts. Ik begin te zweten van de stress als ze me naderen. Een van de dames heeft duidelijk de leiding en instrueert haar collega wat te doen. Ik mag het in- en uitblaaskunstje weer doen. Mijn lijf staat strak om de verwachte pijn op te vangen. Ik ben zo klaar met pijn hebben. Maar mijn lijf lijkt daar geen boodschap aan te hebben en werkt voor geen meter mee om de drain los te laten. Alsof het er nog steeds van uitgaat dat ik zonder drain niet kan ademen en functioneren.

'Uitblazen!' Ik blaas met bolle wangen en dan een pijn! Hel! Ze trekt uit alle macht aan de drain en zet haar been schrap tegen het bed om extra kracht te kunnen zetten. Het voelt alsof er vanbinnen iets scheurt, alsof ze mijn hele long er in één keer uittrekt.

'Je trekt mijn long stuk,' huil ik in paniek. Jan staat er machteloos bij.

'Niet mijn long kapotmaken!' Ik word bijna hysterisch.

'Ik trek je long niet kapot, rustig maar.' Ze geeft nog een laatste ruk en de drain is eruit. Ik probeer zo diep mogelijk in te ademen, ben alert op elk pijntje dat ook maar lijkt op een klaplong. Het ademen gaat goed en de pijn blijft uit. Ik probeer weer wat te kalmeren terwijl Jan de tranen en het angstzweet van mijn gezicht veegt.

'Het verwijderen van deze drains is altijd lastig omdat ze in een droog gebied worden ingebracht en heel dik zijn. Het gaat snel vastzitten.'

'Ja, dat heb ik gemerkt,' zucht ik.

'Zullen we maar gelijk doorgaan met de tweede drain? Dan heb je het maar gehad.' Ik knik. Ik zou willen dat ik de klok een halfuur vooruit zou kunnen zetten om de tweede martelsessie niet te hoeven meemaken. Het verwijderen van de tweede drain gaat iets makkelijker, maar de pijn is er niet minder om. Pfff, ik zou bijna weer om morfine vragen. Na het hechten van de gaten tussen mijn ribben laten ze me eindelijk met rust.

'Man, wat deed dat zeer!' Jans gezicht staat strak. Hij kan er niet tegen als ze me pijn doen. 'Ik weet dat ze hun werk doen, maar het liefst zou ik ze persoonlijk laten voelen wat jij moet doormaken. En ze daarna allemaal de kamer uit schoppen.' Ik trek hem naar me toe en geef hem een dikke pakkerd.

'Ik ga de spullen inpakken, dan kunnen we zo verkassen. Ik heb het wel gezien hier.' Jan krijgt het op zijn heupen en ik eigenlijk ook. We ruiken de stal. Elke stap vooruit is er één dichter bij huis.

Het ontkoppelen van alle apparatuur die aan me hangt voor het vervoer naar de afdeling neemt wat tijd in beslag. Ik laat het geduldig gebeuren. Aarzelend zet ik het mondkapje op dat ik zojuist heb gekregen. Ik wil vrij ademen! Maar ik weet dat ik geen keus heb. Ik ben op dit moment ontzettend vatbaar voor virussen en infecties omdat de medicatie tegen afstoting van de nieuwe longen mijn weerstand volledig heeft platgelegd. Om problemen te voorkomen moet ik vaak mijn handen ontsmetten, krijg ik 'steriel' eten en buiten mijn eigen kamer moet ik een mondkap opzetten. Een bacteriële of virusinfectie kan op dit moment dodelijk zijn en ik heb niet voor niets zo hard geknokt om in leven te blijven.

'Goed, we kunnen wat mij betreft.' De IC-verpleegkundige pakt mijn bed aan het voeteneind en Jan neemt de positie aan het hoofd in. Ik kijk nog een keer om me heen. Ik zag voor de operatie ontzettend op tegen de tijd op de IC door de traumatische ervaringen die ik een paar jaar eerder met Ron had opgedaan. Zijn tijd daar was vreselijk. Angst en paniek voerden de boventoon en de manier waarop sommige personeelsleden hem behandelden, was ronduit bij de beesten af. Mijn eigen verblijf op de IC kan ik echter met een tevreden gevoel afsluiten. Het personeel was zorgzaam en lief en het ontbrak me aan niets. Ik voelde me er veilig. Als je zo kwetsbaar en hulpeloos bent, zijn veiligheid en vertrouwen in de mensen aan je bed dé elementen die doodsangst naar de achtergrond duwen of zelfs helemaal wegnemen. Het is raar om mijn IC-kamertje te verlaten en door het ziekenhuis gereden te worden. Ook al ben ik maar een paar dagen weggeweest, de buitenwereld staat mijlenver van me af. Dat is wat het liggen op een IC met bliepjes, piepjes, toeters en bellen blijkbaar met je doet. Het trekt je weg uit de werkelijkheid en isoleert je in een vervreemdend vacuüm.

Ik ben blij dat ik terugga naar mijn vertrouwde kamer 26 op de derde verdieping, want dat is een stap vooruit die me dichter bij de werkelijkheid brengt. Maar het maakt me ook onzeker. Hoe gaat mijn 'geüpgradede' lijf het straks doen in de echte wereld? Zal ik weer een praktisch normaal leven kunnen gaan leiden? Als ik naar Marco kijk, dan is het antwoord ja. Het is moeilijk te geloven dat ik over een tijdje weer kan rennen en springen, dansen en zingen, nadat mijn ziekte me zo verzwakt heeft dat ik amper een vinger op kon tillen en ik maandenlang een verstandshuwelijk had met een bed.

We rijden de longafdeling op. Tranen in mijn ogen dat ik weer terug ben op de plek die ik een paar dagen geleden verliet. Een enkeltje onzekerheid is een retourtje naar een vrij in te vullen bestemming geworden. Blije gezichten, warme ontvangst. Er is wel wat veranderd tijdens mijn korte afwezigheid. De gezelligheid is uit de kamer. Kale muren, andere gordijnen. Geen kaarten, nul foto's. Nieuw ladekastje vol medicijnen en medische materialen. Koelkast weg. De klok tikt nog hetzelfde, maar klinkt toch anders. Tijd is niet langer mijn vijand, maar een vriend die ik opnieuw kan toelaten in mijn leven. Een vriend om uren mee te lachen, dagen van te genieten, jaren van te houden. Jan ziet mijn blik op de wijzers en krijgt vochtige ogen. Hij weet wat ik denk, hij weet wat ik voel want we delen dit moment. De poppen zijn gestopt met dansen, we kunnen zelf weer walsen. Als het orkest zwijgt en de stilte neerdaalt, nemen we het stokje in eigen hand en dirigeren ons gezamelijke levenslied.

Amper een uur terug op kamer 26. Zuster Renske komt binnen, kordaat en met een zakelijke blik. Ze kijkt Jan aan. 'Vannacht mag je nog bij Kim op de kamer slapen, morgen slaap je op de familiekamer, dan is het afgelopen en ga je naar huis.' Zijn ogen rollen bijna uit hun kassen.

'Pardon?'

'De situatie is nu veranderd en Kim moet weer leren om zelfstandig te worden. We willen niet dat ze zich laat pamperen.'

Jan begint keihard te lachen. 'Kim zich laten pamperen? Als er iemand is die zich niets laat aanleunen wat ze zelf kan, dan is het Kim wel. Weet je wat het eerste was wat ze deed nadat ze zes weken op bed had gelegen na haar klaplong in februari? Koffiezetten voor mij. Jullie kennen ons heel slecht, dat blijkt wel. En daarbij, waar bemoeien jullie je mee?' Woede klinkt door in zijn stem. 'Hoe wij met elkaar omgaan is onze zaak. We zitten hier niet voor een psychologisch experiment. Ik wil het hoofd van de afdeling spreken, want dit kunnen jullie niet maken. We zijn koud terug van de IC, hebben elkaar nog amper gesproken, laat staan dat we beseffen wat er allemaal gebeurd is en dan kom je met zo'n bericht. We hebben het toernooi gespeeld, de finale gewonnen en nu het tijd is om te feesten stuur je me naar huis. Ik dacht het niet.'

Mijn blik pingpongt heen en weer tussen Jan en zuster Renske. Jan kaatst de bal met felle smashes, zuster Renskes retour is slapjes. Ik kan niet praten. Mijn strot is te dik. Paniek, volledige paniek. Niet mijn Jantje bij me weghalen. Ik kan mezelf nog niet redden. Ik kan nog niet eens zelfstandig omhoogkomen uit bed als ik moet hoesten. Ik vind hoesten eng. Ik kan me nog niet wassen. Ik ben bang in het donker, weet vaak niet waar ik ben als ik 's nachts wakker word. Nog niet helemaal helder in mijn hoofd van de narcose. Onmachtig grijp ik Jans hand vast als zuster Renske de kamer verlaat. De stress die ik helemaal kwijt was komt weer in volle hevigheid terug. Houdt het nou nooit op? Gun me wat rust. Dit jaar was te zwaar en nu ik eindelijk rustig kan ademhalen na een meer dan ingrijpende operatie, word ik gelijk weer het diepe ingegooid.

'Ik ga helemaal nergens heen, maak je geen zorgen. We maken het samen af hier, al moet ik de rest van de week op een stoel slapen. Wat denken ze wel. Bang dat je je laat pamperen. Hoe halen ze het in hun hoofd. Ik ga het oplossen, schat.' Ik begin ongecontroleerd te snikken, ik kan er niks aan doen. Ik breek in tweeën op het moment dat ik eigenlijk had moeten feesten van geluk. Ik voel me schuldig naar mijn donor dat ik me laat meeslepen door angst en verdriet en niet sterk genoeg ben om boven deze onzin te staan. Dat het niet lukt om te lachen door mijn tranen heen. Sorry donor, ik hoop dat ik eens weer kan dealen met de boze buitenwereld die jij hebt verlaten en dat je dan trots op me bent. Ik zal zórgen dat je trots op me kunt zijn, maar heb wat geduld met me. Ik kan nog niet op eigen benen staan.

Ik laat mijn tranende blik over die twee staken gaan waar twee voetjes aan hangen. Er zit geen spier meer in, geen grammetje vet meer op. Daar kun je iemand toch niet alleen het bos mee insturen?

Jan mag nog een paar dagen langer blijven. Na een goed gesprek met het afdelingshoofd en bemiddeling van maatschappelijk werk is besloten dat het beter voor mijn herstel is om Jan en mij niet uit elkaar te halen. Jan wordt wel geacht zich op de achtergrond te houden en het verzorgen van mij en de drains aan de verpleging over te laten. Hoe vreselijk we het ook vinden, we conformeren ons. Elke dag andere vreemde handen aan mijn lijf die me wassen, me op de pot helpen, mijn kont afvegen. Ik knok en ik vecht voor mijn herstel. Ik wil mijn waardigheid weer terug.

Amper drie dagen na de operatie sta ik voor het eerst op de loopband. Ik wankel, ik wiebel. Concentreer me om niet te vallen. Maar wat een kick als de zuurstofmeter honderd procent aangeeft en ik ondanks mijn voetje voor voetje nog genoeg lucht overheb om te kletsen met de fysiotherapeut! Ik weet niet wat ik meemaak! Jan glimt van trots en maakt talloze foto's. Weer dank ik mijn lieve donor. Ik negeer de helse pijn aan mijn borstbeen, de heftige bijwerkingen van de medicijnen, de zeven liter vocht die in mijn buik zit als gevolg van de operatie. Het is allemaal van ondergeschikt belang. Geen ademteug waarbij ik me niet realiseer hoe bijzonder het is dat ik weer kan ademen. Zonder hulpmiddelen, op eigen kracht. Ik huil veel van blijdschap, van ontroering, van opluchting. Als een klein kind geniet ik van de kermis van het leven. Ontdek ik allemaal nieuwe attracties. Ik zweef in de molen met onbegrensde mogelijkheden. De wind door mijn haren. Snuif de verslavend zoete geur van de vrijheid op.

Naar huis

'Wij gaan eind volgende week samen naar huis.' Jans onverminderde optimisme werkt aanstekelijk. Ik begin erin te geloven. We zijn voor het eerst na mijn operatie samen buiten. Met rolstoel, zonder zuurstof. Geen enkele drain meer in mijn lijf. De zon schijnt en Jan duwt me naar een soort tuintje met bankjes dat aan het ziekenhuis vastzit. Ik speur de omgeving af naar rokers. Gelukkig. Niemand die mijn frisse lucht verpest. Niemand die me uitscheldt omdat ik vriendelijk vraag niet te roken in mijn nabijheid. Rokers hebben geen idee hoeveel overlast ze veroorzaken met hun verslavende hobby. Ze hebben geen benul van de meterslange reikwijdte van elke wolk nicotine die ze uitblazen met voor mij verstrekkende gevolgen. Mijn nieuwe longen zijn ontzettend gevoelig en kunnen dergelijke prikkels niet verdragen.

'Besef je wel wat je aan het doen bent? Besef je wel hoe bijzonder het is als je gezonde longen hebt?' Ik zou het tegen elke roker willen uitschreeuwen. Maar ik weet dat ik niet meer dan hoongelach terugkrijg en kuluitspraken als 'mijn opa heeft ook altijd gerookt en die is er negentig mee geworden'. Hoe komt het toch dat je je als niet-roker bezwaard voelt, dat je je bijna schaamt, om de nicotinezuiger aan te spreken op zijn of haar asociale gedrag? Want asociaal is het als je anderen ongevraagd bedwelmt met kankerverwekkende stoffen.

'Zo.' Jan zet de rolstoel op de rem en helpt me eruit. 'Lopen, kreng,' zegt hij lachend terwijl hij me een aanmoedigende klap op mijn kont geeft. Ik sta al iets minder wankel op mijn benen dan een paar dagen geleden. Weer verbaas ik me over het grote herstelvermogen van het menselijk lichaam. Ondanks alle pijn en het gevoel dat er een vrachtwagen over mijn borstkas is gereden, weet mijn lichaam blijkbaar ook nog ergens energie vandaan te halen om me weer beter te maken. Voorzichtig zet ik een paar zwalkende stappen.

Coördinatie is ver te zoeken. Mijn spieren lopen vol melkzuur. Ik verbijt de pijn en stap gedreven door. Jan loopt naast me, met uitgestoken handen om me op te vangen als ik val. Ik moet denken aan vroeger toen papa me leerde fietsen zonder zijwieltjes. Ik voel me als een kind dat alles weer opnieuw moet leren. Alles is weg: spieren, balans, reactievermogen. Foetsie. Nog een paar passen en ik heb honderd meter gelopen. Ik hijg, niet van benauwdheid, maar van het gebrek aan conditie. Ondanks de worsteling is daar onverminderd die lach op mijn gezicht. Wat geweldig dat ik hier loop! Voor me een stenen trap met zes treden naar een hoger gelegen stukje van de tuin. Ik kijk Jan ondeugend aan.

'Zou je dat nou wel doen?' Ik knik enthousiast. We weten allebei dat een van de voorwaarden om naar huis te mogen is dat ik kan traplopen. Dus traplopen zal ik. Nu! Jan gaat voor me op de trap staan, zijn gezicht naar me toe. Hij steekt zijn handen uit en ik pak ze vast. Mijn hersenen sturen het signaal 'til rechterbeen op' door mijn lijf. Het duurt even voordat brain en been elkaar begrijpen. Op snelheid ga ik het vandaag niet winnen.

Mijn been komt voorzichtig omhoog, buigt, en ik zet mijn voet op de eerste tree. Ik zwiep heen en weer. Ik pak Jans handen steviger vast. Dan til ik mijn linkerbeen op en probeer me op rechts omhoog te duwen naar de volgende trede. Pap in mijn been. Ik zak erdoorheen. Wat een bizar gevoel. Mijn benen kunnen mijn gewicht niet dragen. Ik moet mijn armen gebruiken om mezelf omhoog te trekken, Jans handen als houvast. Het puntje van mijn tong steekt uit mijn mond van de concentratie. Zweetdruppels staan op mijn voorhoofd. Ik kan ze niet wegvegen, want als ik Jan loslaat val ik om. Onhandig trek ik mijn linkerbeen omhoog. De eerste trede is bedwongen. Nog vijf te gaan. Rechterbeen omhoog, houvast vinden op de bovenliggende tree. Me optrekken aan Jan, linkerbeen omhoog takelen. Twee voetjes op tree twee.

Jan ziet hoe ik worstel, maar laat me mijn gang gaan. Ik moet het zelf doen. Dat is de enige manier om er weer bovenop te komen en weer een grote, sterke meid te worden. Ik zet door. Als mijn spieren net zo sterk worden als mijn wilskracht, dan komt het wel goed. Ik slaak een triomfantelijke kreet als ik eindelijk boven aan het trapje sta.

'Fantastisch!' Jan knuffelt me en veegt het zweet van mijn gezicht. Ik heb nog een lange weg te gaan maar de eerste stappen richting huis zijn gezet.

'Vrijdag naar huis, hoor!'

'Zeker weten! En nu naar beneden, want je bent nog niet klaar.' Ik draai me klunzig om. Jan gaat weer voor me staan. Mijn benen trillen als rietjes van de inspanning. Het lukt me met maximale inspanning om overeind te blijven en zelfs om heelhuids beneden te komen.

'Blijf maar even staan, dan rijd ik de taxi voor.' Jan haalt de rolstoel en ik laat me er met een diepe zucht in zakken. Trots, voldaan en uitgeput.

'Zullen we nog even een rondje rijden?' Ik wil het moment dat ik 'de gevangenis' weer in moet zo lang mogelijk uitstellen. Ik wil de wereld proeven, zien glanzen in het zonlicht. De blaadjes horen waaien in de wind, de laatste zomergeuren opsnuiven voordat de herfst zijn intrede doet. Ik heb het zo gemist om buiten te zijn. Ik kan niet stoppen met lachen. Jan geeft een zoen op mijn achterhoofd en slaat zijn armen om me heen. Ik leg mijn handen op de zijne en knijp er zachtjes in. Ik weet zeker dat zijn ogen net zo nat zijn als de mijne. Wat een geluk. Dank je, dank je, lieve donor!

Jan rolt me over de verharde weg richting het helikopterplatform in het weiland tegenover het ziekenhuis, waarop hij zich tijdens mijn transplantatie heeft blindgestaard. Ik krijg kippenvel als we erlangs rijden. Ik kijk naar de lucht en stel me voor dat er een grote, gele heli aan komt vliegen. Met prachtige longen voor Mo die ligt te wachten op haar cadeau van het leven. In de tijd dat ik aan mijn bed was gekluisterd liep ze wel eens langs mijn kamer. Ik moet huilen. Kan het niet stoppen. Dankbaar dat ik ben gered, verdrietig om iedereen die nog wacht op die tweede kans. Machteloos omdat ik niks kan doen om ze te helpen. Ze kunnen alleen maar wachten, eindeloos wachten en proberen de moed erin te houden tot de verlossing komt. Een verlossing in de vorm van een donororgaan of de dood. De T-splitsing waar het leven van een chronisch zieke uiteindelijk altijd op uitkomt. Het lot kiest de richting en dwingt je te volgen.

Jans hand ligt troostend op mijn schouder. Ik veeg de tranen van mijn gezicht.

'Ik ben zo labiel als de klere.'

'Dat is toch logisch. Je hebt ook nogal wat meegemaakt. Ik heb er ook last van. Het is allemaal zo overweldigend.' Troostende woorden van Jan. Hij droeg me toen ik niet meer kon lopen en hij draagt me nog steeds.

'Kom, we gaan naar het stuk bos verderop.'

'Jaaah!' roep ik enthousiast. Alleen al omdat het buiten het ziekenhuisterrein ligt waar ik officieel niet van af mag. Mijn eerste recalcitrante daad in mijn nieuwe leven. Ik voel een post-transplantatie-puberteit aankomen... We rollen verder. Steken de weg over die als een grens tussen de ziekenhuis- en de echte wereld ligt. We hobbelen door. Langs groene struiken en wilde bloemen. Passeren een bord met EINDE UTRECHT.

'Ho! Stop! Foto!' Ik wijs naar het bord. Jan snapt gelijk wat ik bedoel. Hij zet me voor het bord, buigt zich over me heen en maakt een foto. Nog een paar dagen en we zijn Utrecht uit.

Pijn in mijn maag. Niet te harden. Melk, ik heb melk nodig. Dat is het enige wat helpt, weet ik uit ervaring. De kaliumwaarde in mijn bloed is te laag en ter compensatie moet ik een drankje nemen. Het is een enorm bijtend goedje dat mijn tong beschadigt en mijn maag spontaan in de kramp doet schieten. Dat het ultiem smerig is deert me niet. Wat erin moet, moet erin. Maar die maagpijn! Ik druk op de bel. Zuster Willemijn komt een paar minuten later mijn kamer binnen. Sinds mijn transplantatie is haar betrokken, gezellige houding omgeslagen in een afstandelijke professionele. Zal wel iets te maken hebben met de angst dat ik me laat pamperen.

'Zeg het eens.'

'Mag ik alsjeblieft een glaasje melk voor mijn maag? Ik heb net mijn kaliumdrankje weer gehad en dat gaat niet goed als ik daar geen melk bij neem.'

'De koffieronde is om acht uur, dus dan kun je melk krijgen.'

'Maar dat is pas over anderhalf uur! Dat red ik niet. Ik heb echt vreselijke maagpijn.'

'De koffieronde is om acht uur en als je maagpijn hebt moet je maar naar een maag-lever-darm-arts gaan.' Ik hang voorover van de pijn en ben sprakeloos. Jan bemoeit zich ermee.

'Waar slaat dat nou op dat ze naar een arts moet? Dat drankje is gewoon heel bijtend en als melk de maagpijn wegneemt, wat is het probleem dan?'

'Kim moet zich aanpassen aan de tijden die we hier hanteren.' Zuster Willemijns gezicht staat onverbiddelijk en ze raakt steeds geïrriteerder.

'Of jij pakt nu melk of ik doe het zelf.' Jan is niet onder de indruk van haar stelligheid. Dit is onrecht en daar kan hij niet tegen. 'Als Kim thuis pijn in haar maag heeft van de medicijnen pakt ze ook melk. Dat kan hier niet omdat de koelkast van haar kamer is gehaald, maar dat maakt de noodzaak niet minder. Je laat iemand toch geen onnodige pijn lijden? Pijn laat zich niet leiden door jullie koffieronde.' Jan staat op en maakt aanstalten om naar de keuken te lopen voor een glas melk.

Zuster Willemijn ziet dat hij het meent en verlaat met een verbeten gezicht de kamer. Even later is ze terug mét melk. Ze zet het op mijn nachtkastje neer en vertrekt zonder iets te zeggen. Ik grijp naar het glas en drink het gretig leeg. Dan ga ik liggen, wachtend tot de pijn afzakt.

'Ik begrijp er helemaal niets van,' kreun ik tegen Jan. 'Wat heb ik haar in godsnaam misdaan? Is dit dezelfde zuster die mijn uitje met de wensambulance heeft geregeld en me ontzettend gesteund heeft toen ik het moeilijk had?'

'Ze zal het wel fijn vinden om iets in de melk te brokkelen te hebben,' zegt Jan droog. Ik grinnik. 'Ze zal wel denken dat ik het ziekenhuis als een melkkoe beschouw.' Ik word een beetje melig terwijl ik het

eigenlijk heel triest vind dat een vraag uit bittere noodzaak wordt gezien als een luxeverzoek.

Dokter Bertels komt de kamer binnen. Het is woensdagochtend. Jan
'woont' nog steeds bij me. We mogen de laatste loodjes samen uitzitten
van het afdelingshoofd. Mijn herstel gaat nog steeds voorspoedig. 'Ik
wil vrijdag wel naar huis,' begroet ik dokter Bertels. Hij kijkt me lachend aan.

'Poeh, da's wel heel snel. Je bent pas negen dagen geleden getransplanteerd.'

'Klopt, maar ik heb mezelf voorgenomen om het record "snelste thuis
na transplantatie" te vestigen.'

'Zou je niet wachten tot maandag?' Dokter Bertels kijkt bedenkelijk.

'Als ze maandag naar huis mag, dan kan het ook vrijdag,' valt Jan me
bij. 'In het weekend gebeurt er toch niks.'

'Ja, daar heb je een punt. Ik blijf het snel vinden, maar ik kan eigenlijk geen reden bedenken waarom het niet zou kunnen. Doe maar dan.
Wel gelijk maandag terug naar de poli voor controle.' Ik knik braaf en
kijk Jan triomfantelijk aan. Als dokter Bertels de kamer heeft verlaten
geef ik Jan een high five waar Balou een puntje aan kan zuigen.

De tranen springen in mijn ogen van blijdschap. Nog twee nachtjes
slapen en dan lig ik eindelijk weer in mijn eigen bed. Jan schiet meteen
in de praktische modus. Er moet ineens veel geregeld worden. Het huis
moet transplantproof gemaakt worden. Dat wil zeggen, een prullenbak
met een voetpedaal zodat ik niet met mijn handen aan een schimmelige
deksel hoef te zitten. Koelkast en vriezer schoonmaken en leeghalen,
houders met papieren wegwerphanddoekjes aan de muur ter vervanging van stoffen handdoeken (bronnen van bacteriën) op de wc en in
de keuken, flesjes handgel kopen voor in mijn handtas enz. Omdat ik
de eerste tijd na de operatie zo kwetsbaar ben voor bacteriën en virussen nemen we geen halve maatregelen. Vriendin Liz biedt aan om ons
huis te poetsen en we maken er dankbaar gebruik van.

Vol spanning wacht ik op mijn ouders die vandaag sowieso al zouden

komen zodat Jan een dagje naar huis kon voor de post en andere regel-
zaken. Als ze even later binnenkomen, vertel ik ze het blije nieuws met
dikke stem. Ze omhelzen en zoenen me blij.

Jan heeft ineens ontzettende haast en wil zo snel mogelijk naar Amsterdam. Hij is niet de enige.

Naar huis

Jan pakt de laatste tassen en brengt ze naar de auto. In een enorm T-shirt met een olifant erop zit ik op de rand van mijn bed. Ik voel me ook een olifant. Mijn lijf is nog steeds behoorlijk opgezwollen van de operatie en met name mijn buik barst uit zijn voegen. Ik kan mijn eigen kleren niet aan en moet het doen met de shirts van Jan en oversized slaapshirts van mijn moeder. Maar kan mij het schelen! Straks zijn we thuis! Dan maar niet in galakostuum. Mijn aftocht van een maand of twee geleden in mijn ondergoed was ook niet al te charmant, dus je zou kunnen zeggen dat ik ondanks mijn nieuwe longen toch lekker mezelf ben gebleven. Ik hijs mijn joggingbroek nog maar eens op. Strak om mijn opgezwollen 'taille', flubberend om mijn benen. Aan mijn voeten echte Nike sportschoenen om mijn wankele pootjes te ondersteunen. Met opgeheven hoofd en lopend zal ik de afdeling verlaten.

Het trippeltje tot de liften is net haalbaar. Ik kijk de kale kamer nog eens rond. Mijn royal suite in hotel UMCU. Ik loop naar het raam. Mijn adem laat een wazig spoor van verse lucht achter. De condens maakt een rondedans in een steeds kleiner wordende kring. Symbool van de afgelopen maanden, waarin mijn wereldje steeds kleiner werd. En toen kwamen die longen en de condens verdween. De cirkel was rond maar niet meer zichtbaar. Ik kon weer vrij naar buiten kijken. De grote, wijde wereld wacht.

Jan komt de kamer binnen, ik zie zijn weerspiegeling in het raam. Ik draai me om en lach. 'Zo, alles zit in de auto. Wat mij betreft kunnen we.' Hij pakt de rolstoel en hangt de laatste tas met waardevolle spullen over zijn schouder, waarin ook alle instructieboekjes zitten over mijn nieuwe medicijnen, dingen die ik wel en niet mag eten, alle medische controles die ik thuis moet uitvoeren enzovoort. Over een goed adres voor revalidatietraining word ik de komende week gebeld. Ik zet mijn mondkap op, pak zijn hand en loop naar de deur. Leg mijn hand op de metalen klink. Voor de laatste keer. De deur open. De deur achter me dicht. Ik kijk vooruit en zie dat alles openligt.

Met moeite heb ik een rondje over de afdeling gelopen om dag te zeggen tegen iedereen. Ik voel mijn knieën alweer dik worden. In de lift snel de rolstoel in. Hoezeer ik het ding ook haat, ik hou er ook van. Het heeft me op plekken gebracht waar ik eigenlijk niet kon komen. Op twee wielen door de duinen van Terschelling. Hobbelend en bobbelend door het zand. In Paradiso bij concerten, naar de juwelier om trouwringen uit te zoeken, naar het park met Balou. Nu zal hij me ondersteunen tijdens mijn revalidatie en me steeds een beetje meer gaan loslaten. We naderen de uitgang. Ik kan de parkeerautomaten al zien. Auto's die mensen afzetten, een regiotaxi. Een kleurrijk geheel van om elkaar heen zwermende mensen en vierwielers.

'Ben je er klaar voor?' Jan kijkt me vragend aan.

'Ja, ik ben er klaar voor. Denk ik...' We gaan de draaideur door. Rollen mee met de stroom. We zijn buiten. Even word ik overvallen door onzekerheid. Koudwatervrees voor de echte wereld overspoelt me. Ik voel me zo kwetsbaar en hulpeloos. Zal ik ooit weer in staat zijn om echt op eigen benen te staan? Een briesje waait bemoedigend langs mijn rug alsof het me in de goede richting wil blazen. Ik ril.

De motor van de auto spint genoeglijk. We zijn op weg naar huis! Ik kijk nog een keer naar het ziekenhuis waar de grootste verandering van mijn leven plaatsvond. Het moderne witte gebouw met ontelbare raampjes, vol witte jassen, pyjama's in alle kleuren, lange gangen en futuristische apparatuur, steriele kamers. Mijn oude leven laat ik daar achter. Sticker met barcode erop en slechts terug te vinden in het archief. 'I Don't Wanna Miss A Thing' van Aerosmith klinkt uit de radio. Het nummer dat de opening moest worden op mijn crematie begeleidt me nu mijn nieuwe leven in. Geen kist met mijn dode lichaam, gedragen door zes paar handen, maar vier wielen en een kooiconstructie die me vervoeren naar de enige plek waar ik hoor: thuis.

Ik kan de tranen niet tegenhouden. Jan houdt een hand op het stuur en pakt met de andere de mijne vast. Ik breng zijn hand naar mijn mond en geef er kusjes op terwijl de tranen over mijn wangen stromen. Het ziekenhuis wordt kleiner en verdwijnt. Ook in de achteruitkijkspiegel is er geen plaats meer voor. Het is tijd om vooruit te kijken. Mijn blik doorklieft de voorruit. Nergens muren, slechts ruimte. Gevuld met bomen, gebouwen, fietsers op de fietspaden langs de weg, wandelaars die wachten op een veilig moment om de weg over te steken... We rijden erlangs en overweldigd aanschouw ik alles, en kom ogen tekort.

Dan borrelt er iets in mijn buik. Een kriebel kruipt omhoog naar mijn keel. Ik moet even gillen om de spanning af te voeren. Jan schreeuwt met me mee. Ik zet het raam open en stuur onze vreugdekreten de wereld in.

Na een rit van drie kwartier rijden we ons gezellige buurtje in. Ik heb bijna de hele weg gejankt en nu begin ik weer. Beelden van het heden roepen verleden op. De klok draait twee maanden terug, loeiende sirenes in mijn oren, beelden van onze slaapkamer voordat de duisternis me overviel en ik bewusteloos raakte. Een bibberende Balou, stokstijf zittend in haar mandje. Een film raast door mijn kop. Best of en bloopers door elkaar. Ons prachtige huwelijk, Jan die mijn drain verzorgt, me staat te wassen, heerlijke avondjes op ons dakterras vol bloemen, ik kruipend over de grond, snakkend naar adem. De diepste dalen en de hoogste pieken, alles komt in sneltreinvaart voorbij.

Onze straat! Ons huis! Ons Franse balkonnetje versierd met plantenbakken. De paarse petunia's zijn nog in volle bloei dankzij de goede zorgen van buurman Paul. Ik kijk schichtig de straat door. Geen bekenden te zien gelukkig. Ik heb al mijn energie nodig om uit de auto te komen en de trap te beklimmen. Ik wil mijn thuiskomst op mijn eigen manier beleven, in mijn eigen tempo. Ik wil vrij kunnen huilen zonder uitleg te hoeven geven. Vragen en antwoorden komen later wel.

Jan stapt uit de auto en klikt mijn gordel los. Ik draag hem alleen om mijn buik. Mijn borstbeen moet eerst drie maanden helen voordat ik de gordel weer op de gebruikelijke manier mag dragen. Stukje bij beetje verschuif ik mijn lichaam net zo lang totdat ik een kwartslag gedraaid ben en mijn benen buiten de auto kan steken. Mijn bewegingen zijn haperend, als die van een robot. Ik verbijt de helse pijn aan mijn borstbeen. Mijn benen hangen buiten de auto... En toen... De stoeprand is net te ver weg om mijn voeten er goed op te kunnen zetten. Te hoog ook trouwens. Ik kan never nooit op beenkracht omhoogkomen. De ruimte tussen de auto en de stoeprand is te smal om mijn voeten neer te zetten. Probleempje. Hoe kom ik in hemelsnaam uit die auto? Voor dingen waar ik vroeger niet over na hoefde te denken, blijk ik niet meer handelingsbekwaam. Ik weet het even niet meer.

Jan laat me even klungelen en grijpt dan in. Ik maak dankbaar gebruik van zijn hulp. Hij bukt en ik sla mijn armen om zijn hals. Heel voorzichtig hijst hij me overeind. Ik probeer zo veel mogelijk op eigen kracht te doen. 'Ik geloof dat ik heel wat blikjes spinazie nodig heb om weer groot en sterk te worden,' kreun ik. Fuck, wat doet dat borstbeen pijn. Wankelend zet ik een voet op de stoeprand. Probeer de andere te laten volgen, maar zak door mijn benen. Jan vangt me op, zoals altijd. 'Woeps!' Ik sta even stil tot het tollen ophoudt en ik me enigszins stabiel voel. Dan stapje voor stapje naar de voordeur.

Als Jan de deur heeft opengemaakt ligt voor me de steile trap die eindigt bij de deur naar ons appartement. Ik kijk omhoog naar die eindeloze berg hoge treden. Dit is wel even iets anders dan de trap in het ziekenhuis. Hoe ga ik dit voor elkaar krijgen? 'Tree voor tree, schat. Neem alle tijd die je nodig hebt en als ik je een kontje moet geven, dan hoor ik het wel.' Ik zucht eens diep en zet mijn rechtervoet op de eerste tree. Hou me met twee handen vast aan de trapleuning. Hijs mezelf omhoog. Armkracht, beenkracht, stabiliteit. Ik bijt het puntje bijna van mijn tong van de concentratie. Ik beklim de trap naar het paleis der victorie, Jan als quarterback in mijn kielzog. Het duurt een eeuwigheid, maar ik worstel en kom boven!

'Yes!' Overal pijn, in mijn poten, mijn borstkas maar het deert me niet. Overheersend is het gevoel van triomf en het feit dat ik ondanks mijn dramatische conditie meer dan genoeg lucht heb voor deze inspanning. Jan doet de deur open en stapt achteruit.

'Jij mag eerst!' Ik wankel langs hem heen. Zet mijn voeten op de brede laminaatplanken. Onze zalige loungebank lijkt me te roepen. Ik schuifel langs de salontafel naar de bank en laat me stuntelig zakken tot ik vaste bank onder mijn bibs heb. Poeh, wat is dat ding laag! Ik probeer wat te gaan verzitten, maar krijg het niet voor elkaar. Mijn lijf wil niet meer en ik kan geen kant op. Omhoogkomen lukt niet, mijn benen geven niet thuis. Ik probeer wat met mijn armen. Ook tevergeefs. 'Jan, wil je me alsjeblieft helpen? Ik red het niet alleen.' Daar zit ik dan, kleine olifant, nog lang niet klaar om de piste van het alledaagse circus te betreden.

Ik doe de deur dicht en geniet van het geluid. Nogmaals open en snel weer dicht. Gewoon omdat het kan. Niemand die door die deur naar binnen komt. Tenzij Jan en ik dat willen. Niemand die zich opdringt, niemand die staat te kijken als ik op de wc zit. Niemand die zegt wat ik moet doen of laten, wat ik moet eten. Geen slangen, geen naalden. Wel lucht. Ik kan zo heerlijk ademen! Ik waggel naar de bank. Zo stijf als een plank. Mijn bovenlichaam lijkt wel in een bankschroef te zitten. Te strak aangedraaid. Langzaam laat ik me op de tast naar beneden zakken. Ongecontroleerd. De bank vangt me op. Ik kreun. Zo'n pijn. Maar ik wil geen morfinedruppels. Ik heb het middel dat Oramorph heet, de bijnaam Oramurw gegeven. Ik word er zo stoned als een garnaal van, maar mijn reactie erop is nog het mildst van alle pijnstillers die er zijn. Ik schuif naar achter totdat mijn rug de leuning heeft gevonden. Tast mijn pijngrens af om een acceptabele zit te vinden. Het lukt niet. Ik laat mijn handen voelen tot ik het rode kussen heb gevonden dat vriendin Jasmijn voor me heeft gemaakt om me wat meer comfort te geven toen ik zo benauwd was. Lieve Jasmijn die in de maanden dat ik nog thuis was op haar vrije dag hielp in de huishouding, mijn natje en droogje verzorgde, boodschappen deed en Balou uitliet, zodat

Jan in elk geval een dag 'rustig' naar zijn werk kon. Dankbaar ben ik. Zo dankbaar voor alle mensen die ons door dit helse jaar heen hebben gesleept. Mensen doen elkaar de vreselijkste dingen aan, maar gaan ook voor elkaar door het vuur.

Sleutel in het slot. Jan komt binnen met een volle boodschappentas. Hij ziet mijn van pijn verwrongen gezicht. 'Gaat het?'

'Uitstekend,' piep ik.

'Wil je me een plezier doen?'

'Hm.'

'Neem alsjeblieft een beetje morfine. Je zit het jezelf onnodig moeilijk te maken.'

'Hm.'

Hij loopt naar me toe, schudt het kussen achter mijn rug wat op en helpt me tot ik 'lekker' lig. Dan pakt hij het gewraakte flesje. Laat twee druppels op een lepeltje vallen en brengt het naar me toe.

'Ik geef me over.' Mond open, lepeltje erin. Ik lik het gretig af. En nog eens en nog eens tot de bittere smaak van de druppels is verdwenen en ik alleen nog maar het metaal van het lepeltje proef. Als ik dan toch overstag ga, wil ik ook elke micromilliliter hebben.

'Nou, die kan zo weer de kast in.' Jan pakt het lepeltje van me aan en inspecteert het met een glimlach. Binnen een paar minuten voel ik de morfinewaas bezit van me nemen. De pijn zakt af naar acceptabel niveau. Ik zucht van opluchting en voel mijn lijf eindelijk een beetje ontspannen. Ineens vind ik wel de juiste 'lig'. Ik sluit mijn ogen en voel nog net dat Jan me een zoen geeft voordat ik uitgeput in slaap val.

Met wankele stappen

Twee weken thuis. Elke dag kan ik weer een beetje meer dan de dag ervoor. Balou volgt me overal en ligt regelmatig aan mijn voeten. Vandaag sta ik weer voor een nieuwe uitdaging: zelf douchen. Mijn kleren liggen op een slordig hoopje in de badkamer. Ik sta erbij. Stap er wankel overheen naar de stoomdouchecabine. Jan kijkt van een afstandje toe, klaar om in te grijpen als ik me verstap. Ik stap onder de douche. Een gevoel van trots overvalt me. Ik sta zelfstandig in de douche! Nu kijken of het me ook lukt om mezelf helemaal te wassen. Wat zou dat een overwinning zijn. Ik draai aan de knop en stel de douche in op de normale sproeier. De rainshower is me nog wat te gortig. Stel dat er water in mijn neus of mond loopt. Ik begin al te hyperventileren bij het idee. De deuren van de cabine laat ik wat openstaan. Bang dat ik stik als ik word afgesloten van de frisse lucht. Nog niet genoeg kracht in mijn armen en te veel pijn aan mijn borstbeen om de deuren zonder hulp van Jan open te kunnen doen als ik in paniek raak.

Ik weet dat mijn angsten ongegrond zijn, dat het allemaal tussen de oren zit, maar de angst om niet te kunnen ademen zit heel diep. Ik moet langzaam weer vertrouwen gaan krijgen in mijn lichaam en hoe graag ik het ook zou willen, dat kan ik niet forceren. Het schijnt drie maanden te duren voordat mijn hersenen 'doorhebben' dat ik nu longen heb waar ik wél mee kan ademen. Tijdens het praten verval ik nog wel eens in mijn oude, naar adem snakkende adempatroon en de angst voor benauwdheid is nog niet uit mijn systeem. Ik moet mijn kop echt bij de les houden. Hardop schaterlachen kan ik ook nog niet. Regelmatig stromen tranen van plezier over mijn wangen om Jans dolkomische grappen, maar het haha-geluid blijft uit. Meer dan een lange zucht met af en toe een rare piep krijg ik er niet uit.

Ik zet het water aan. Ril van de warme straal die over mijn lijf stroomt.

Ogen dicht, wat een genot! Een paar minuten blijf ik roerloos staan. Aarzelend grijp ik vervolgens naar het doucheschuim op het plankje boven mijn hoofd. Pijnscheut door mijn borstbeen, maar ik zet door. Heerlijke kokosgeur in mijn handpalm. Voorzichtig sop ik me in, dan wat shampoo door mijn haren. Ik moet even gaan zitten. Mijn benen zijn nog steeds extreem zwak. Alle medische apparatuur is inmiddels wegens 'niet meer nodig' het huis uit, maar de rolstoel moet nog even blijven. Het lukt me nog niet om de straat op eigen kracht uit te lopen of heel lang te staan.

In huis red ik me aardig, zolang ik maar niet hoef te bukken of door mijn knieën zak. Ik kan ontbijtjes maken, koffiezetten met mijn Delonghi, het superapparaat dat ik vorige week van Jan heb gekregen voor mijn verjaardag. Mijn eigen koffiecorner om te vieren dat ik na al die misselijkheid van het afgelopen jaar eindelijk weer zo kan genieten van koffie.

'Hulp nodig?' vraagt Jan als ik vervaarlijk begin te wiebelen in de douche.

'Zou jij het stoeltje uit willen klappen zodat ik kan gaan zitten?' Een zucht van verlichting als ik het harde plastic onder mijn billen voel en mijn benen even rust krijgen. Jan richt de douchekop op mijn rug en ik probeer de shampoo uit mijn haar te spoelen. Voor de zekerheid laat ik Jan nog een keer checken of er geen soprestanten zijn achtergebleven. Dan vraag ik hem het water uit te zetten en automatisch steekt hij zijn hand uit zodat ik overeind kan komen. Fase 1 ben ik goed doorgekomen. Nu het droogproces.

Jan geeft me een handdoek en voorzichtig droog ik mezelf af. Ook dat lukt op eigen kracht. Voor het eerst in een jaar heb ik mezelf zonder hulp gewassen en gedroogd. Wauw! Uitgeput maar trots ga ik op bed zitten. Jan helpt me gelukkig bij het aankleden, want ik ben door mijn energie heen en de pijn bereikt weer een ondragelijk niveau door de inspanning. Jan ziet aan mijn verkrampte gezicht dat het weer tijd is voor wat druppels Oramurw. Dankbaar lik ik ze van de lepel die hij voor mijn mond houdt. Daarna helpt hij me naar de bank en stopt een aflevering van de misdaadserie *The Killing* in de dvd-speler.

Voor het eerst in jaren sta ik mezelf toe om een dvd te kijken, om lekker te ontspannen zonder dat ik me schuldig voel dat ik 'niks nuttigs' doe. Er is er een soort rust over me gekomen sinds mijn transplantatie. Ineens kan ik uren mijmerend op de bank liggen genieten van muziek, weer helemaal verdwijnen in een boek. Ik geniet met volle teugen van al die 'kleine' dingen. Ik streel over mijn borstkas. Een ritueel dat ik een paar keer per dag herhaal. Dankjewel longen! Ik praat tegenwoordig niet alleen met mijn hond maar ook met mijn longen. Balou komt kwispelend naar me toelopen en legt haar kop op mijn been. Ze zit in haar tweede jeugd sinds ik nieuwe longen heb. Ze is extreem blij en knuffelig. Waar ze me het afgelopen jaar steeds meer ging negeren naarmate ik zieker werd, zo aanhankelijk is ze nu. Alsof ze me weer 'toelaat' in haar leven nu ik niet meer doodga. Op momenten dat ik huil, komt ze me zelfs troosten.

Ik denk veel aan Ron. Aan zijn laatste weken. Aan zijn lijden. Zijn angsten die de afgelopen maanden ook de mijne ware. Ik hoop dat ik hem hetzelfde veilige gevoel heb gegeven dat Jan mij gaf. Dat hij mijn liefde net zo voelde als ik die van Jan. Hij moest uiteindelijk het leven loslaten, mij loslaten. Hoe wanhopig hij zich ook vastklampte, zijn hand gleed uit de mijne. Ik was leeg, net als mijn hand. Tot ik Jan ontmoette. Hij gaf me mijn hart terug. Ik denk aan het mooie gedicht dat Jan twee jaar geleden voor mij en Ron schreef en ik moet ineens onbedaarlijk janken. Op het tv-scherm is net een begrafenis bezig. 'Jij zit goed in de serie,' Jan legt zijn hand op mijn been, ogen op het scherm gericht. Ik glimlach en wrijf mijn tranen van mijn wangen. Ik kijk het stuk dat ik gemist heb later wel een keer terug.

Hindernisbaan

Ik staar naar het papier in mijn hand. Het is een slordig uitgeprint A4'tje met een adres en telefoonnummer. Zal ik bellen? Ik ben inmiddels drie weken thuis, dus het wordt wel tijd. Maar ik zie er ontzettend tegen op. Ben de zombiestatus nog steeds niet ontgroeid. Mijn lijf doet haar uiterste best om te wennen aan alle medicatie en de bijwerkingen, maar dat gaat niet zonder slag of stoot. Ook de morfine kan ik nog niet laten staan. Mijn borstbeen beweegt me nog regelmatig tot tranen. Maar lucht, lucht heb ik in overvloed en dat reduceert al mijn klachten tot kleine ongemakken. Ik lach door mijn tranen van pijn heen en koester elke dag.

Sinds een week maak ik elke ochtend consequent met mijn tanden op elkaar een ontbijtje klaar voor Jan. Het opentrekken van de vriezer en koelkast voor brood en beleg, het pakken van een bord uit de kast, bukken voor het kastje waar de bestekbak staat, het lukt me nauwelijks. Mijn benen willen me niet dragen, mijn armen zijn te slap om naar de kastjes boven mijn hoofd te reiken en mijn bovenlijf is compleet verstard omdat mijn borstbeen nog niet geheeld is. Maar ik heb nog heel wat ontbijtjes goed te maken, dus ik zet door. Het gevoel dat ik nu voor de mensen om me heen moet zorgen zoals zij voor mij hebben gezorgd, beheerst een groot deel van mijn gedachten. Alles wat ik zelf kan, móét ik ook zelf doen. Van mezelf. Hoewel ik in de periode dat ik niets meer kon, accepteerde dat Jan en mijn ouders voor me moesten zorgen, voel ik me nu met terugwerkende kracht enorm schuldig. Zoals altijd sla ik ook op dit gebied weer helemaal door. Als ik iets van tafel moet hebben en Jan zit er praktisch bovenop, dan vraag ik hem niet om het aan me te geven, maar worstel ik me kreunend van de bank om het zelf te pakken. Jan laat me in eerste instantie ploeteren, maar de frons op zijn gezicht wordt steeds dieper.

'Waarom vraag je me niet om je pillendoos aan te geven?' begint hij voorzichtig het gesprek als ik voor de derde keer binnen tien minuten overeind probeer te komen.

'Omdat ik alles wat ik zelf kan, nu zelf moet doen. Je hebt lang genoeg alles achter mijn kont aan moeten dragen. Nu wil ik voor jou zorgen.'

'Ik loop graag achter jouw lekkere kontje aan, hoor.' Jan kijkt me even lachend aan maar wordt dan weer serieus. 'Ik laat me graag verzorgen, maar we hebben geen rekening te vereffenen. We hebben altijd allebei gedaan wat we konden en we hebben het gered. Jij was er net zo goed voor mij als ik voor jou. Geen enkele reden dus om je schuldig te voelen of jezelf steeds over je fysieke grenzen heen te duwen.'

Ergens weet ik wel dat Jan gelijk heeft, maar het voelt niet zo. Ik ben volledig uit balans en moet mijn plekje weer veroveren. Het voelt als terug zijn van weggeweest. Ik kijk met grote ogen om me heen en zet wankele stapjes. Twee vooruit en weer een achteruit. Eén ding is niet veranderd, ik volg nog steeds hetzelfde patroon als ik met mezelf worstel. Eerst sla ik enorm door in een bepaalde overtuiging, tot ik mezelf en mijn omgeving tot waanzin drijf. Vervolgens piep en jank ik wat en laat ik mezelf ernstig toespreken. Denk wat na. Denk nog eens wat na en hang de fors uitzwiepende balans dan ergens in het midden stil. Ik ben ervan overtuigd dat meer evenwicht in mijn lijf ook voor meer stabiliteit in mijn kop gaat zorgen. Er is maar één manier om dat te bewerkstelligen. Ik pak voor de zoveelste keer het verfrommelde A4'tje. Dit keer blijft het niet bij kijken, aarzelen. Kordaat toets ik het nummer in dat ik al bijna uit mijn hoofd ken zonder het ooit gedraaid te hebben.

'Met Madelon de Vries,' klinkt het in mijn oor. Ik schraap mijn keel. 'Eh, met Kim Moelands. Ik heb uw nummer gekregen van Flip Verduin, fysiotherapeut van het longtransplantatieteam in Utrecht. Ik heb vijf weken geleden een dubbele longtransplantatie ondergaan en zou graag een afspraak maken voor revalidatietraining.'

'Ik verwachtte je telefoontje al,' is de reactie van Madelon. Het stemt me blij dat ze me gelijk kan plaatsen en weet wie ik ben. Dat geeft vertrouwen.

'Wat dacht je van 6 oktober om elf uur voor een intakegesprek?' Ik kijk in mijn agenda hoewel ik weet dat-ie op de wekelijkse ziekenhuiscontroles na helemaal leeg is. Blader luidruchtig. Wacht nog even. 'Ja, dat moet wel lukken,' reageer ik dan toch maar. Nu kan ik niet meer terug.

'Tot dinsdag dan.' Ik hang op. Jan kijkt me trots aan. Hij weet hoe groot de stap is die ik net heb gezet. Hoe lastig ik het vind en hoe eng, om me buiten ons veilige huis te begeven. Ik voel me nog zo hulpeloos en kwetsbaar. Ben nog niet klaar voor de grote buitenwereld. Maar ik heb me nog nooit laten tegenhouden door angsten, ik heb ze altijd aangevallen en om zeep geholpen en dat is wat ik in mijn nieuwe leven in stand wil houden. Door jezelf te verstoppen, zet je een rem op je leven en ik wil met de handrem eraf.

Mijn donor heeft me de kans gegeven om dingen over te doen, anders te doen, te herstellen of goed te maken. Ze heeft me de mogelijkheid gegeven om straks aan het einde van mijn leven echt tevreden terug te kunnen kijken omdat ik alles uit mijn eerste leven wat in mijn ogen geen voldoende verdiende, recht heb kunnen zetten. Heel bewust en weloverwogen. Om die tweede kans vast te grijpen heb ik twee stabiele handen nodig. Ik ben als de dood dat ik dit grote en gewichtige cadeau uit mijn vingers laat glippen. Dat de droom uiteenspat, voordatie begonnen is.

Ik stel me mijn donor voor. Is haar leven verlopen zoals ze wilde? Was er voldoende liefde in haar leven? Vriendschap? Of was ze eenzaam? Was ze grappig, introvert of extravert, zorgelijk of een optimist? Had ze broers, zussen, een man of kinderen? Blond, rood, zwart of bruin haar? Kleur ogen? Ik probeer me een beeld van haar te vormen, maar het lukt niet. Iets houdt me tegen. Ik geloof dat ik mijn donor liever in nevelen hul en kijk naar haar als door een beslagen spiegel. Door de mist kan ik geen details zien die de magie kunnen verbreken. Slechts een silhouet. Ik kleur haar in op mijn eigen manier. Als een kind stel ik een setje stiften samen die mijn tekening invullen. Soms kleur ik binnen de lijntjes, soms erbuiten. Maar dat geeft niet, want het blijft een kunstwerk waar niemand aan kan tippen. Het mooiste wat ik ooit gemaakt heb. Mijn ideale plaatje, ingevuld met liefde en dankbaarheid.

Ik denk aan haar familie, hoe zou het met ze zijn. Branden ze net als ik elke avond een kaarsje voor haar? Staat haar foto op de schouw? Geloven ze in de hemel of in het grote niets? Houdt het volgens hen op na de dood en leeft ze in hun ogen alleen nog voort in de mensen die ze haar organen schonk? Zouden ze zich afvragen wie haar longen heeft gekregen en of diegene nu een nieuw gelukkig leven leidt?

De kennismaking met mijn nieuwe fysiotherapeut Madelon is goed verlopen. Ze is amper groter dan ik, uiterst kordaat en deskundig en bovenal erg aardig. Ik vertrouw haar en dat is het beste uitgangspunt waar een revalidatie mee kan beginnen. Vandaag staat mijn eerste, echte training op het programma.

Jan strikt de veters van mijn zwarte sportschoenen met een stevige dubbele knoop en helpt me van de bank af. Mijn blauwe joggingbroek fladdert om mijn benen. Dankzij mijn opgezwollen buik blijft hij nog net hangen op mijn zogenaamde heupen. Een groot T-shirt en een alles verhullend fleecejack maken mijn tenue compleet.

Lodderig kijk ik naar Jan met mijn morfineogen. Ik voel me amper in staat om een kopje op te tillen vandaag. Mijn hoofd is heel wazig en ik moet mijn ogen tot spleetjes knijpen om goed te kunnen zien. Lichtgevende vlekken dansen op mijn netvlies en ontnemen me een helder zicht. Ik tril als een rietje, een bijwerking van een van de medicijnen die ik slik tegen afstoting van mijn nieuwe longen. Vooral de eerste periode na transplantatie is die bibberitus het ergst. Als mijn lijf wat meer gewend is aan de medicatie moet het minder worden, maar dat is nu zeker nog niet het geval.

Mijn tanden tikken ritmisch tegen het glas water waar ik nog snel een slok van neem. Het lukt me niet mijn hand stil te houden en een golfje water klotst over me heen. Ik zucht geïrriteerd. Ik heb me vanochtend al een keer om moeten kleden omdat ik mijn ontbijt uit mijn handen liet vallen. Het is een heel raar gevoel om geen controle te hebben over je lijf en te ervaren dat het alle kanten uitwiebelt, behalve de goede. Het feit dat mijn lijf nog steeds hevig verzwakt is, helpt ook niet mee voor de stabiliteit. Jan kijkt bedenkelijk naar de natte plek op mijn fleece. Dept 'm wat droog met een theedoek. 't Is maar water, droogt vanzelf weer op. Die mayonaise van gisteren was erger:

Bord met frietjes voor mijn neus. Flinke klodder mayonaise erbovenop. De eerste keer patat sinds mijn transplantatie. Het water loopt me in de mond. Jan strooit nog wat extra zout over mijn eten en geeft me het bord aan. Gretig pak ik het vast. Ongeduldig steek ik een frietje in mijn mond. Maal hem fijn tussen mijn tanden. Heerlijk krokant. Nog een frietje. Ik sluit mijn ogen. Romige mayonaise op mijn tong. En op mijn trui, zie ik als ik mijn ogen weer open. Jan heeft het ook gezien en staat op om om een stuk keukenrol te pakken. 'Morgen koop ik een slabbetje voor je,' zegt hij grinnikend. Hij poetst me schoon en pakt zijn eigen bord weer. Ik eet tandenknarsend door, voel me net een klein kind. Vandaag weer niet onbevlekt gegeten. 'Hapje voor Jantje,' mopper ik als ik het volgende patatje in mijn mond steek en er hem ook een aanbied van mijn bord. Ongecontroleerde schok door mijn arm. Het bord vliegt uit mijn handen en klettert op de grond. Schuift onder de bank. Overal friet en klodders mayonaise, zelfs tegen de muur. Jan weer aan het ruimen, ik tranen in mijn ogen omdat ik niet in staat ben de troep op te ruimen. Als alles weer schoon is, verdeelt Jan zijn frietjes over twee borden en rolt een witte loper van keukenrol uit voor mijn voeten. 'Zo, knoei maar raak.'

Ik hoop dat de trainingen van Madelon me wat meer coördinatie bijbrengen waardoor ik de regie over mijn spieren weer wat strakker kan gaan voeren. Het zou al mooi zijn als de schade die ik aanricht in huis onder de vijf serviesstukken per dag blijft. Dat ik me niet na elke maaltijd hoef om te kleden. Of dat Jan niet meer op zijn knieën over de vloer hoeft te kruipen om al het rondgestrooide voedsel te verzamelen dat ik als een Klein Duimpje heb achtergelaten.

'We moeten nu echt gaan, anders komen we te laat.' Ik volg Jan naar de deur, loop naar de steile trap die naar de straat leidt. Ik pak me met twee handen vast aan de leuningen, zodat ik niet voorover val tijdens het afdalen. Jan loopt voor me om me op te vangen als ik mocht vallen. Ik wankel langzaam naar beneden. Bijt op mijn tong van de concentratie. Ene voet neerzetten, stabiliteit hervinden, op de plaats rust en volgende been. Vijftien treden, zuur in mijn kuiten, pijnlijke enkelgewrichten. Ondenkbaar dat ik vroeger niet eens na hoefde te denken over elke stap die ik zette. Het enige waar ik me toen druk om maakte was het gebrek aan lucht. Nu zijn de rollen omgedraaid. Lucht genoeg, motoriek een drama. Maar het geeft niet, want ik weet dat het van voorbijgaande aard is. Ook Marco zwalkte na zijn transplantatie als een dronkenman en moest weer opnieuw leren lopen en rennen. Bij hem is alles goed gekomen binnen een paar maanden na zijn operatie, dus daar hou ik me aan vast. Maar het is welbeschouwd überhaupt een wonder dat ik er al weer zo bij 'loop'. Nog geen twee maanden geleden onderging ik een loodzware operatie in terminale toestand. Ik heb het overleefd, ik sta weer overeind en kom zelf de trap af!

Tollend op mijn benen sta ik in de oefenzaal – Jan en Madelon staan naast me. Ik kijk met een mismoedig gezicht naar al die martelwerktuigen om me heen. Hometrainers, crosstrainers, loopbanden, roeiapparaten, ingewikkelde toestellen met gewichten, een trampoline, grote groene skippyballen... Pfff.

'Kom, we gaan naar een apart zaaltje om daar wat oefeningen te doen.' Ik kijk Madelon dankbaar aan. Ik voel me volledig verloren in die grote zaal met toestellen. De fysiotherapeute gaat ons voor door een paarse deur die grenst aan de oefenzaal. Dit kamertje kan ik beter behappen. Er ligt een groene mat op de vloer en er staat een stoel. De zachtgekleurde muren en houten vloer hebben een kalmerend effect op me.

'Kom maar even op de mat staan.' Ik doe braaf wat Madelon zegt. Ik zorg dat ik mijn voeten goed optil want zelfs de twee centimeter dikke mat is al een potentieel struikelblok. Mat bedwongen, ik sta nog overeind.

'Ga nu maar op de mat zitten.' Ik voel het bloed uit mijn gezicht wegtrekken.

'Wat? Op de mat gaan zitten? Maar dan kom ik nooit meer overeind!'

'Ik help je wel, je hoeft niet bang te zijn. Pak mijn handen maar vast en dan zak je langzaam door je knieën tot je zit.'

'Jan!' piep ik.

'Komt goed, schat, ik ga achter je staan en Madelon voor je en we zorgen dat je niet valt.'

'Vertrouw me maar,' zegt Madelon geruststellend. Het kost me moeite, maar ik geef me over. Steek mijn handen uit en grijp die van haar stevig vast.

'Oké, laat je maar langzaam zakken.' Ik probeer haar instructie op te volgen maar de pap in mijn benen bemoeilijkt een elegante uitvoering. Bibberend en zwalkend zak ik door tot de grond, leunend op Madelon en de pijn in mijn borstbeen verbijtend. Als een kikker zit ik gehurkt op de mat. Mijn bovenbenen ontploffen bijna van de verzuring. Mijn lijf is volledig verstard. De zaal draait voor mijn ogen.

'Laat je nu maar voorzichtig op je billen zakken.' Kortsluiting in mijn kop. Ik krijg het commando 'ga op billen zitten' niet doorgeseind van mijn hersens naar de ledematen die het moeten uitvoeren. Ik heb geen flauw idee hoe ik op mijn billen terecht moet komen. Ik begin te hyperventileren. Paniekkriebels in mijn buik. Ik kijk Madelon wanhopig aan.

'Ik ga je handen nu loslaten en achter je zitten en dan help ik je in zitpositie.' Voorzichtig wurmt ze haar handen uit de mijne. Ik slaak een kreetje. Nog meer paniek. Snel neemt ze achter me plaats, pakt me bij mijn heupen. 'Laat je maar een beetje achterover zakken. Ik heb je vast.' Haar handen voelen veilig en ik doe wat ze zegt. Als mijn billen de mat raken, slaak ik een zucht van opluchting. Ik zit. Maar hoe kom ik in godsnaam ooit weer overeind? En dan breek ik. Gillende paniek neemt bezit van me. Mijn ademhaling versnelt, mijn hart slaat op hol. Ik verlies de controle.

'Ik kom nooit meer overeind,' huil ik. 'En ik heb zo'n pijhijnnn. Dit komt nooit meer goehoed.' Het liefst zou ik het op een krijsen zetten. Ik kan niet omgaan met dat hulpeloze gevoel en de morfineroes zorgt dat ik mijn relativeringsvermogen even helemaal kwijt ben. Madelon legt haar hand op mijn buik en zegt: 'Adem eens rustig naar mijn hand toe.' Ik gehoorzaam en voel mezelf langzaam weer wat ontspannen. Als ik mezelf weer onder controle heb vervolgt ze: 'Natuurlijk kom je wel weer overeind. Ik laat je geen dingen doen die onverantwoord zijn. Vertrouw me maar.' Haar stem klinkt zo oprecht en geruststellend dat ik het aandurf om haar te vertrouwen. Ik besef dat dit de enige manier is om verder te komen.

'Ik pak even een stoel en dan proberen we zo weer overeind te komen.' Ze laat me voorzichtig los en komt omhoog. Nu zit ik zelfstandig. Nu ik de steun in mijn rug mis, merk ik hoe zwaar het voor me is om rechtop te blijven zitten. Nooit geweten dat je daar zoveel spieren voor nodig hebt en dat het zoveel druk geeft op je borstbeen. Bijna moet ik weer huilen. Dit keer van de pijn. Ik ben misselijk en zweetdruppels parelen op mijn voorhoofd. Ik durf ze niet weg te vegen, bang dat ik omval als ik mijn handen van de vloer haal. Madelon zet de stoel voor me neer en rolt een grote spiegel mijn kant op. Ik wend mijn hoofd af. Ik heb er geen behoefte aan mezelf zo te zien.

'Het is goed om naar jezelf te kijken,' zegt ze alsof ze mijn gedachten leest. 'Dan kun je zien hoe je bepaalde bewegingen uitvoert en waar winst te behalen is.' Het zal wel.

'Oké, probeer maar eens op je knieën te gaan zitten.' Grapjas, denk ik. Op mijn knieën gaan zitten! Ik kijk naar mijn benen die als twee onwillige objecten voor me uit steken. Van gestrekte benen naar kniezit. Ik heb werkelijk geen idee. Ik kan me niet voorstellen dat ik dit soort handelingen vierendertig jaar lang zonder problemen heb uitgevoerd. Nu lijk ik wel een robot die zonder het induwen van de juiste knoppen volledig stuurloos is.

'Op mijn knieën... Eh, tja...' probeer ik tijd te rekken. Madelon heeft allang door dat ik geen flauw idee heb hoe ik van positie moet veranderen en laat me niet te lang worstelen. Ze geeft me concrete aanwijzingen en met de grootst mogelijke krachtsinspanning en veel hulp weet ik uiteindelijk op mijn knieën terecht te komen. Zweet gutst van mijn lijf alsof ik net een fenomenale sportprestatie heb geleverd. Ik ben uitgeput.

'Pak je maar vast aan de stoel.' Ik leg mijn handen op het koele zitvlak.

'Probeer je rechtervoet maar plat op de grond te zetten, been gebogen.' Het duurt een eeuwigheid voor ik dat voor elkaar heb, maar het lukt me met wat handen- en voetenwerk.

'Probeer je nu maar af te zetten met je handen op de stoel, terwijl je jezelf opduwt met je rechterbeen.' Mijn armen werken nog een beetje mee, maar mijn benen willen niet meer. Hoe ik het ook probeer, ik heb niet genoeg kracht in mijn spieren om omhoog te komen. Keer op keer zak ik terug. Mijn hoofd zo rood als een tomaat van de inspanning, mijn hart op hol van de paniek. 'Ik kan het niet,' jammer ik wanhopig. 'Ik kom nooit meer overeind.'

'Je kunt het wel, kom op, nog een keer met alles wat je in je hebt.' En ineens komt mijn vechtlust weer boven. Ik stop met jammeren. Ik zal me toch niet laten kisten! Ik heb geen nieuwe longen gekregen om voor eeuwig een knieval te maken voor zwakte. Stáán zal ik verdomme! Ik stoot een kreun uit, druk me uit alle macht op via mijn handen en strek mijn rechterbeen. Voordat mijn zwakke beenspieren het weer opgeven gooi ik nog wat extra kracht in mijn armen. En zowaar, het lukt me om ook mijn linkerbeen van de grond te krijgen. Ik sta! Al is het wankelend en tril ik als een rietje, het is me gelukt overeind te komen! De tranen staan in mijn ogen, van trots maar ook van pijn. Ik geloof dat ik wel weer wat extra morfine kan gebruiken.

'Heel goed!' Madelons stem klinkt blij. 'Voor vandaag is het genoeg geweest. Volgende week dinsdag kom ik bij je thuis en dan kijken we welke oefeningen je ook thuis kunt doen met bijvoorbeeld de Wii en zo.' Ik denk aan de potjes 'terminaal tennis' die ik met Jan op de Wii speelde (en ook nog wist te winnen) voordat het klaplongcircus begon. Het gezwiep met mijn arm lijkt me geen pretje met mijn borstbeen, maar wellicht heeft Madelon iets heel anders in gedachten. Ik vind het allemaal prima, als ik nu maar naar huis mag.

Jan pakt me bij mijn hand en ik zwalk naast hem naar buiten. Hij helpt me in de auto en rijdt naar huis. Ik kan wel janken van opluchting als ik even later ben geïnstalleerd op de bank en ik onder het genot van twee morfinedruppels in slaap val. Even geen pijn, geen overweldigende emoties. Slechts heerlijke rust. Ik ben vandaag in het diepe gegooid, maar niet verzopen.

De revalidatietrainingen zijn zwaar, maar hebben resultaat, mijn spieren zijn lang niet meer zo papperig als ze waren. Madelon is de beste begeleidster die ik me kan wensen. Met elke sessie brengt ze me weer een stapje verder naar zelfstandigheid. De meeste trainingen vinden plaats in de oefenzaal van haar praktijk, maar soms komt ze ook bij me thuis, zoals vandaag.

Midden in de woonkamer staat een vouwfiets. Het zilvergrijze ding dat al jaren niet gebruikt is. Van ons tweetjes ben ik de enige met tweedehandsonderdelen. Jan heeft het stuur stevig vast en Madelon staat ernaast. Het is de bedoeling dat ik op de fiets klauter, ik weet alleen nog niet hoe. Al dit soort 'simpele' handelingen zitten niet meer in mijn systeem en moet ik opnieuw aanleren. Jan heeft het zadel van de fiets wat lager gezet zodat ik met mijn voeten bij de grond kan, mocht ik omvallen. Met veel gedoe bestijg ik mijn stalen ros. Het ding wiebelt vervaarlijk heen en weer. 'Hou hem goed vast, Jan, ik val,' piep ik paniekerig.

'Geen zorgen, je kunt niet vallen. Zet je voeten maar eens op de trappers.' Aarzelend doe ik wat hij zegt. Angst versnelt mijn ademhaling als ik mijn voeten van de veilige vloer haal. Ik knijp zo hard in de handvatten dat het pijn doet. Mijn knokkels zijn wit uitgeslagen.

Madelon geeft me aanwijzingen terwijl Jan me overeind houdt. Ik probeer een beetje te ontspannen. Langzaam merk ik dat ik mijn balans hervind. De kamer draait niet langer rondjes en Jan hoeft minder kracht te zetten om mijn gewiebel te compenseren.

'Zet je voeten maar weer op de grond.' Ik doe wat Madelon zegt. 'En nu helemaal los, Jan en ik zijn in de buurt om je op te vangen.' Ik plant mijn voeten stevig op de grond en Jan laat de fiets voorzichtig los. Ik concentreer me op mijn balans. Ik tril wat, maar het gezwiep is onder controle. Raar dat dit me zoveel moeite kost, ik heb mijn hele leven gefietst. Als ik stabiel genoeg zit, wil Madelon dat ik een stukje fiets door de woonkamer. Het lukt me, ook al is het heel onwennig.

'Goed, dan gaan we nu naar buiten.' Ik kijk haar angstig aan. 'Jij laat er ook geen gras over groeien...' Maar van de aanpak met fluwelen handschoentjes is nog nooit iemand beter geworden, dus ik ga akkoord. Jan draagt de fiets naar buiten en ik volg met Madelon. Jan loopt nog even terug om Balou op te halen. Op de stoep voor ons huis klim ik weer op de fiets. Het gaat al beter dan net. Ik geef een paar trappen terwijl Madelon naast me loopt. Ik blijf overeind en voel me steeds zekerder worden. We gaan de hoek om en de straat op. Ik ga steeds iets harder fietsen. En dan komen de tranen. Ik fiets! Op straat, midden tussen de mensen! Mijn haren dansen in de wind en een eigenwijze pluk blijft plakken in het traanspoor op mijn wang. Ik leg meter na meter af op eigen kracht. Geen zuurstoftank, geen rolstoel, geen enkel hulpmiddel. Jan staat met Balou een stukje verderop trots naar me te kijken. Madelon loopt naast me om aanwijzingen te geven en me op te vangen als het misgaat. O wauw, dit is genieten!

Ik denk aan al die keren dat ik met Ron heb gefietst in Frankrijk. Hoe we genoten van de brandende zon op onze ruggen, het strakke gevoel in onze kuiten, de prachtige bergwanden om ons heen, de wind die onze ogen deed tranen tijdens een afdaling. Met Jan heb ik nog nooit kunnen fietsen. Ik was er al te ziek voor toen ik hem leerde kennen. Maar nu ben ik er weer toe in staat. Eerst kleine stukjes, voorzichtig door de straat en dan verder langs het Amsterdam-Rijnkanaal en andere prachtige plekken. Uiteindelijk misschien wel weer een berg op in Frankrijk of de Brooklyn Bridge in New York overkarren. De tranen blijven maar stromen. Ik voel me extreem gelukkig en dankbaar dat ik de kans heb gekregen het wiel opnieuw uit te vinden, zelf voor de aandrijving te kunnen zorgen. Madelon helpt me om steeds weer een stukje steviger op mijn benen in het leven te gaan staan. Van trampolines en wiebelplankjes, hindernisbanen, gewichten en roeiapparaten, nu 'live' op de fiets. Door mijn euforie let ik even wat minder op en een drempeltje haalt me uit balans. Snel steek ik mijn voeten uit om te voorkomen dat ik val. Madelon staat al klaar om me op te vangen, maar ik weet mijn evenwicht zelf te hervinden. Ik kijk haar triomfantelijk aan.

Op mijn tenen

Op mijn computerscherm een uitnodiging voor een feestje. De vrolijke ballonnen brengen me niet in partystemming. Emotionele spagaat. Schuldgevoel. Eens, lang, lang geleden was ik een sociaal dier. Uithuizig, dol op mensen. Sinds mijn transplantatie voel ik me sociaal ontheemd. Eenzaam en onzeker. Ik ben op zoek naar houvast, naar ankers en die vind ik alleen bij Jan, mijn ouders en een paar speciale vrienden. Mijn lijf voelt nog steeds vreemd aan en blijft een onzekere factor. In grotere mensenmassa's neemt een ongemakkelijk gevoel de overhand. Na bijna een jaar in een ziekenhuiskamer te hebben doorgebracht ben ik behoorlijk afgestompt en niet meer gewend om hele gesprekken met mensen te voeren. Ze kosten me veel moeite en energie. Door de medicijnen heb ik grote concentratieproblemen en ik kan niets onthouden.

Ik weet mijn innerlijke worsteling aardig te verbergen voor de buitenwereld, maar vanbinnen vreet het me op. Ik heb mezelf aangeleerd om tijdens een gesprek op de juiste momenten te hummen en ja te knikken. Meestal kom ik ermee weg, maar als mensen me iets vragen over de inhoud, val ik negen van de tien keer door de mand. Het maakt me verschrikkelijk onzeker. Vroeger miste ik nooit iets, kon ik alles onthouden en was ik scherp en ad rem. Ik heb door mijn transplantatie veel gewonnen, maar het leven is niet opeens makkelijker geworden. Dat besef wordt met de dag sterker en komt hard aan. De verwachtingen die ik had van een leven na transplantatie blijken in de praktijk toch wat nuance nodig te hebben. Ik was er vast van overtuigd dat ik na transplantatie alles zou kunnen, dat alles vanzelf zou gaan. Dat ik nooit meer moe zou zijn, dag en nacht door kon gaan als het moest. Dat ik nooit meer pijn zou hebben, dat ik de medische mallemolen een zwieper de andere kant op kon geven.

Niets van dit alles blijkt waar te zijn. Ik ben nog steeds erg moe, heb nog steeds pijn en kwaaltjes en heb nog steeds moeite om gezonde mensen bij te houden. Op straat is het me te druk, ik schrik van geluiden, heb moeite om snel te anticiperen. En nu dus een feestje? Gaan of niet gaan? Het liefst zou ik mezelf in huis opsluiten, maar ik weet dat de drempel om weer echt aan het sociale leven deel te nemen dan steeds hoger en ten slotte onneembaar wordt. Ik zie op tegen de starende blikken van mensen die me voor het eerst zien na de operatie. Ik weet nu al dat ik wéér de hele avond moet praten over mijn transplantatie, weer tig keer hetzelfde verhaal moet doen, terwijl ik het gewoon over iets onbenulligs zoals het weer wil hebben.

Het steeds opnieuw verslag moeten doen van alles wat er gebeurd is, zorgt ervoor dat ik keer op keer wordt teruggetrokken in een tijd die ontzettend traumatisch voor me is geweest. En dat terwijl ik alle ellende juist achter me wil laten en door wil met mijn leven. De vraag 'hoe gaat het met je?' kan ik niet meer horen, terwijl ik weet dat deze vraag goed en lief bedoeld is. Ik vind het heel erg dat ik zo 'ondankbaar' reageer ten opzichte van alle oprechte vragen en belangstelling. Jan probeert me wat milder naar mezelf te laten kijken. 'Als ik je auto met de beste bedoelingen roze met witte stippen verf, dan hoef je dat nog niet mooi te vinden. Ook al heb ik het in alle oprechtheid gedaan.' Ik moet lachen en kan niet anders dan hem gelijk geven.

Behalve dat ik worstel met sociale contacten, merk ik dat de transplantatie en de mentale impact ervan ook een aanslag is op het geduld, dat ik toch al niet in overvloed had. Enerzijds komt dit door de medicijnen, maar anderzijds ook doordat ik er niet meer tegen kan om te wachten. Een jaar lang heb ik niet anders gedaan dan wachten. Op longen, op afspraken die niet werden nagekomen, op mensen van wie ik afhankelijk was en die me keer op keer piepelden.

Ik ontplof als de badkamermonteur een kwartier voor de afgesproken tijd afbelt omdat hij het benodigde onderdeel niet heeft. 'En dat weet je nu pas? Ik heb verdomme mijn hele agenda omgegooid om op tijd thuis te zijn en dat is niet de eerste keer.' Ik kan weinig hebben en ben snel geïrriteerd of boos om dingen waar ik vroeger geen probleem van maakte.

Ik erger me suf aan alle mensen die hun rotzooi gewoon op straat gooien terwijl de prullenbak een meter van ze af staat. Als een jongen een volle zak met oude broodkruimels midden voor mijn deur leeggooit en hij weigert om het op te ruimen ren ik met gebalde vuisten op hem af. Jan kan me nog net op tijd tegenhouden en de boel sussen voordat het escaleert.

Als ik weer wat gekalmeerd ben, realiseer ik me hoe dom ik bezig ben. Ik schrik van mezelf. '*They've created a monster,*' grap ik tegen Jan om de boel wat te bagatelliseren maar ik realiseer me dat ik een serieus probleem heb. Alle spanning van het afgelopen jaar komt eruit. Het is te veel geweest en ik weet niet hoe ik het moet kanaliseren. Ik merk dat ik bepaalde groepen mensen begin te mijden. De eerste is de categorie die ik bestempel als Duracell-konijntjes. Mensen die denken dat een longtransplantatie gelijkstaat aan het vervangen van een lege batterij. Kastje open, nieuwe batterijen erin, klepje dicht en trommelen maar. Ik weet dat ik niet mag verwachten dat ze het snappen, ik begrijp het zelf niet eens, maar toch stoort het me mateloos. Maar nog vervelender is de categorie tussen-neus-en-lippen-door die denkt dat ik alles wel 'even' doorsta, want ik heb tenslotte al zoveel meegemaakt. 'Zo'n transplantatie doe je ook wel even.' Van dat soort opmerkingen word ik boos, ik kan er niets aan doen. Het 'even' doen? Mensen, jullie hebben geen idee! Ik heb zo diep moeten gaan om te overleven, zoveel pijn moeten lijden en die revalidatie is echt hel. Het kost meer dan 'even' tijd om weer op te krabbelen.

Ik heb bijna al mijn energie nodig om mezelf weer op de rit te krijgen en er blijft maar een beetje over voor de buitenwereld. Ik ga gebukt onder schuldgevoel naar mijn donor. Ik ben niet in de hallelujastemming die ik in mijn ogen aan haar verschuldigd ben. Dankbaar ben ik nog steeds, elke dag, spijt heb ik absoluut niet. Ik ben dolgelukkig dat ik nog leef, maar ik kan niet langer ontkennen dat er meer haken en ogen aan een transplantatie zitten dan ik dacht.

Ik moet eerlijk zijn tegen mezelf – het 'gewone' leven weer oppakken valt me zwaar. Ook naar mijn vrienden toe voel ik me schuldig. Eerst was ik te ziek om ze te zien, en nu heb ik er vaak domweg de puf niet voor, omdat mijn eigen dagelijkse leven me te veel opslokt. De enorme omvang van onze vriendenkring helpt ook niet mee voor de gemoedsrust. Ik vind dat ik geen nee mag zeggen op uitnodigingen, maar kan niet anders dan het soms toch doen. Ik sta onder grote druk om aan alle verwachtingen van mezelf en de buitenwereld te voldoen. Loop continu op mijn tenen in een poging mijn hoofd boven water te houden, maar ik zak alleen maar verder weg in het moeras van de schone schijn. Ontspannen lukt me niet meer, ik moet nog zoveel doen.

Ik zoek hulp bij maatschappelijk werkster Verena, die me al vijf jaar met goede raad en scherpe analyses bijstaat. 'Maak eens een lijst van alle mensen die je nog niet hebt gezien na je transplantatie, zodat je wat overzicht krijgt,' adviseert ze tijdens een van onze gesprekken. 'En dan afstrepen als het bezoekje is volbracht. Dan wordt het behapbaar.' Ik ben nooit iemand van lijstjes geweest, maar ik volg haar raad toch op.

Jan en Kim on tour 2011 zet ik er in koeienletters boven. Samen met Jan maak ik een overzicht van alle mensen die ons dierbaar zijn. Het zijn er nogal wat. Ook de vrienden die we wel al gezien hebben komen op de lijst, zodat we meteen wat kunnen afstrepen. Het geeft inderdaad wat overzicht en lucht. Maar nog niet genoeg, blijkt als ik op een avond sta te koken.

De kookwekker gaat af. Ik pak een vork om te proeven of de pasta inderdaad gaar is. De spaghettislierten glijden er steeds van af. Bibberhandjes van de medicijnen. Concentratie, coördinatie. Hevige frustratie als ook de vijfde poging mislukt. Ik kan toch wel een hap spaghetti uit een pan krijgen! Ik ben moe. Doodmoe. Hard gewerkt vandaag aan mijn nieuwe boek, Balou twee keer uitgelaten, boodschappen gedaan, wasje hier en daar gedraaid, interview voorbereid voor boekenwebsite Ezzulia. Jan belde net vanaf zijn werk dat hij naar huis komt.

'Ik hoor aan je stem dat je moe bent, ik kook vanavond wel.' Aanlokkelijk aanbod, maar ik besluit er niet op in te gaan. Jan is ook moe, die is sinds kort weer naar zijn werk gegaan. Omdat ik vanuit huis werk, vind ik mijn werk minderwaardiger dan het zijne. Grote onzin, vindt Jan, maar hij krijgt het niet uit mijn kop. Ik wil nu voor hem zorgen! Ik moet en ik zal!

Spaghettipoging nummer zes. Dit keer lukt het me om een paar slierten in de buurt van mijn mond te krijgen. En dan gaat het mis. Naast het trillen van de medicijnen heb ik af en toe ook wat ongecontroleerde bewegingen in mijn armen. Op het moment dat ik de vork naar mijn mond breng, maakt mijn arm een vreemde zwieper en steek ik de vork met volle kracht in mijn bovenlip. Ik begin keihard te janken en smijt het ding in de gootsteen.

Op dat moment komt Jan binnen. Hij ziet mijn bloedende lip.

'Wat is er gebeurd?'

'Mijn arm maakte weer zo'n stomme uitschieter en nou heb ik met een vork in mijn lip gestoken,' jammer ik. 'Ik ben zo moe, ik kan niet meer.'

Jan tilt me op en brengt me naar de bank. Zet een glas water voor mijn neus en komt naast me zitten. Ik snotter nog steeds. 'Je bent pas een paar maanden getransplanteerd, je wilt te snel en te veel. Dat kan niet. Je moet af en toe pas op de plaats maken. Ik denk dat het tijd is dat wij er even tussenuit gaan. Uitwaaien aan zee bijvoorbeeld. Goed plan?'

Ik knik. 'Domburg?'

Zee van tijd

Zee van tijd
Ik hoor je fluis'tren
Zilte woordjes in mijn oor
In een schelp vind ik de parels
Dobberend op eb en vloed
Zachte wolken kussen water
Landtong likt het zout eraf
Schuimend wit op't blauwe water
Zeemeeuwkoor uit volle borst
Gouden stralen geven warmte
Sneeuw die smelt door zonnestralen
Tot een plasje aan mijn voeten
Die van blijdschap springen gaan

Alles is gepakt. Tassen staan midden in de woonkamer. Balou loopt er opgewonden aan te snuffelen en controleert of haar spullen er wel tussen staan. 'Gaan we op vakantie, Loutje? Naar Domburg?' Bij het woord 'vakantie' begint ze als een dolle door de kamer te springen en enthousiaste gromgeluidjes te maken. Hoewel ik niet zuinig ben geweest met spullen in tassen gooien, hebben we nog steeds ruimte over omdat ik geen medische apparatuur meer nodig heb. Geen zuurstofconcentrator met navultankjes, geen sprayapparaat, geen dozen met bijvoeding, geen koeltassen met vernevelmedicatie. Slechts een schroevendoos vol met pillen en wat insuline. Meer niet. Ik kijk nog wat vertwijfeld naar de rolstoel. Jan ziet me kijken. 'Die gaat niet mee, hoor, lopen zul je.'

'Maar denk je dat ik al sterk genoeg ben om het zonder rolstoel te redden?'

'Ja,' is Jans korte antwoord waar niets op af te dingen valt.

'O,' neem ik zijn antwoord twijfelend voor semi-waar aan.

'We zien wel hoe ver we komen,' laat Jan er geruststellend op volgen.

'Nou ja, mocht het niet gaan, dan heb ik in ieder geval genoeg boeken om me mee te vermaken als jij met Balou op pad bent.' Ik kijk verlekkerd naar de koffer waar ik minstens dertig boeken in heb gepropt. Natuurlijk kan ik ze niet allemaal lezen in tien dagen tijd, maar het is zo heerlijk om keuze te hebben.

'Doe jij Lou haar tuigje vast om, dan ga ik de auto volgooien.' De spieren in Jans bovenarmen bollen op als hij een tas en de boekenkoffer van de grond tilt. Ik kijk naar mijn sprieterige armpjes die ongeveer vijf keer in die van hem passen. Zal ik ooit weer zo sterk zijn dat ik een tas kan dragen?

Jan is binnen tien minuten klaar met het inladen van de auto en Balou is niet meer te houden. Haar pilletje tegen reisziekte heeft ze een uur geleden al gehad. We verwachten dus kotsvrij over te komen. Jan neemt Balou mee naar de auto en ik sluit af. Kriebels in mijn buik. Over een paar uur zie ik voor het eerst de zee weer. Ik kan niet wachten tot ik de golven hoor ruisen, de meeuwen hoor krijsen en mijn voeten voel wegzakken in het fijne zand. Ik staak mijn gemijmer, want hoe eerder we vertrekken, hoe sneller ik de zilte lucht kan opsnuiven. Ik loop naar de auto. Jan houdt de deur voor me open en helpt me met de gordel die ik nog steeds alleen maar over mijn buik mag dragen tot mijn borstbeen is geheeld.

Ik sluit de iPod aan op de radio. Zoek in het menu en druk op de playknop. 'Holiday' van Madonna schalt door de auto. Dat nummer is de vaste opening van elke vakantie. Jan kijkt tevreden, ik kijk tevreden. Balou flappert met haar oren door het brute geweld dat de achterboxen haar oren in blazen. Il Divo-achtige muziek kan haar meer bekoren.

Jan en ik zingen keihard mee terwijl we de straat uit rijden. Ik maak er een sport van om zo veel mogelijk zinnen te zingen in één ademteug. Wat een verschil met vroeger toen ik amper lucht had voor twee woorden! Jan zet de muziek nog wat harder, Madonna zingt mooier dan ik. Balou doet haar best om boven de muziek uit te snurken. Ik stook de kachel nog wat op. Buiten ligt een dikke laag sneeuw, ijs op het water. In mijn hart is het warm en zomers. Dit is wat ik nodig had. Even ontspannen en nergens aan denken. Geen revalidatie, geen ziekenhuis, geen afspraken. Ik ben zó gelukkig.

We passeren het bord DOMBURG. Kriebels in mijn buik van opwinding. Als ik het vertrouwde appartementencomplex voor me zie opdoemen, krijg ik een gevoel van thuiskomen. Het appartement van mijn oom en tante is een plek waar ik altijd helemaal tot rust kom en echt kan opladen. In plaats van de auto de parkeergarage in te rijden, houdt Jan zijn voet op het gaspedaal.

'Even doorrijden naar dat stuk strand waar je met de auto kunt komen,' verduidelijkt hij. 'We moeten de zee zien!' Ik knik enthousiast en Balou spitst haar oren bij het woord 'strand'. Binnen een paar minuten rijden we de weg op naar het rotsenstrand. Een lawine van emoties dendert over me heen. De zee! Die prachtige zee waar ik zo naar verlangde toen ik als een pop op een ziekenhuisbed lag. Dat heerlijk, golvende water waar ik in gedachten al afscheid van had genomen. En daar ligt het, in al zijn uitgestrektheid voor me. Ik doe het raam vast een stukje open. Samen met Balou steek ik mijn neus naar buiten en snuif de geur op. Nog voordat de auto stilstaat, probeer ik er al uit te klimmen. Jan houdt me tegen. 'Voorzichtig!' Ongeduldig wacht ik tot hij de auto heeft geparkeerd en me eruit helpt. Een flinke wind raast om mijn kop en ragfijne druppels vinden hun weg naar mijn wangen. Ik weet niet of ze van mezelf zijn of van de lichte regen die om me heen spattert. De ongelijke keien op het strand zijn bedekt met een laag ijs, maar ik zie het niet. Ik heb alleen oog voor de golven.

Compleet euforisch begin ik als een idioot te springen op de met ijs bedekte rotsen. Mijn vreugdekreten worden al snel gesmoord. *Bam!* Ik val. Recht vooN. Ik probeer mijn val met mijn armen te breken, als de dood dat mijn borstbeen weer in tweeën splijt. Mijn kop klapt op een puntige rots, maar mijn borstbeen houdt het. Grijs met ijs voor mijn ogen. Eerst denken dan doen, hoor ik mijn moeder zeggen. Ik moet vaker naar je luisteren, mam.

Als ik merk dat de schade meevalt begin ik keihard te lachen. Ook Jan ontspant weer. 'De ziekenhuizen in Zeeland hadden we dit jaar nog niet gehad, schat,' is zijn nuchtere reactie, terwijl hij me overeind helpt. Balou staat erbij en kijkt er wat beteuterd naar. Ik klop de sneeuw van mijn kleren die koud en nat aanvoelen. 'Niet zo handig om op rotsen met ijs te gaan springen... En zeker niet op mijn wankele beentjes.' Ik kijk Jan schuldbewust aan. 'Niet een van je handigste acties, nee,' beaamt hij, terwijl hij zachtjes over de beginnende bult op mijn voorhoofd wrijft. 'Ei,' laat hij er grinnikend op volgen. Hand in hand kijken we naar de golven die aangewakkerd door de wind aan land spoelen. Ze wassen weer een stukje ellende van het afgelopen jaar weg.

Het begint harder te regenen en ik klappertand. Dit keer ligt er geen angst aan ten grondslag, maar pure, winterse kou. Ik klappertand zoals ieder gezond mens dat zou doen. Rode neus, wolkje stoom bij elke ademhaling, blauwe plek op mijn kop. Warme handen gehuld in zwarte handschoenen. Ik pak Jan steviger vast, slaak een diepe, vrije zucht en laat de vorst op me inwerken. Hartverwarmende kilte, die me als een boeket van ijsbloemen wordt geschonken en de kou voorgoed uit de lucht haalt.

Ik heb heerlijk geslapen. De zeewind had gisteravond een aangenaam rozig makend effect dat me probleemloos naar dromenland liet zweven. Een waterig zonnetje probeert door de gordijnen de kamer binnen te dringen. Ik heb geen idee hoe laat het is. Ik rek me tevreden uit. Jan is nog in diepe slaap. Ik kijk vertederd naar hem. Zijn gezicht verveelt me nooit. Lange wimpers aan de dichte oogleden. Zijn lippen die zo vaak krullen in een heerlijke lach. Beginnende rimpel op zijn voorhoofd van alle kopzorgen die hij om me heeft gehad. Tevreden gezichtsuitdrukking, volkomen ontspannen. Een portret dat op mijn netvlies geschilderd is en standhoudt als ik mijn ogen sluit. Dat was een van de dingen die ik zo miste toen Ron er niet meer was. Het kijken naar zijn slapende gezicht. Elke porie strelend met mijn ogen. Een gezicht getekend door de onschuld van de slaap, zet het leven weer in perspectief.

Mijn zoetsappige gemijmer wordt bruut verstoord door het schelle alarm dat afgaat op mijn telefoon. Jan schrikt met een grote snurk wakker. 'Tijd voor je pillen?' mompelt hij slaperig. 'Yep,' antwoord ik, terwijl ik een greep doe uit de chemiedoos naast het bed. Ik kruip nog even dicht tegen Jan aan terwijl hij rustig wakker wordt. Ik hoor Balous nagels al ongeduldig over de tegels in de woonkamer trappelen. Die wil naar het strand! We besluiten haar haar zin te geven. Ontbijtje, badje en naar buiten met het schatje.

Ik ben een klein beetje nerveus, maar voornamelijk opgewonden. Dit wordt mijn eerste grotere wandeling zonder rolstoel. Hoelang kan ik het volhouden? Balou steekt haar neus gretig tussen de liftdeur terwijl Jan het appartement afsluit. We zoeven naar beneden van drie hoog. Ik huiver als we het aangenaam verwarmde appartementencomplex verlaten. Het vriest nog een paar graden en er ligt een aardige laag sneeuw. Ik trek mijn muts nog wat dieper over mijn oren. Balou trekt zich niks aan van de kou en huppelt in haar blote kont over straat alsof het dertig graden is. Om bij het strand te komen moeten we eerst een stukje bos en duin bedwingen. Altijd had ik moeite met die steile heuvel en ik ben heel benieuwd of ik er nu makkelijker tegenop kom. Balou holt alvast omhoog, Jan erachteraan.

'In je eigen tempo omhoog, hè,' brult hij over zijn schouder. 'We wachten boven op je.' Jan weet dat ik niet aanspreekbaar ben tijdens zware inspanning en geeft me de ruimte die ik nodig heb. Ik begin aan de klim. Na een paar stappen verzuren mijn benen al, maar mijn longen geven geen krimp. Ik kan diepe ademteugen nemen om deze hobbel te nemen. Lucht zoveel ik wil. Wat een genot. Het duwt de pijn in mijn benen naar de achtergrond. Ik hou mijn ogen gericht op de grond zodat ik mijn stappen zorgvuldig kan plaatsen. Ik voel even aan de blauwige bult op mijn voorhoofd en concentreer me dan weer op de klim. Als ik bijna boven ben kijk ik op. Triomfantelijk. Jan lacht me trots toe en Balou kwispelt uitgelaten. Ik voel tranen opkomen. Ik laat ze bevriezen in mijn ogen. Dat gejank de hele tijd! Maar wauw! Ik ben in één keer die heuvel opgelopen!

'Wil je even uitrusten op dat bankje?' Jan wijst op een stenen zitmeubel met uitkijk op zee.

'Nee hoor, ik wil door!' Hoewel mijn benen niets liever zouden willen dan uitrusten loop ik Jan en Balou in marstempo voorbij naar de trap die uitkomt op het strand. Daal hem af. Balou probeert me voorbij te komen, maar Jan houdt haar tegen. Bang dat ik een uitglijder maak en beneden in de sneeuw beland. Ik kom veilig beneden en zet mijn voeten op het strand. Mijn laarzen kraken in de sneeuw. Ik sta even stil. De zee golft tevreden en Balou huppelt enthousiast om me heen. Jan gaat achter me staan en slaat zijn armen om me heen. Zwijgt. Net als ik. Zijn adem warm in mijn nek. Ik pak zijn armen stevig vast. Geniet van zijn omhelzing en dank mijn donor. Balou duwt ongeduldig haar snuit tegen me aan en begint demonstratief rondjes om ons heen te lopen. De lange lijn waar ze aan vastzit knevelt ons.

'Wij hebben al een lijntje lopen, Lou, je hoeft het er niet zo dik bovenop te leggen,' grinnik ik terwijl we ons uit de lijn worstelen.

'Ga eens zitten, Balou.' Ze luistert keurig naar Jans bevel. Hij klikt de riem los en geeft haar het enige commando dat ze nu nog wil horen. 'Vrij!' Ze gaat er als een speer vandoor, vlokken sneeuw rondstrooiend met haar poten. We lachen om haar uitgelaten bewegingen en slenteren achter haar aan. Als ze een beetje is uitgeraasd roep ik haar bij me. Ze komt enthousiast aanhollen. Uiteraard omdat ze denkt dat ze een koekje krijgt.

'Ik wil samen met Balou hollen en jij moet filmen!' Elke eerste keer moet vastgelegd worden op film of foto. Allemaal verwerking. Balou gaat naast me zitten als ik in de startblokken ga staan. Jan telt af. 'Drie, twee, een, go!' Balou spurt weg en ik waggel erachteraan. Mijn bovenbenen voelen als pap en dat maakt het afzetten naar een volgende stap lastig. Controle is ook ver te zoeken. Wat een gek gevoel is dat. Ik heb jaren hardgelopen samen met Ron maar mijn lijf lijkt het vergeten te zijn. Ik 'ren' tot aan de eerste strandpaal waar Balou keurig op me wacht. Jan trekt een sprintje en voegt zich bij ons.

'Filmpje zien!' Ik kan niet wachten tot ik mijn eigen gestuntel kan aanschouwen. Jan drukt op wat knoppen van zijn telefoon tot hij mijn hardloopdebuut heeft gevonden. Hij start het filmpje. Ik moet keihard lachen. 'Dat ziet er niet uit! Alsof ik een drol in mijn broek heb!' Ik zie mezelf alle kanten uit zwalkend vooruit struikelen. Het voelde al niet elegant en het ziet er ook allesbehalve zo uit. Maar boejuh! Aan de techniek kan ik werken, conditie kan ik opbouwen en lucht heb ik genoeg. Ik heb na jaren weer hardgelopen! Wie had dat ooit gedacht.

'Ik ga nog een stukje,' roep ik enthousiast tegen Jan. 'Kom Lou!' Ze sprint weg, staart in de lucht, kop in de wind. Af en toe kijkt ze om of ik volg. En dat doe ik, zij het niet zo snel als ze zou willen. Als mijn benen echt niet meer willen en ik moet stoppen, gaat ze ervandoor. Al snel zie ik in de verte alleen nog de witte vlek van haar kont. Alsof ze wil zeggen: 'We hebben ze een poepie laten ruiken, baas, en dit is pas het begin.'

Over de top

Het is ochtend. Ik loop buiten met Balou. De vakantie in Domburg heeft me zowel psychisch als fysiek erg goed gedaan. Mijn longfunctie is weer verbeterd. Hoewel ik mezelf meestal overschat, blijkt nu keer op keer dat ik mezelf onderschat. Was ik bij vertrek naar Domburg bang dat ik het niet zou redden zonder rolstoel, bij thuiskomst was ik in staat probleemloos zes kilometer achter elkaar te wandelen. Ik kan veel meer dan ik denk. Het wordt me steeds duidelijker dat de toekomst en de wereld echt weer openliggen. Dat de dingen die ik graag zou willen doen, ook echt mogelijk zijn.

Een ruk aan de lijn haalt me uit mijn gemijmer. Verschrikt kijk ik naar Balou. Ze is in een onbewaakt ogenblik op een muurtje gesprongen waarachter een grasveld ligt. Ik roep haar terug, maar ze loopt door. Richting een struikje dat een nauwkeurige inspectie verdient, meent ze. Een 180-gradeninspectie. Ze loopt eromheen en komt klem te zitten tussen de takken. Ze kijkt me beteuterd aan terwijl ze geen kant meer op kan. Hoe ga ik dit oplossen?

Het muurtje waar ik op moet klimmen om bij haar te kunnen komen, is veel te hoog voor me, het komt tot boven mijn heupen. Mijn benen zijn nog niet krachtig genoeg om me boven mijn macht omhoog te duwen. Ik laat de lijn los in de hoop dat-ie precies door de juiste takken schiet en Balou zich los kan wurmen. Plan mislukt. Het grote plastic handvat komt net als Balou klem te zitten in de struik. Hond verward, baas met handen in het haar. Ik kijk om me heen om te zien of er mensen op straat lopen die me kunnen helpen om Balou te bevrijden. Ongelofelijk, niemand te zien. Hallo, dit is Amsterdam! Balou is er inmiddels bij gaan zitten en kijkt me met een schuin koppie verwachtingsvol aan.

'Ik weet niet hoe ik bij je moet komen, Lou.' Ze begint enthousiast te kwispelen bij het horen van haar naam. Ze trekt haar ene wenkbrauw op. Dan haar andere. 'Wat is het probleem nou, baas? Grenzen zijn er om te verleggen. Uit die comfortzone!' Om haar blik kracht bij te zetten staat ze op en komt me drie centimeter tegemoet. De lijn staat helemaal strak, de struik kraakt. Even hoop ik dat ze het ding met wortel en tak uit de grond trekt, maar helaas. Nog steeds geen mens op straat. Ik voel me even ontzettend zielig en hulpeloos. Maar inmiddels heb ik wel geleerd dat een mens daar ook niet verder mee komt.

Met een schuin oog kijk ik naar de prullenbak die voor het muurtje staat. Zou ik mezelf via die prullenbak omhoog kunnen hijsen? Ik grijp me vast aan de beugel waar het ding aan hangt, breng mijn rechterbeen zo ver mogelijk omhoog en zet mijn voet op de rand van de muur. Balou kijkt gegeneerd naar beneden. De aanblik van haar baasje die met een moeilijk gezicht tussen een prullenbak en een muur bungelt, wordt haar te veel. Het kost me al mijn kracht om niet te vallen. Ik zet door en weet mezelf zover te pushen dat ik uiteindelijk voorover op de muur hang. Tijgerend weet ik vast gras onder mijn lijf te krijgen.

Nog steeds geen mens op straat en dit keer ben ik er blij om. Het moet een heel idioot gezicht zijn, Balou klem in een struik en ik die met omhoog gekropen jas en ontblote onderrug half op een kil winters grasveld lig. De kou probeert via mijn kleren mijn lijf in te trekken. Tijd om overeind te komen. Via handen en knieën naar hurkstand. Ik duw me omhoog met mijn armen en laat mijn benen het laatste stukje werk verrichten. Ik sta! Balou kijkt me aan en gaapt.

Ik loop naar haar toe en bestudeer de wirwar die ze gecreëerd heeft. 'Wat een zootje, Lou,' mopper ik. Als ze wist hoe het moest zou ze haar schouders ophalen. Terwijl ik haar menselijke eigenschappen toedicht, blijft Balou zich gewoon honds gedragen. Ze piest nog eens even lekker tegen de struik aan. 'Handig, Lou,' zucht ik.

'Je moet de natuur zijn gang laten gaan, baas. Ik kan het ook niet helpen, maar het zou wél heel fijn zijn als je mij nu even wilt helpen.' Ze draait zich dreigend nog wat verder vast. Ik begin zuchtend met het ontwarren van de chaos, een secuur fröbelwerkje voor gevorderden. 'Is goed voor de fijne coördinatie,' hoor ik Madelon door mijn hoofd spoken. Het kost moeite, maar ik krijg het voor elkaar om alle knopen te ontwarren. 'Vrij, Lou.' Ik geef haar een speelse klap op haar achterwerk en ze rent enthousiast bij me vandaan.

Als ze is uitgeraasd komt ze aan mijn voeten zitten en kijkt me blij aan. Ik geef haar een aai en ze knort tevreden. 'Dank je, Baloutje.' Ik geef een kus op haar kop. Ik realiseer me dat Balou me vandaag weer een stapje verder heeft geholpen. Ze heeft me gedwongen over een grens te gaan omdat ze er vertrouwen in had dat ik het kon. Ze helpt me zoals ze dat eigenlijk al jaren doet op haar eigen manier.

Ik denk terug aan de eerste wandeling die ik met haar en Jan maakte na mijn transplantatie. Hoe geweldig het was om de vertrouwde hondenlijn weer in mijn hand te houden. Hoe ze keurig naast me bleef lopen en steeds omkeek of het allemaal wel goed ging met me. Hoe ze me meer kracht gaf door haar bezoekjes aan het ziekenhuis. Hoe ze nog steeds trilt en me verschrikt aankijkt als ze een ambulance hoort. Al vijf jaar lang volgt ze me door dik en dun, trouw als een hond.

Ik sta voor de spiegel. Draai wat rond. Ja, het ken net. Ik heb me in het blauwe shirt met de tekst KIM 2.0 weten te wurmen dat ik van vriendin Mirte kreeg vlak na mijn transplantatie. Tot nu toe was mijn buik nog te gezwollen om het shirt aan te trekken, maar vandaag steekt mijn buik wat minder prominent vooruit en is mijn halve kledingkast weer een go-area. Ik wil per se mijn Kim 2.0-shirt aan want vanavond zie ik Mirte bij mijn eerste concert met nieuwe longen. Mijn eerste keer ook in een echt grote mensenmassa. Ik ben een tikje nerveus, maar heb ook kriebels in mijn buik van blije opwinding. Jan loopt ook al de hele dag met een grijns op zijn gezicht. Het is 30 december en traditiegetrouw gaan we dan naar het eindejaarsconcert van Van Dik Hout.

'Ben je klaar? Ik wil er een beetje op tijd zijn zodat we een goed plekje kunnen uitzoeken.'

'Bijna klaar!' Ik doe een verwoede poging om mezelf een beetje op te pimpen, maar doordat mijn handen nog steeds trillen van de medicijnen lijk ik meer een soort Pipo de clown. Lippenstift *all over my face*. Alles waar té voor staat is niet goed, hoor ik mijn moeder in gedachten zeggen. Ik probeer het er zo goed en zo kwaad af te poetsen, ik tuit mijn lippen en geef een luchtkus aan mijn spiegelbeeld. Beetje parfum op en gaan. Voor de zekerheid trek ik mijn niet-charmante gymschoenen aan. Ik moet een paar uur staan en wil ook dansen en springen. Goede schoenen is het halve werk voor mijn weke spiertjes.

Jan zet me voor de deur van Paradiso af en gaat op zoek naar een parkeerplaats. Ik doe intussen mijn best om een rookvrij plekje te vinden. Dat valt nog niet mee. Gelukkig is Jan snel terug en kunnen we de rookpluimen achter ons laten. Heerlijk om Paradiso gewoon via de hoofdingang te kunnen betreden in plaats van via de rolstoelingang. De zaal is nog behoorlijk leeg, dus voldoende mogelijkheid om ons eigen plekje uit te kiezen. Links voor het podium is ons favoriete stekje. Ik ga op een bankje zitten dat tegen de muur staat om mijn benen nog een beetje te sparen. We maken een foto en sturen hem naar Mirte om te laten zien dat wij er klaar voor zijn. Ze sms't terug dat ze er over een kwartiertje is. Als ze even later aan komt lopen en we elkaar omhelzen, schiet ik vol. Het is toch wel heel bijzonder dat ik hier sta! Op eigen benen en met voldoende lucht.

De zaal is inmiddels afgeladen vol en er gaat een onrustig geroezemoes doorheen. Ik voel de bekende magische spanning die altijd in een zaal hangt voordat de artiesten het podium betreden. Dan is de ontlading. De lichten gaan uit en Van Dik Hout gaat aan. Ze openen met het heerlijke 'Dit is het begin' van hun nieuwe cd *LEEF*! Dit is zeker het begin! Ik móét springen, kan het niet laten. Ik kan het nummer al aardig meebrullen. En dat doe ik ook. Concertzalen zijn de enige plekken die mijn valse geblèr voldoende absorberen. Als er zes nummers gespeeld zijn wordt het stil en neemt zanger Martin Buitenhuis het woord. Ik ben benieuwd wat hij gaat zeggen. Na de eerste zin slaat mijn nieuwsgierigheid om in verbazing.

'Vanavond is aanwezig schrijfster Kim Moelands, misschien kennen jullie haar wel. Vorig jaar was ze hier nog met rolstoel en zuurstof en nu staat ze daar te springen met nieuwe longen.' Hij wijst naar de plek waar ik sta en de mensen in de zaal draaien zich naar me toe. Ik krijg applaus. Ik sta daar maar, overmand door zoveel emoties dat ik helemaal verstijf.

'Een beter reden om donor te worden is er niet. Word allemaal donor!' gaat Martin verder. 'Deze is speciaal voor jou Kim, "Ik leef."' De begintonen van het nummer dat ik zo vaak heb gedraaid toen ik alleen nog maar op bed kon liggen, snakkend naar adem en hopend op nieuwe longen klinken door de zaal. Ik jank mijn ogen uit mijn kop samen met Jan en Mirte. We houden elkaar stevig vast. Alle pijn, angst, opluchting en blijdschap van het afgelopen jaar vechten zich in één keer naar buiten. Ik hoop dat ik mezelf ooit weer onder controle krijg. Met dikke stem zing ik het refrein mee.

En ik leef
Ik leef zolang ik jou maar niet vergeet
De wereld schittert in een ander licht
Ik voel de zon op mijn gezicht
Ik besef me dat Ik leef

Ik voel tot in mijn tenen dat ik leef. Weer zo'n prachtig moment waar ik dankzij mijn donor deelgenoot van kan zijn. Als het moment rijp is en ik de juiste woorden kan vinden, zal ik haar een bedankbrief schrijven en hem laten bezorgen bij haar nabestaanden. In de hoop dat het ze een beetje troost brengt in het grote verdriet dat haar dood bij hen heeft veroorzaakt. Om te laten zien dat haar dood ook nieuw leven heeft geschonken. Ik ben daar het springlevende bewijs van.

Rechts is waar je duim links zit

Zon schijnt, zomer in de kop. En dat terwijl de lente nog niet eens is begonnen. Ik krijg nou eenmaal de kriebels als die goudgele bol over de aarde straalt. Luchtige kleren moeten aan, winterlaarzen omruilen voor open schoentjes, dit jaar ook factor 50 *all over my body* omdat de medicijnen tegen afstoting een verhoogde kans op huidkanker geven. Ik hang de overtuiging aan dat je niet elke ziekte in je leven hoeft uit te proberen, dus het is smeren geblazen. Ik loop naar de kledingkast waar Jan slechts een paar plankjes heeft en verder alles tot de nok toe gevuld is met mijn zooi. Na wat pas- en meetwerk, zeer kritische blikken, blijkt dat mijn lijf toch echt een beetje uit zijn verband is gerukt tijdens de operatie en lang niet alle kleren meer draagbaar zijn. Met name die dikke buik blijft een probleem. Het voelt te krap daarbinnen, alsof alles niet helemaal op de oude plek is teruggelegd. Enigszins sip neem ik afscheid van dingen die echt niet meer kunnen.

Schoenen dan maar. Wat hebben we daar nog van liggen? Blind graai ik onder in de kast. Als eerste vinden mijn handen mijn enige paar stilettohakken. Lopen kan ik er niet op maar ze zijn wel supergaaf. Toen ik ze anderhalf jaar geleden paste in de winkel en een poging deed overeind te blijven, keek de verkoper me bedenkelijk aan. 'Kunt u daar wel op lopen, mevrouw?' Ik zwik van schrik. Daden zeggen meer dan woorden. 'Of ik erop kan lopen? Nog niet, maar daar wordt aan gewerkt.' Een meisje moet toch minstens een paar echte hakken hebben. Hoe hoger, hoe beter ook in het kader van mijn beperkte lengte. Als Prince het kan moet het mij toch ook lukken om een dagje op mijn tenen te lopen. Ik grabbel verder. Verheugd haal ik mijn sleehakken uit de kast die ik kocht op een van mijn eerste strooptochtjes door de straat na de transplantatie. Wederom bij de winkel waar ook de hakken vandaan komen. Wonen tegenover een schoenenwinkel is leuk, maar niet altijd handig voor de portemonnee. In mijn vorige leven toen ik nog aan huis gekluisterd was en achter het raam zat, gaf Jan me ooit een verrekijker. 'Hier, kun je thuiswinkelen,' wees hij grijnzend op de schoenenwinkel aan de overkant. Toen hij keer op keer naar de overkant werd gestuurd omdat er weer wat moois in mijn verrekijkertje verscheen, was het ding op een goede dag ineens onvindbaar. Zo raar.

Sleehakken dus. Ik ben benieuwd of ik inmiddels stevig genoeg op mijn benen sta om erop te kunnen lopen. Fluitend trek ik de linkerschoen aan. Wederom fluitend, de rechter. Rechts is toch waar je duim links zit? Rechts blijkt links. Dan zal links wel rechts zijn. Schoenen verkeerd om aangetrokken! Ik maak de gespjes los rond mijn enkel en wissel de schoenen om. Hm, ik blijf een links-rechtsprobleem houden. Ik trek ze weer uit en kijk nog eens goed. Ik hou twee linkerschoenen in mijn handen, van twee verschillende modellen! Ik begin onbedaarlijk te lachen. Mijn eerste zelfstandige aankoop is niet helemaal wat ik ervan verwacht had. Ik zat nog aan de morfine toen ik de koop sloot en was ervan overtuigd dat ik alles uitstekend op een rijtje had. Ik heb ze thuis zelfs nog een keer gepast voordat ik ze in de kast opborg en niets in de gaten gehad. De verkoper ook niet trouwens, die had blijkbaar ook niet zijn meest heldere dag. Twee linkerschoenen dus. Dat betekent dat de winkel de twee rechterexemplaren nog ergens moet hebben, of dat er nu ergens iemand met twee rechterschoenen in haar hand zit.

Gewapend met mijn linkers vertrek ik naar de overkant. Ik spreek de eigenaar van de winkel aan en leg hem het verhaal uit. 'Dus jij had die schoen,' roept hij uit. 'Ik heb me suf gezocht naar dat ding, vanochtend zelfs nog.' Hij pakt de rechterschoen en geeft hem aan me. Eén paar compleet. Nu het andere paar nog. Ik heb besloten dat ik die eigenlijk ook te leuk vind om weg te doen. Je hebt een schoenentic of niet. De schoenenman speurt alle dozen van het model af, maar heeft alleen een eenzame, witte rechterschoen in de aanbieding. Als zwart-witje door het leven gaan is zelfs mij te gortig. 'Dan moet ik je teleurstellen,' is zijn reactie. Ik besluit zelf nog een rondje door de zaak te doen. Die ontbrekende schoen moet ergens zijn, dat kan niet anders. En verhip, ik heb gelijk. Hij staat uitgestald in de winkel tussen allemaal andere leukerds waar ik mijn ogen maar even voor sluit. Ik gris de schoen van het plateau. Ik ben compleet. Aangezien ik destijds maar voor twee schoenen, te weten één paar, heb betaald, reken ik het andere paar keurig af bij de kassa. Eerlijkheid duurt nog altijd het langst.

Als Jan 's avonds thuiskomt lachen we er nog eens hartelijk om. 'Maar wat heb je nou met dat andere paar gedaan?' vraagt Jan. 'Nou, tja, die waren te leuk om te laten staan dus die heb ik ook maar genomen...' Hij geeft me 'de blik'.

De A van afstoting

Ik heb iets gedaan wat ik nooit meer dacht te doen. De laatste tonen van 'Untitled' van Simple Plan schallen na in mijn oren. Het nummer dat ik in mijn 'vorige leven' altijd draaide als ik het niet meer zag zitten door de zoveelste tegenslag. *'I'm sick of this life, I just wanna scream: How could this happen to me?'* Ik dacht dat die tijden voorgoed achter me lagen. Dat ik eindelijk rust zou krijgen. Ik heb nu toch nieuwe longen? Nieuwe longen betekent toch dat ik gezond ben, nooit meer moe zal zijn, geen pijn meer zal hebben?

Maar ik ben hondsmoe, ik voel me ziek en mijn lijf protesteert bij elke beweging die ik maak. Ik ben boos, teleurgesteld, wanhopig en bang. Angst heeft zich sinds mijn controlebezoek aan het ziekenhuis vanmorgen vastgezet in mijn kop en ik krijg het er niet uit. De A van Angst, maar ook van Afstoting.

Ik loop de trappen op naar de longfunctieafdeling. De lift laat ik sinds ik nieuwe longen heb het liefste links liggen. Zelf lopen, want dat kan weer! Ik sleep me omhoog, trede voor trede. Puf en hijg, zware benen. Jan loopt voor me uit en blijft bovenaan staan. 'Misschien toch beter de lift kunnen nemen?'

'Nee,' is mijn korte antwoord. Ik zal verdomme niet toegeven dat dit traplopen me vandaag wel heel zwaar valt. Ik moet en ik zal want ik heb nieuwe longen! Hijgend meld ik me aan bij de receptie en plof neer in de wachtkamer. Ik krijg amper de tijd om bij te komen van mijn klim. Kamertje in voor de longfunctie. Brrr, wat haat ik dat apparaat. Nog steeds. Altijd maar weer die angst dat de uitslag slechter is dan de vorige keer. Die angst zit heel diep en ik vraag me af of ik hem ooit kwijtraak.

Gedreven en op de toppen van mijn kunnen voer ik de gevraagde blaasoefeningen uit. 'En?' vraag ik, 'is het goed?' De man achter de knoppen kijkt me wat moedeloos aan. Ik schrik, elektrische schok door mijn buik. 'Wat is er?' vraag ik tegen beter weten in.

'Het is nogal een stuk minder dan de vorige keer,' is zijn reactie. Ik wil het niet horen, dat kan niet! Deze longen doen het goed en laten me niet in de steek zoals de vorige. 'Ik wil het nog een keer proberen.' Vijf oefeningen later is het resultaat nog steeds om te huilen. Getallen liegen niet. De man drukt op de printknop zodat ik de uitslag mee kan nemen naar de arts. Ik pak het A4'tje aan alsof de inkt die erop zit dodelijk is. Ik durf Jan bijna niet aan te kijken. Zwijgend lopen we weg. Hand in hand naar de longpoli op de eerste verdieping.

Met een beker koffie worden we in een kamertje gezet. Het spreekuur is uitgelopen. Genoeg tijd om excuses te bedenken voor het slechte resultaat. Uitvluchten verzinnen, daar was ik vroeger ook zo goed in. Vandaag kom ik niet verder dan: ik denk dat ik verkouden word; mijn borstbeen doet zo'n pijn; ik heb een spier verrekt en er zit een rib verkeerd... Ik speel iene-miene-mutte en verkoudheid wint het nipt van borstbeen, rib en spier. De deur gaat open en dokter De Koning komt binnen. Hij neemt plaats achter zijn bureau en geeft ons een hand.

'Zo Moelands, hoe gaat het?' Zwijgend leg ik mijn longfunctie-uitslag op zijn bureau. Op zijn computer zoekt hij de voorgaande uitslagen erbij en fronst.

'Dat is wel fors minder dan de vorige keren.' Hij kijkt me aan.

'Eh, ja, ik denk dat ik een verkoudheidje onder de leden heb of zo,' hakkel ik.

'Dat kan natuurlijk altijd, maar dit verschil is te groot om te negeren. We moeten zeker weten dat dit geen beginnende afstoting is.'

Het A-woord. Hij heeft het uitgesproken. Ik krimp in elkaar. 'Denk je dat?' piep ik.

'Ik weet het niet, Kim, maar we moeten dit wel serieus onderzoeken. Ik wil dat je een CT-scan laat maken en als daar afwijkingen op te zien zijn ga ik een bronchoscopie bij je doen om je longen vanbinnen te checken op problemen.' Hij kijkt me streng aan. Intelligente kraaloogjes, zware wenkbrauwen.

Ik slik hoorbaar. Voel dat ik bleek word. Verstijf. Jan knijpt in mijn hand. Ook hij slikt hoorbaar.

'Eens even naar je bloeduitslagen kijken.' Hij drukt op een paar knoppen. 'Hm, je leverwaardes zijn ook flink ontspoord. Eén waarde is bijna veertig keer hoger dan normaal. Ben je moe?'

'Moe?' Ik kijk hem lodderig aan. 'Moe, ik ben bekaf, krijg mijn ene poot nauwelijks voor de andere.'

'Dat kan ik me wel voorstellen met deze leverwaardes. Eens even naar je medicijnen kijken.' Klik op de muis, druk op de knop. 'Ah, ik zie dat je nog steeds preventief een middel slikt dat ernstige leverstoornissen kan veroorzaken in combinatie met je medicijnen tegen afstoting. Laten we dat middel maar eens gaan stopzetten en kijken of het dan beter gaat. Toch wil ik voor de zekerheid ook een echo laten maken van je lever.' Ik knik gelaten. 'Als de CT-scan en echo zijn gemaakt wil ik je terugzien op de poli.' Hij steekt zijn hand uit als teken dat ik mag gaan.

Ik schud hem slapjes en slof naar buiten. Jan achter me aan. Al zou ik het willen, ik kan even niet praten. Jan ook niet. Geen woorden meer. Slechts dat ene, dat rondspookt in ons hoofd. Afstoting. Het zal toch niet?

De CT-scan en echo zijn een paar dagen geleden gemaakt. Ik ben bloednerveus voor de uitslagen. Ik kan al twee weken aan niets anders denken. Hoezeer ik het ziekenhuis ook haat, vandaag voelt het als een opluchting dat ik erheen moet. In onzekerheid zitten is erger. Ondanks de vermoeidheid heb ik hard aan mijn conditie gewerkt met Madelon. Wie weet heeft het een positief effect op mijn longfunctie. Elke dag heb ik mijn handen op mijn borstkas gelegd, er bemoedigende klopjes op gegeven en mijn longen gesmeekt om het goed te blijven doen. Bij me te blijven en me niet in de steek te laten zoals mijn oude longen. Mentaal moet ik alles op alles zetten om niet door te draaien. Om niet krijsend van paniek en hyperventilerend van angst ten onder te gaan.

Ik heb zo hard gevochten om te overleven. Laat het niet voor niets zijn geweest. Al die pijn, al die benauwdheid. Laat me leven, onbezorgd en vrij. Ik ben er zo aan toe. Ik weet dat afstoting een reëel risico is na transplantatie, ik ken ook de dramatische verhalen van mensen die het hebben meegemaakt. Ik ben er nog niet klaar voor, kan het nog niet aan. De rust die ik vlak na mijn transplantatie voelde is helemaal verdwenen. Mijn toekomst hangt weer aan een zijden draadje. Van onoverwinnelijk naar kwetsbaar als voorheen. Weer dat schuldgevoel naar mijn donor omdat ik de afgelopen veertien dagen niet heb geleefd, maar heb overleefd. Genieten was een brug te ver.

Draaideuren door, het ziekenhuis in. 'Dit keer maar de lift nemen naar de longfunctie? Misschien scheelt het als je niet helemaal buiten adem aankomt daar.' Ik besluit een keer niet eigenwijs te zijn en volg Jan naar de lift. Pijn in mijn buik van de zenuwen. Aanmelden bij de balie, wachten tot ik word opgeroepen. Mee naar het kamertje waar dat hatelijke apparaat staat. Mondstuk in mijn mond, knijper op mijn neus. Ik blaas zo hard dat ik een spier verrek. 'En?'

'Weer bijna op het oude niveau!' klinkt het enthousiast. Ik kan wel janken. Jan laat zijn ingehouden adem ontsnappen. Ik voer de blaasoefening nog een paar keer uit en weet er zelfs nog een procentje extra uit te persen. De druk valt van mijn borstkas. De A van afstoting kan terug in de letterbak.

Dit keer pak ik het geprinte resultaat met twee handen aan. Ren bijna naar de longpoli. Met de trap uiteraard. De lift is voor watjes. Jan met een triomfantelijke grijns achter me aan. Spreekkamertje in met koffie. Ik flap het A4'tje op het bureau. Laat mijn hand erop rusten, bang dat het wegvliegt en me bedrogen achterlaat. De Koning komt binnen. Voordat hij goed en wel de kans krijgt om te vragen hoe het gaat brul ik al: 'Beter!'

De goede uitslag heeft me een adrenalineboost gegeven. Vol trots wijs ik op mijn longfunctie. Hij logt in op zijn computer om het resultaat te vergelijken met twee weken geleden. Ik denk aan dokter Hugo, die alle longfuncties van zijn patiënten uit zijn hoofd kent en in één oogopslag had gezien hoeveel beter het was. Dokter De Koning doet er iets langer over, maar reageert net zo enthousiast als Hugo gedaan zou hebben.

'Mooi resultaat! Op de CT-scan hebben we ook geen afwijkingen gevonden. De echo van je lever laat geen verontrustende dingen zien. Eens kijken of je bloedwaardes al verbeterd zijn.'

'Dus geen afstoting?' Ik wil het hem horen zeggen. 'Daar lijkt het niet op, nee.' Hij richt zijn blik weer op het computerscherm en scrolt door de lange lijst bloeduitslagen. Zet het pijltje van de muis stil bij de bewuste leverwaardes. 'Ah, het was een goede zet om dat ene medicijn te stoppen. Je leverwaarde is in twee weken tijd al een heel stuk gedaald. Dat zul je wel merken.' Ik moet toegeven dat ik fysiek inderdaad een stuk minder moe ben. Mentaal ben ik echter uitgeput door de stress. 'Kan het zijn dat dat levergedoe ook die slechte longfunctie heeft veroorzaakt?'

'Dat is heel goed mogelijk. Ik wil nog even naar je longen luisteren.' Ik trek mijn shirt uit en adem op commando diep in en uit terwijl De Koning de koude stethoscoop steeds op een ander plekje van mijn borstkas laat rusten. 'Klinkt prima, kleed je maar weer aan.' Opgelucht verlaten we even later de spreekkamer. Ik ben dolblij, maar de onbezorgdheid die ik de eerste maanden na de transplantatie voelde, is niet volledig terug. Ergens diep vanbinnen knaagt iets. Eerste aanval op de toekomst afgewend, maar blijft het hierbij of komt er nog meer?

Balanceren op het randje van Frankrijk

Ik loop te dansen door het huis. Trek kasten en lades open. Selecteer dingen en prop ze in de grote tas die op de slaapkamer staat. Morgen vertrekken we naar Normandië! Morgen slapen we weer in het kasteel waar een hart van zonlicht ons drie jaar geleden verwelkomde. Niet gedacht dat ik het ooit nog terug zou zien. De prachtige krijtrotsen, het gevarieerde landschap, de ruige zee, de stranden vol met de prachtigste stenen en schelpen. Knapperig stokbrood, kaasjes, vis, kneuterige dorpjes.

Dit is de tweede keer na mijn transplantatie dat ik een tas inpak voor vakantie en weer valt het me op dat het leven met nieuwe longen toch een hoop rompslomp scheelt. Slechts één tas met medicijnen en anders niets. Het leven is zoveel makkelijker geworden. Ik bedenk dat ik me zo gezond voel dat ik zelfs vergeten ben om een medicijnlijst en een medisch paspoort te maken om mee te nemen. Vroeger had ik dat al weken van tevoren klaar inclusief een lijst met ziekenhuizen in de buurt waar ik heen zou kunnen in geval van calamiteiten. Het feit dat ik er nu niet eens aan gedacht hebt, brengt een grote lach op mijn gezicht. Geen angst, geen stress, slechts vakantiekriebels en inpakwoede. De angst voor afstoting is weer weggezakt en mijn longfunctie- en leverwaardes zijn helemaal hersteld. Het gevoel van onoverwinnelijkheid voert de boventoon.

De reis verloopt vlot en na een uurtje of vierenhalf draaien we de weg op naar mijn favoriete uitkijkpunt. Nog een bocht en daar is het. Ik word overdonderd door de schoonheid van het blauwe water dat helder afsteekt tegen de witte rotsen. Ik moet de auto uit! Als ik de wind door mijn haren voel en de zoutige lucht diep inadem komen de tranen. Jan komt bij me staan en slaat zijn armen om me heen. Samen kijken we naar het schilderachtige plaatje voor ons. Onze gedachten meedeinend op de golven van de zee. Dobberend van eb naar vloed. Het tij heeft zich voor ons gekeerd en dit is weer zo'n moment dat we daar allebei intensief bij stilstaan. Jan wrijft de tranen uit mijn ogen en maakt een foto van ons op dezelfde plek als drie jaar geleden. Wat zag de wereld er toen anders uit. We nemen het prachtige plaatje nog een keer goed in ons op en stappen dan de auto weer in. Ridder en zijn jonkvrouwe op weg naar hun kasteel.

Vijf minuten later rijden we de oprijlaan op. Weer valt mijn mond open. Het blijft een prachtig gebouw met een geweldige entree. Als we uitstappen komt de Franse kasteeldame ons al tegemoet. Hoewel Fransen meestal wat terughoudend zijn, omhelst ze me spontaan en geeft me twee zoenen. De laatste keer dat ze me zag zat ik nog aan de zuurstof. Ze is oprecht blij dat ik *nouveaux poumons* heb en nu zo vrij als een vogeltje kom aanhuppelen. Haar reactie ontroert me. Er zijn zoveel mensen die op afstand hebben meegeleefd met mij en Jan. Velen ervan kennen we niet eens persoonlijk. Het doet me zo goed om in deze harde wereld ook nog zoveel betrokkenheid en empathie te zien. Ik knuffel haar terug en we lopen naar de receptie. We rekenen af voor tien nachten en krijgen de sleutel van onze kamer. De vakantie kan beginnen!

Binnen in de kamer laat ik me gelijk languit op bed vallen. Jan ploft ernaast. Hand in hand staren we naar het mooie hoge plafond, het houtsnijwerk langs de muren en de vrolijke gordijnen. 'Zo fijn om hier weer te zijn!' Mijn stem is dik van de emotie. Alweer. Er zijn zoveel dingen die me ontroeren. Zou er ooit een moment komen dat dat minder wordt? Dat alles zo 'normaal' wordt dat ik er niet meer bij stilsta en slechts mijn hoofd even draai in het voorbijgaan? Ik betwijfel het. Wat mij is overkomen is niet normaal, het is extreem bijzonder en dat wil ik de rest van mijn leven elke dag blijven beseffen. Dat ik daardoor waterproof mascara nodig heb, is dan maar zo.

Verheugd kijk ik voor me uit. Voor me l'Aiguille, de uitstekende krijtrots van het kustplaatsje Étretat. In 2008 sleepte ik Jan die berg nog op en het doel is om hem nu met mijn nieuwe longen weer te bedwingen. Ik heb stevige stappers aangetrokken en luchtige kleding. Voor we aan de tocht beginnen, eten we eerst nog even het stokbroodje op dat Jan bij de plaatselijke bakker heeft gehaald. Een beetje extra energie kan geen kwaad. Ik ben ontzettend benieuwd hoe het voelt om met mijn nieuwe longen zo'n forse inspanning te leveren. En kunnen mijn benen het aan? Ik knabbel het laatste stukje brood met paté weg, schud de kruimels van me af en dan moet het gebeuren.

Hand in hand lopen we naar de voet van de berg die direct steil omhooggaat met een trap. Ik haal een paar keer diep adem en zet mijn voet op de eerste trede. In gestaag tempo ga ik het eerste stuk omhoog, Jan achter me. 'Doe je een beetje rustig aan, je moet nog een heel stuk.' Ik denk terug aan al die keren dat ik in Frankrijk een berg opfietste met Ron. Zodra het steil werd, had ik altijd de neiging om als een dolle te gaan trappen, ervan overtuigd dat ik dan sneller boven zou zijn. Ron leerde me dat geduld veel meer oplevert. Hoe sneller je gaat, hoe sneller je verzuurt. Met een rustig, doordacht tempo kom je veel verder. Jan probeert me nu hetzelfde duidelijk te maken. Mijn benen schreeuwen: 'Luister naar hem, luister naar hem.' Ik schroef mijn tempo wat terug. Poeh, wat heb ik het warm. Mijn longen moeten flink aan de bak, maar kunnen het prima aan.

Aan het einde van de trap is het een paar meter vlak en daarna moet er weer geklommen worden. Dit keer niet via een trap, maar over een modderig, ongelijk kronkelpad. 'Wil je even uitrusten voordat we verdergaan?' vraagt Jan. Ik schud mijn hoofd. Uitrusten is voor watjes. Op het vlakke stuk loop ik rustig verder en herstel ondertussen van de trap. Zo wonderlijk dat ik in staat ben om verder lopend te herstellen! Dat heb ik nog nooit in mijn leven meegemaakt. Met mijn oude longen moest ik na een stukje inspanning altijd een hele tijd stilstaan of zitten. Nu loop ik door. Niet fluitend. Niet met twee vingers in mijn neus. Maar ik loop door!

Het vlakke stuk is voorbij. Ik maak me op voor de volgende klim. Zet mijn voeten op de oneffen en gestaag oplopende grond. Ik maan mezelf tot kalmte. Niet weer dezelfde fout maken, Moelands, rustig aan. Stap voor stap klauter ik omhoog. Mijn kuiten ontploffen. Poeh, wat is dit steil, zeg. Bijna verzwik ik mijn enkel op een losliggende kei, maar mijn reactievermogen en coördinatie zijn inmiddels zo sterk verbeterd door de trainingen van Madelon, dat ik mijn stap in de foute richting op tijd kan corrigeren. 'Goed zo!' hoor ik Jan achter me zeggen. Dat motiveert me alleen maar meer om door te gaan. Mijn ademhalings-spieren protesteren, mijn ribben kraken. Mijn longen mogen deze klim dan wel aankunnen, mijn spieren en borstkas zijn zulke diepe adem-halingen niet meer gewend. Ik voel de spierpijn tussen mijn ribben al opkomen.

Ik hijg inmiddels als een molenpaard. Ik laat mijn blik omhooggaan. Hoe ver is het nog, hoe steil? Ver en steil is de enige conclusie. Ik had beter naar mijn voeten kunnen blijven staren, want bij de aanblik van het traject voor me zakt de moed in mijn schoenen. Een stukje verder-op lijken de meters een tikje vlakker. Ik besluit in ieder geval tot daar door te lopen en dan misschien, heel misschien toch even uit te rusten. Een lichte teleurstelling maakt zich van me meester. Ik had gehoopt de berg in één keer op te lopen, maar mijn conditie is nog niet goed genoeg.

Tegelijkertijd met mijn teleurstelling realiseer ik me ook uit welk immens diep dal ik ben geklommen en hoe bijzonder het is dat ik über-haupt weer in staat ben om een berg op te lopen. Ik ben acht maanden bedlegerig geweest en mijn transplantatie is pas een halfjaar geleden. Qua revalidatie heb ik een trage start gehad omdat ik zo verzwakt was en mijn borstbeen zo lang pijn bleef doen. Wellicht wil ik weer te veel in één keer. En ja mam, alles waar te voor staat... *I know*. Ik hoef niet meer te jakkeren en te haasten. Nu de tijd mij niet meer inhaalt, hoef ik niet meer vooruit te hollen. Als ik er vandaag niet kom, dan is mor-gen ook prima.

Ik slaak een vreugdekreet, kriebels van mijn buik tot voorbij mijn stembanden. Ik draai me om, pak Jans hand en samen staan we stil. Uit-kijkend over de brokkelige rotswand. Starend naar de zee in de diepte onder ons die onvermoeibaar haar golven op de kust spuugt, om vervolgens een hap vol ratelende keitjes mee terug te nemen. Jan pakt een steentje en gooit hem de afgrond in. We volgen hem tot-ie met een onhoorbare plons maar een overduidelijke spat het water raakt en verdwijnt. Ik wil ook de diepte in, net als die steen. Intenser dan intens genieten en me laten slijpen door het leven tot een mooi rond exemplaar. Zo één die Jan en ik mee zouden willen nemen voor op de kast. Met reliëf en gevarieerde kleuren, eenheid in diversiteit. Een uniek exemplaar dat je alleen vindt als je goed zoekt. Ik wil die steen zijn in de rivier waardoor het water anders gaat stromen. Zoals mijn donor mijn steen was.

> *Jij hebt een steen verlegd in mijn rivier op aarde*
> *nu weet je dat je nooit zal zijn vergeten*
> *je leverde bewijs van je bestaan*
> *omdat door het verleggen van die ene steen*
> *mijn stroom nooit meer dezelfde weg zal gaan.*
>
> vrij vertaald naar De Steen – Paul de Leeuw

Na een paar kilometer ploeteren besluiten we dat het mooi geweest is. Wat je heen loopt moet je ten slotte ook weer terug...We willen vanmiddag ook nog een strandwandeling maken, dus ik moet nog een beetje energie overhouden.

'Ik ben een stuk verder gekomen dan drie jaar geleden!' Jan tilt me op en zwiert me rond. 'Jihaa!' brul ik uit. 'I did it!' Voordat Jan me neerzet geef ik hem een luidruchtige kus op zijn kop. Na een vreugdedansje zet ik de afdaling in. Uitgeput zit ik een uurtje later in de auto. We eten onze laatste besmeerde stokbroodjes op voordat we de motor starten om naar een volgend plaatsje te rijden voor de strandwandeling.

Uitgelaten ren ik een halfuur later het strand op. Ik ben net Balou. Als ik de zee zie en het zand onder mijn voeten voel, dan moet ik gek doen. Ik steek mijn armen uit, gooi mijn hoofd in mijn nek en kijk met een grote lach naar de lucht. Een heerlijk gevoel van vrijheid neemt bezit van me en mijn pose is er het symbool van. Jan maakt een paar foto's van me. Dan rent hij een stukje verderop. Doelgericht alsof hij iets ziet liggen. Hij komt terug met een tak. Begint in kapitalen een woord in het zand te schrijven. GRENZELOOS. Hij weet in één woord te vatten hoe ik me voel en wat het krijgen van donorlongen voor me betekent. En hij heeft zojuist een titel aan mijn nieuwe boek gegeven. Grenzeloos als noord en zuid met in het midden de horizon van onbegrensde mogelijkheden. 'Ga nog eens zo met je armen wijd staan achter het woord, dan maak ik een foto.' Ik neem mijn favoriete pose weer aan. Spring dan van blijdschap zo hoog mogelijk de lucht in, in een poging de wolken aan te raken.

'Zo, het eerste ontwerp voor de cover is klaar, de foto's zijn prachtig geworden!' Ik ren naar Jan toe. 'Kijken!' En inderdaad, de foto's stralen precies uit wat ik wilde: levenslust, vrijheid en geluk. Ik pak de tak die Jan op het strand heeft gegooid en krabbel zelf ook nog eens GRENZE-LOOS in het zand. Van de o's maak ik lachende gezichtjes.

We lopen door een steegje. De zon schijnt. Daar is-ie! Ik zie de Eiffeltoren in de verte al staan. Het kan wel twaalf jaar geleden zijn dat ik in Parijs ben geweest. Toen was ik er met Ron, nu met Jan. Ik hoopte altijd om de stad van de liefde nog eens te kunnen bezoeken en vandaag gaat die wens in vervulling. Vanaf ons vakantieadres is het maar twee uur rijden naar de Franse hoofdstad. Vanochtend besloten we: muziekje aan en gaan. Ik geniet met volle teugen en loop als een kind te huppelen aan Jans hand. Op naar La Tour Eiffel!

Ik slaak een gelukzalige zucht als we het drukke plein oplopen. Ik bezorg mezelf bijna een nekverrekking als ik met mijn ogen het topje van de toren zoek en 324 meter omhoogkijk. Ik zou best *on top* willen, maar die enorme wachtrijen vind ik zonde van mijn tijd. We lopen hand in hand verder. Komen langs een glazen kassa waar je kaartjes kunt kopen voor een rondvaart op de Seine. Ik kijk Jan vragend aan. Ik ben gek op bootje varen. 'Wij gaan heerlijk de toerist uithangen, schat,' beantwoordt Jan mijn vragende blik. Ik trek mijn kaken in de grootste grijns.

We kopen kaartjes en gaan bovenin zitten in het buitengedeelte. Ik geniet van het zachte deinen van de boot, het prachtige weer en vergaap me aan alle mooie gebouwen waar we langskomen. Na de boottocht slenteren we nog wat door de stad, zien de zon ondergaan over de Champs Élysées vanuit de Tuilerieën en zoeken een gezellige plek om te eten. In het knusse restaurantje waar we uiteindelijk neerstrijken liegen de prijzen er niet om, maar ach, je bent in Parijs of je bent het niet. Ik begin te watertanden als ik op de menukaart uiensoep zie staan. Sinds mijn transplantatie heb ik een *Zwiebelsuppe*-tic. Je hoort wel eens dat mensen na hun transplantatie dingen overnemen van hun donor. Bepaalde voorliefdes, eetgewoonten en dergelijke. Ik ben er nog niet uit of ik daarin geloof, maar feit is dat ik vóór mijn transplantatie nooit uiensoep at en er nu continu behoefte aan heb. Jan kijkt lachend op van de menukaart. 'Ik weet al wat jouw voorgerecht wordt.'

Buikjes vol en weer op pad. We rijden nog een rondje met de auto over de Champs Élysées. Het is al donker en de Arc de Triomphe is prachtig verlicht. Ik krijg de kriebels van enthousiasme. 'Scheuren, Jan, en dan nog een rondje!' Ik start 'Breaking The Habit' van Linkin Park. Hij gooit meteen het gas erop als de eerste opzwepende klanken door de auto dreunen. 'Jihaa!' brul ik. Het bruist en borrelt in mijn buik van levenslust en ik kan niet anders dan schreeuwen en lachen. Ik knal bijna uit elkaar. Jan voelt hetzelfde, zie ik aan zijn gelukzalige gezichtsuitdrukking. *Life is good!* Ik blijf het maar zeggen. Na een derde rondje om het af te leren, rijden we door. Nog even naar de Eiffeltoren. Het is negen uur als we daar aankomen en precies op het moment dat we achter het plein met de Eiffeltoren rijden, beginnen er duizenden lampjes te knipperen als sterren die naar ons knipogen en hun stof over ons uitstrooien. Ik voel me net een elfje in een sprookjesbos, toverstokje in de hand.

Bij zoveel sterren, ook al zijn ze kunstmatig, mag ik een wens doen. Ik vraag om nieuwe longen voor Mo. Een schreeuw om leven op de plek die in de top tien staat van 's werelds meest populaire zelfmoordplekken en waar de wanhoopskreet van de dood minimaal vier keer per jaar te horen is. Ik probeer me voor te stellen hoe wanhopig je moet zijn als je een einde aan je leven wilt maken, maar het lukt me niet. Voor iemand die er alles voor overhad om te blijven leven gaat dat het voorstellingsvermogen te boven. Twee uitersten. Het schijnt de boel in balans te houden, maar brengt mij even behoorlijk uit mijn evenwicht. De brok in mijn keel is nog steeds niet afgezakt als we verder rijden.

Het loopt inmiddels al tegen tienen en we moeten nog twee uur terugrijden naar ons kasteel. Voordat we de stad echt verlaten, stoppen we nog even bij de replica van het Vrijheidsbeeld op het Île des Cygnes in de Seine. Als voorproefje van onze verlate huwelijksreis naar New York die in de planning staat. Ik imiteer de houding van het beeld terwijl Jan een foto maakt. 'Kom, lady Liberty, *nous partons.*' Ik werp nog een laatste blik op het beeld en stap in.

De vakantie is omgevlogen. We hebben afscheid genomen van madame et monsieur. Slingerend over binnenweggetjes toeren we op ons gemakje richting Calais. Het loopt al tegen zevenen als we in de verte het bekende WO II-monument Cap Blanc Nez zien staan. Het staat op een honderddertig meter hoge krijtrots. De witte pilaar steekt mooi af tegen de oranje lucht. De zee ligt erachter, de zon staat laag en laat haar zoeklicht over het water gaan in een steeds breder wordende streep. We rijden naar de parkeerplaats onder aan het monument en stappen snel uit. We willen de zon in de zee zien zakken en hebben nog precies acht minuten om naar boven te klimmen. Ik zet de pas er flink in en blijf versnellen. Ik wil op tijd boven zijn. Mijn longen pompen zich vol lucht. Mijn benen verzuren, maar ik verbijt de pijn. De top is in zicht. Het laatste stukje ren ik. 'We hebben het gered,' hijg ik als we boven staan.

Stil kijken we naar het prachtige plaatje voor ons. Rimpelend water in alle schakeringen blauw, dobberende vogels, een zeilbootje met die grote oranje bal als achterwacht. In de verte de White Cliffs of Dover. Zwijgend kijken we naar de zon die steeds verder zakt, het water aantipt en even lijkt terug te schrikken door koudwatervrees. Dan toch maar alle moed bij elkaar raapt en op het water blijft drijven voordat-ie zich langzaam steeds verder laat onderdompelen.

Er steekt een windje op maar ik heb het niet koud. De zon heeft mijn hart verwarmd en dat straalt door in mijn hele lijf. Ik draai me om naar Jan, we zoenen. Wij tweetjes, alleen op de wereld. Balancerend op het randje van Frankrijk, zonder eraf te vallen. Geen zorgen, geen gedoe, slechts puur geluk. Tranen in mijn ogen van ontroering. Elk moment is zo intens. Het lijkt wel of ik sinds mijn transplantatie een extra ge-voelsgen heb gekregen. Was mijn donor ook zo snel ontroerd van mooie dingen, kon zij ook zo intens genieten van iets 'simpels' als de zonsondergang? Ben ik daarom steeds zo emotioneel? Of komt het omdat ik de dood zo diep in de ogen heb gekeken dat de wereld en mijn kijk erop voorgoed veranderd zijn?

Ik kijk tevreden voor me uit. Tel de wit oplichtende strepen op de Franse snelweg. Voor het eerst neem ik geen afscheid van dit heerlijke land, onzeker of ik er ooit weer terug zal komen. Voor het eerst geen 'Dag Frankrijk, ik hoop je ooit weer te zien'. Nu schreeuw ik vol over-tuiging 'Tot de volgende keer!' Wat een zalig idee!

Posttransplantatiepuberteit

Met een vies gezicht kijk ik naar mijn sportschoenen. Alsof er poep aan zit. Ze zijn echter brandschoon. Ik moet ze aantrekken, maar kan het niet meer opbrengen. Een halfjaar lang heb ik mezelf naar de revalidatietraining gesleept en ik ga er steeds meer tegen opzien. Het gespring op een trampoline, balgooien, crosstrainer, hardloopband, hometrainer, legpress, legextension, het kan me op dit moment allemaal gestolen worden. Ik loop liever buiten met Balou. Ik heb het druk. Met leven, genieten, werken, concerten, vakanties. De dagen zijn te kort, dus ik moet keuzes maken. Anderhalf jaar heeft alles in het teken gestaan van mijn lijf en nu is het tijd voor mijn kop. Ik ben meer dan bloeduitslagen, zuurstofwaardes en sportprestaties. Ik kan er niet meer tegen om als tabel en grafiek gezien te worden. Om gedwongen te worden dingen te doen waar ik me niet prettig bij voel. Om altijd maar met dat lijf bezig te zijn. Ik heb Madelon al een paar keer voorzichtig laten weten dat het steeds lastiger wordt om de trainingen in te passen in mijn leven.

'Je moet het echt een jaar volhouden,' is haar onverbiddelijke antwoord. Ze zit op één lijn met de fysiotherapeut van het longtransplantatieteam. 'Je spieropbouw is door de medicijnen verstoord en het vergt extra inspanning en tijd om weer op een acceptabel niveau te komen.' In mijn ogen heb ik dat acceptabele niveau inmiddels bereikt. Ik kan me prima redden in het dagelijks leven, kilometers wandelen en fietsen, rennen met Balou. Olympische ambities heb ik niet. Nooit gehad ook. Mijn coördinatie is weer onder controle, de tijd van struikelen en wankelen is voorbij.

Die stomme sportschoenen blijven mijn blikveld maar vullen. Ik trek ze aan. Het voelt loodzwaar. Bah. Ik probeer van de slaapkamer naar de woonkamer te lopen maar het is of iets me tegenhoudt. Ik moet stappen zetten voor mijn eigen goede gevoel. Maar geen fysieke. Ik stop met revalidatie. Hardop spreek ik de zin uit. Een enorme opluchting overvalt me. Maar al snel nemen de zenuwen het over. Hoe ga ik het Madelon vertellen? Ik heb geen puf voor een confrontatie. Ik ben er niet goed in en heb er een hekel aan. Ik wil niet veroordeeld worden op de keuzes die ik maak. De laffe manier dan maar.

Ik stuur een sms waarin ik zeg dat ik wegens drukte voorlopig even stop met de trainingen. Dat 'voorlopig' misschien wel 'voor altijd' betekent laat ik achterwege. Mijn hele leven ben ik therapietrouw geweest en nu doe ik het op mijn manier. Posttransplantatiepuberteit of goede keuze? Madelon houdt haar mening voor zich, want ik krijg geen reactie. Jan vindt dat ik alsnog persoonlijk langs moet gaan, maar ik durf echt niet. Mijn geest draait op volle toeren om de trauma's van de afgelopen anderhalf jaar te verwerken en kan er niets meer bij hebben. Een afkeurende blik en een standje van Madelon kan ik op dit moment niet aan.

Oud of nieuw

Roger Waters in het Gelredome! We zijn op tijd vertrokken. We zijn niet de enigen. Het terrein om het stadion heen ziet al zwart van de mensen. Er wordt al flink gegeten en gedronken. Ook wij schuiven aan in de overvolle McDonaldskeet op het terrein. Ik weet nog net een tafeltje te bemachtigen terwijl Jan de bestelling haalt. Net als altijd smaakt die kleffe cheeseburger weer vies lekker. Ik smikkel door mijn medium friet heen en blus af met een halve liter water. Jan steekt zijn laatste kipnugget in zijn mond. Honger gestild en weer naar buiten.

Ik knijp mijn ogen tot spleetjes door de felle zon en zet snel de zonnebril op die ik halsoverkop in een Franse supermarkt heb gekocht. Het is een kinderbril, omdat mijn hoofd zo klein is. Minpuntje: hij is rozer dan roze met kleurige bloemetjes en strepen op de pootjes en van het merk Bala Boobi... Zo lelijk dat-ie bijna weer leuk wordt. 'Ik bekijk het leven tegenwoordig door een roze bril,' zei ik, toen ik Jan mijn nieuwe aanwinst liet zien. En feitelijk is dat ook zo. Qua symboliek past de bril perfect bij me. Ik heb hem gewoon nodig. Door de medicijnen tegen afstoting zijn mijn ogen heel gevoelig geworden voor fel licht. We lopen naar de zijkant van het Gelredome en gaan daar op een stoepje in de zon zitten. Heerlijk. Lekker mensen kijken, beetje mijmeren. Verdomd, ik zit hier toch maar weer mooi!

Mijn hoofd wordt naar rechts getrokken en er gaat een schok door mijn lijf. Over de weg voor me komt stapvoets de wensambulance aanrijden. De tranen springen al in mijn ogen voor ik er erg in heb. Voor het eerst ben ik blij met mijn zonnebril. Nog een schok door mijn lijf. Heden en verleden komen samen terwijl ze niet te verenigen zijn. Het verschil is te groot. Ik zit weer in die ambulance, slangen uit mijn lijf. Stikbenauwd en strontziek op weg naar Baloutje en mijn familie. Mijn laatste-wensuitje, afscheid nemen.

Flits. Nee, ik zit op een stoepje bij het Gelredome voor een concert. Zonder slangen en met voldoende lucht. Ik ben ongemerkt gaan hyperventileren. Even weet ik niet meer wat de werkelijkheid is. Ik raak mijn litteken aan, zoek houvast. De rafelige rand die over mijn borstkas loopt stelt me gerust. Ja, ik heb echt nieuwe longen gekregen en ben niet benauwd. Jan ziet me worstelen en pakt me vast. Ik laat mijn hoofd tegen zijn schouder rusten.

Mijn ogen blijven naar de ambulance kijken, ik kan niet anders. Langzaam verdwijnt hij uit het zicht. Maar niet van mijn netvlies. Ik heb de neiging erachteraan te rennen. Ik wil op de deur bonzen, kijken of Kees en Hans dit uitje begeleiden. Ik wil ze laten zien dat ik weer springlevend ben. Ik wil de mensen in de ambulance zeggen dat ik met ze meevoel, dat ik weet wat er door ze heen gaat. Het verdriet, het afscheid nemen, het belang van een laatste wens. Soms sterven mensen in de wensambulance na afloop van hun uitje, zo terminaal zijn ze. Maar altijd met een lach op hun gezicht. Wat is er mooier dan sterven met een lach. Een lach van geluk, van berusting. Een onbetaalbaar cadeau voor de nabestaanden. Een mooie herinnering als slotakkoord. Man, wat heb ik het te kwaad. Mijn kop klapt bijna uit elkaar van alle gedachten die er doorheen schieten.

'Kom, we gaan een stukje lopen.' Jan helpt me overeind. Hand in hand lopen we langs het gebouw. Ik probeer mezelf weer een beetje onder controle krijgen. Het kost veel moeite, maar het lukt uiteindelijk. Op de parkeerplaats verderop staat de ambulance. Het ding heeft een aanzuigende werking. Ik moet hem aanraken als bewijs dat-ie echt is en om weer te beseffen hoeveel geluk ik heb gehad.

'Jan, wil je een foto maken? Ik wil ook een foto hebben van mij zonder slangen met de ambulance.' Ik ga bij de auto staan en Jan legt het vast.

'Zullen we onze plek gaan opzoeken?' stelt Jan voor terwijl we weer verder lopen. Als we onze stoeltjes hebben gevonden zie ik dat we uitkijken op het rolstoelpodium. Erop staat de brancard van de wensambulance. Broeders met de herkenbare pakken ernaast. Voor zover ik het kan zien, ligt er een man op de brancard. Ik schiet weer vol. Voor deze man is dit misschien wel zijn laatste avond. Bij hem staat een vrouw. Zijn vrouw? Iemand die straks alleen achter moet blijven. Die misschien al bezig is het onvermijdelijke te accepteren. En hij die met kramp in zijn hart al afscheid aan het nemen is. Zoals ik ook afscheid nam tijdens mijn dagje met de wensambulance. Ik voel met hem mee, weet wat er door hem heen gaat en hoe emotioneel deze avond voor hem zal zijn. Ik voel de pijn en het verdriet. Maar ook opluchting dat ik niet meer in die situatie zit. Dat ik alle pijn en verdriet steeds verder van me af kan werpen. Dat Jan naast me zit. Dat ik hem kan aanraken, naar hem kan lachen. Zo vaak als ik wil. Het hele concert breng ik snotterend door. *Wouldn't it be comfortable to be numb. Sometimes... It would keep me going through this show... Aaaaaahhhhaaaa.*

Droomvlucht

De wekker gaat. Het is halfzeven. Hoewel ik groot fan ben van de snoozeknop, spring ik nu meteen mijn bed uit. Ik ben te opgewonden om te blijven liggen. Om elf uur vliegen we naar New York voor een huwelijksreis met terugwerkende kracht! Ik vind het echt retespannend. Ik heb al zes jaar niet in een vliegtuig gezeten. Met mijn oude longen mocht ik niet meer vliegen wegens het grote risico op een klaplong. Mijn nieuwe longen mogen wel de lucht in. Een halfjaar na transplantatie mag je weer vliegen en ik ben inmiddels acht maanden verder. Moet kunnen dus. Ik spring onder de douche en zing keihard mee met de radio. Jan zoekt dekking onder de dekens. Als ik uit de douche stap ligt hij nog steeds opgekruld, ogen dicht. Ik laat mijn natte haar over zijn gezicht kriebelen. Hij snuift wat. 'Kom, schatje, over een kwartier staat de taxi voor.'

'Hm,' is het antwoord. Verder geen beweging. Dan moet ik hem maar wakker kussen. Als mijn lippen de zijne raken, opent hij zijn ogen. 'Kom je eruit, de taxi komt zo.'

'Met vijf minuten klaar,' mompelt hij. En een Jan een Jan, een woord een woord, blijkt maar weer. Hij staat inderdaad binnen vijf minuten opgepoetst naast me. Ik zet nog gauw een kop koffie, maar halverwege het proces gaat de deurbel al.

'De taxi is er!' Jan opent de deur en sjouwt onze koffer en tas vast naar beneden terwijl ik snel mijn koffie in de maak door de gootsteen spoel. Dan maar een bakkie pleur op Schiphol. Elektrische schok door mijn buik als ik de voordeur op slot draai. Ik kan nog steeds niet geloven dat we echt naar New York gaan. Het was meer regel dan uitzondering dat onze plannen op het laatste moment doorkruist werden door gezondheidsproblemen en ik ben mijn achterdocht op dat vlak nog niet helemaal kwijt.

Sneller dan gedacht doemt Schiphol op. De chauffeur tilt onze bagage uit de auto terwijl Jan een kar haalt. Met een grote grijns stap ik achter hem aan de vertrekhal binnen. Ik merk dat het inchecksysteem de afgelopen jaren wel wat geüpgraded is. Na het indrukken van ontelbare knoppen rollen onze boardingpassen er eindelijk uit. Op naar de rij voor het afgeven van de bagage. We zijn vrij snel aan de beurt. Gelukkig, want ik begin honger te krijgen. Koffers niet te zwaar en het handbagagekoffertje met al mijn medicijnen krijgt een sticker APPROVED. Ik heb een uitgebreide doktersverklaring bij me met al mijn medicatie en medische gegevens, mochten ze moeilijk gaan doen bij de douane. De laatste keer dat ik vloog werd mijn sprayapparaat aangezien voor een mogelijk verdacht 'ding' en ging er een alarm af op mijn beugel-bh. Sprayapparaat heb ik niet meer en met een beetje mazzel is de bh die ik vandaag draag wel controlepoortjeproof. We gaan op zoek naar een tentje om te ontbijten. Een grote koffie, een cola en twee tosti's later trekken we weer verder.

De rij bij de douane is te overzien. Ik geef braaf mijn paspoort af aan de streng ogende dame. Ook al ben ik een onschuldige reiziger, van mensen in uniform krijg ik toch altijd een beetje de kriebels. Ik heb het gevoel dat ik kijk of ik een snoepje heb gestolen en steek bijna in een verontschuldigend gebaar mijn handen omhoog. Ik krijg mijn paspoort terug en mag doorlopen. Jan volgt. De koffer met medicijnen gaat door de scan en ik doe mijn sleutels, riem en telefoon in een bakje. Grijp snel naar mijn broek die bijna van mijn kont zakt. Zonder riem ben ik nergens. Voor het eerst in mijn leven ga ik door de bodyscan. Tot mijn opluchting begint er niets te piepen en mag ik door. Geen enkele vraag over de medicijnen in mijn koffer. Alleen Jans schoenen worden dubbel gecheckt. Ook niets mee aan de hand. Spullen uit bakje, riem weer om en koffer mee.

In de wachtruimte voor de gate probeer ik nog een beetje te dutten, muziekje op mijn kop. Even later stoot Jan me aan. Het is zo ver. We gaan boarden. Ineens word ik echt zenuwachtig. Zou het wel goed gaan? Bij het stijgen en dalen heb je het grootste risico op een klaplong. Wat nou als... Niet aan denken, Moelands, het gaat gewoon goed. Jan legt zijn hand op mijn schouder en knijpt er bemoedigend in.

Als de motoren vijf minuten later dan gepland op volle toeren draaien, leg ik mijn handen op mijn borst als bescherming tegen het opstijggeweld. 'Ik hou ze even vast, hoor,' zeg ik tegen Jan. We zijn los van de grond en stijgen snel. Ik concentreer me op mijn ademhaling. Ben alert op pijntjes, druk op mijn borst. Kan ze niet ontdekken. Ik voel me prima en kan uitstekend doorademen. Een opgeluchte lach breekt door op mijn gezicht. Eerst voorzichtig, maar dan van oor tot oor. Ik vlieg! Lieve longetjes, we vliegen! Ik haal mijn handen van mijn borst. Euforisch gevoel, brok in mijn keel. Dit is weer zo'n momentje. Ik geef Jan een enthousiaste klapzoen en pak zijn hand. Kijk langs een paar andere passagiers heen door het raampje naar buiten. We vliegen net een wolk in. Ik ben letterlijk en figuurlijk in de wolken en de zon schijnt erachter! Wat een prachtig gezicht. Ik laat me tevreden achterover zakken.

De vlucht kan mij niet lang genoeg duren. Als ik even later naar het toilet loop, krijg ik nogmaals bevestiging dat mijn longen het geweldig doen. De laatste keer dat ik vloog haalde ik de wc amper, zo moeilijk kon ik ademen op grote hoogte. Nu kan ik superdiep ademen. Geen druk op mijn borst, geen strak pijnlijk gevoel. Ik adem nog eens extra diep in, gewoon omdat het kan. De meneer die samen met mij op een toiletplekje staat te wachten kijkt me een beetje raar aan. Ik laat hem voorgaan als de wc vrijkomt. Ik voel me goed genoeg om nog even te wachten.

Als ik eindelijk aan de beurt ben, hoor ik de gezagvoerder omroepen dat we wat turbulentie krijgen omdat we een storm invliegen. Hij heeft de waarschuwing amper uitgesproken of het vliegtuig begint flink heen en weer te dansen. Ik vlieg heen en weer in het kleine hokje en weet de beugel voor me vast te grijpen. Woehoe! Ik krijg er het pretparkgevoel van, inclusief de kriebels in mijn buik en de behoefte om te gillen van plezier. Als iemand nu een foto van me zou maken, zou je denken dat ik in de Python zat.

Wanneer de landing wordt ingezet, voel ik me inmiddels zo zeker over mijn longen dat ik ontspannen blijf. Het regent een beetje en alles ziet er grauw en grijs uit. Ik verrek mijn nek bijna in een poging iets waar te nemen van de stad beneden ons. Ik vang een glimp van wat gebouwen op voordat we met een plof op de grond neerkomen. Als we ons een uur later door de lange rijen voor de douane hebben heen geworsteld, ben ik eindelijk voor het eerst in mijn leven in de VS. Een grote droom is uitgekomen. Een wat louche taxichauffeur weet ons zijn bus in te lokken en voor we het weten zoeven we richting Manhattan. Jans gezicht is onbetaalbaar. New York is 'zijn' stad en hij is er al drie jaar niet geweest omdat ik zo ziek was. Als we de Hollandtunnel voor ons zien, galmt Alicia Keys uit de radio met 'Empire State of Mind'. Als twee kinderen op schoolreis zingen we het refrein mee vanaf de achterbank:

> New York, concrete jungle where dreams are made of
> There's nothing you can't do
> Now you're in New York
> These streets will make you feel brand new
> Big lights will inspire you
> Hear it for New York, New York, New York

De chauffeur kijkt alsof hij ons nog eens extra wil chargen.

Een halfuur later zijn we bij ons hotel. Dankzij een of andere megadiscount zitten we in het superhippe vijfsterrenhotel Gansevoort. Midden in het Meatpacking-district en omringd door leuke restaurantjes en winkeltjes. Boven op het dak een zwembad met uitzicht op de Hudson aan de ene en het Empire State aan de andere kant. Een doorman helpt ons galant uit de auto en gaat ons voor naar de ingang. Zijn collega heeft onze koffers al uit de taxi gehaald. Binnen in het hotel staat al een bagagekar klaar, zo'n heuse sjieke die je altijd in films ziet. In de lobby klinkt hippe loungemuziek. Na het inchecken begeven we ons naar de liften. Daar staat een keurige man in pak ons al op te wachten. Hij heeft de knopjes van de lift al ingedrukt. Als ik de lift instap valt het me op dat er geen verdieping dertien is. Da's waar ook, die Amerikanen zijn behoorlijk bijgelovig. Op de negende stappen we uit op zoek naar onze kamer door een lange schemerige gang. Ergens halverwege reageert een deur op onze keycard. Vol verwachting gaan we de kamer binnen.

Direct links de badkamer met bad, wc en uitgebreide wastafel. Overal geurende zeepjes, crèmetjes en spierwitte handdoeken. Alles blinkt en ruikt fris. Rechts een schuifdeur waar twee badjassen achter hangen en slippers klaarstaan voor een eventueel bezoekje aan *the pool*. Ik loop verder de kamer in. Een strak opgedekt tweepersoonsbed lonkt. Ik begin spontaan te geeuwen. Het hoofdeinde ligt bezaaid met de heerlijkste kussens. En dan komt het kind in me naar boven. Ik klim op bed. 'Jan! Filmen!' Als ik het rode lampje zie branden begin ik als een idioot op het bed te springen.

'Waar zijn we nu?' vraagt Jan.

'In New York!' brul ik keihard door de kamer. 'Ik ben niet dood maar in New York!' Ik spring van mijn ene been op het andere en lazer bijna van het bed af. Jan kan me nog net op tijd bij mijn kladden grijpen.

'Levensgevaarlijk,' zegt hij lachend. Ik klamp me aan hem vast en wurg hem bijna met mijn overenthousiaste omhelzing. Hij tilt me van bed en ik sla mijn benen om zijn middel. Voordat-ie me neerzet draait hij eerst een rondje. Ik zweef! We ploffen samen op het bed neer dat inderdaad zo lekker ligt als het eruitziet. Ik zou zo in slaap kunnen vallen. Jan kijkt in het nachtkastje waar een papier in ligt met de 'ingrediënten' van het matras. Kamelenhaar. 'Ja, dat voel je wel,' zeg ik met een ernstig gezicht. We proesten het uit. Ook om de indrukwekkende collectie aan watertjes die op Jans nachtkastje staan en een godsvermogen kosten. 'Noors bronwater, door oma in de bergen geschept met gouden pollepel,' grapt Jan. Tien dollar voor een flesje, alstublieft. Ook het arsenaal aan vitaminepillen waar we ons mee kunnen volstoppen is indrukwekkend. Ik hou het toch maar bij mijn eigen pillen.

We besluiten nog even een uurtje te gaan liggen en ons dan op te frissen voor een heel speciale ontmoeting. Tamara, die in dezelfde periode als ik een longtransplantatie onderging, is ook in New York met haar vriend. We hebben afgesproken samen een hapje te eten om te vieren dat zij en ik het allebei gehaald hebben. Rond zes uur lokale tijd wachten we ze buiten op. Als ik Tamara en haar vriend de hoek om zie komen, schiet ik vol. Wat bijzonder om elkaar hier te zien, terwijl we eigenlijk morsdood hadden moeten zijn. We omhelzen elkaar stevig. Ik loop samen met Tamara kwetterend voorop, onze mannen volgen met een glimlach. Jan heeft vanuit Nederland gereserveerd, dus we kunnen zo aanschuiven aan het tafeltje dat al voor ons klaarstaat. Na een heerlijke maaltijd nemen we een paar uur later afscheid. *Sleepytime!* Moe van de reis klimmen we op de kameel die ons in gestaag tempo naar dromenland vervoert.

Na een heerlijke nacht (man, wat ligt dat bed lekker!) en een stevig Amerikaans ontbijt gaan we de volgende dag op pad. We lopen eerst naar de Hudson. Wel wat wolkjes aan de lucht, maar de zon schijnt er stevig tussendoor. Als we afdalen naar de boulevard langs het water valt mijn oog op het Vrijheidsbeeld. Ik begin keihard te janken, kan het niet tegenhouden. Jan neemt me in zijn armen en ik klamp me aan hem vast. Sinds mijn opsluiting in ziekenhuiskamertjes en al het gepruts aan mijn lijf heb ik een vrijheidsissue gekregen. Het Vrijheidsbeeld staat symbool voor mijn herwonnen kracht en zelfstandigheid. Voor alle privileges die ik dankzij mijn donor weer heb. Het was mijn grote wens om in New York te zijn en 'haar' te zien, te beklimmen, te fietsen over de Brooklyn Bridge en door de stad. Ik kan nog steeds niet geloven dat ik die dromen de komende dagen allemaal ga realiseren. Maar het beeld verderop in het water houdt de fakkel van hoop fier in de lucht alsof het wil zeggen *'You better believe it!'*

'We zijn er gewoon, schatje, *we made it!* fluistert Jan in mijn oor. Ik neem zijn hoofd in mijn handen, aai met mijn duimen over zijn beginnende stoppels en kijk hem diep in zijn ogen. 'Ik hou van jou, zoveel dat ik er geen woorden voor heb.'

New York is alles wat ik me ervan heb voorgesteld. Bruisend, hectisch, overweldigend. Ik geniet van het straatbeeld met de kenmerkende *yellow cabs*, de rook die uit de straten komt, de krantenkioskjes op de hoek die je in films ziet, de loeiende sirenes, de energie die door de stad gonst. Toch weet ik zeker dat mijn ouders het hier vreselijk zouden vinden. De hectiek, het massale, de rechttoe rechtaan straten, ze zouden er claustrofobisch van worden. De uitspraak *New York, you love it or hate it and there's nothing in between*, is er een waar ik me wel in kan vinden. *But I love it, that's for sure.* Ik ben apetrots als ik het Vrijheidsbeeld met Jan heb beklommen. We lopen de High Line, kijken onze ogen uit in China Town en Little Italy, dippen elke avond *the rooftop pool* van ons hotel. We fietsen door Central Park, over de Brooklyn Bridge, door de stad. Wandelen kilometers en ik loop wel honderd trappen. Ontmoeten de John Lennon-lookalike bij Strawberry Fields, maken kennis met een heuse wasbeer in Central Park. Vergapen ons aan de veelal extravagant of modieus uitgedoste mensen, de enorme achterwerken, ultrahoge hakken en genieten van het rookverbod in de parken. Bezoeken Times Square, Broadway, de indrukwekkende bouwput bij Ground Zero waar al een nieuwe toren van zeker vijftig verdiepingen is opgetrokken. Een kijkje in de ernaast gelegen St. Pauls Chapel ontroert ons allebei hevig. Je kunt nog voelen welke verschrikkingen daar hebben plaatsgevonden op 11 september 2001, de foto's van slachtoffers spreken boekdelen. Ik kan er bijna niet naar kijken, het is te heftig. We branden een kaars voor alle slachtoffers en hun nabestaanden, voordat we de kapel verlaten.

Meer dan regelmatig rollen de tranen over onze wangen om zoveel geluk dat het bijna niet te verwerken is. Voor het eerst in mijn leven stel ik de vraag 'Waarom ik?' Ik heb die vraag nooit gesteld toen ik ziek was of toen Ron doodging, of bij elke andere tegenslag in mijn leven. Ik nam de situatie zoals-ie was en probeerde daar het beste van te maken. Maar nu het beste me voor het eerst in mijn leven in de schoot wordt geworpen en ik er niet voor hoef te werken, ben ik helemaal van mijn à propos. De goede dingen ook nemen zoals ze zijn, is andere koek en blijkt nog niet helemaal in mijn systeem te zitten.

De dag voor vertrek is het volledig onbewolkt. 'We gaan helikopteren!' roep ik enthousiast tegen Jan. Als cadeau voor zijn verjaardag had ik hem een helikoptervlucht over Manhattan beloofd. Omdat het steeds behoorlijk bewolkt was, hadden we al besloten om het bij een volgend bezoekje aan New York te doen, net als het bekijken van het Empire State en ordinair shoppen. Dingen waar we nog niet aan toe zijn gekomen en die een goed excuus zijn om snel weer de oceaan over te vliegen. De helikopter lijkt toch nog onverwachts te lukken. Op ons fietsje toeren we naar pier 17 waar de heli's vertrekken. Na een *tripple check* mogen we door naar de wachtrij. Voordat we aan boord kunnen, moeten we eerst nog een uitgebreid filmpje met veiligheidsinstructies bekijken. *Safety for all.* We worden meegenomen naar een rode helikopter die al roterend klaarstaat.

Jan en ik krijgen een plekje achter in de helikopter. We worden stevig vastgesnoerd door een begeleider en moeten een koptelefoon opzetten voor de communicatie met de piloot. Het ding is natuurlijk weer veel te groot voor mijn kleine kop, maar met een beetje hulp weet ik hem precies op mijn oren te krijgen en te houden. Na een laatste gordelcheck gaan de deuren dicht en begint de motor harder te ronken. De piloot stuurt de rode vogel de lucht in. Woehoe, daar gaan we! We wiebelen wat heen en weer van links naar rechts en gaan dan bijna recht de lucht in.

Het uitzicht is meteen prachtig. Mijn mond valt open, zo mooi vind ik de helikopterview over Manhattan. Jan lacht breeduit. We cirkelen om het Vrijheidsbeeld en ik begin weer te janken. Door het linkerraam zie ik de maan die in een halve cirkel helderwit afsteekt tegen de strakblauwe lucht. Rechts van me de zon die haar stralen richt op de vlam van lady Liberty en tegelijkertijd een gouden gloed over Manhattan uitspreidt. The Freedom Tower in aanbouw als symbool van nieuw leven en hoop. De zon en Manhattan rechts, de maan links, wij ertussen in de heli.

When you get caught between the Moon and New York City
I know it's crazy, but it's true
If you get caught between the Moon and New York City
The best that you can do...
The best that you can do, is fall in love

And that's what I did. Ik werd verliefd. Op Jan, op het leven, op het leven met hem. Ik leg mijn hand op zijn been en kijk hem aan. Cirkelend boven New York voel ik diepe verbondenheid met *the city that never sleeps.* Want *guess what? I'll sleep when I'm dead* en dankzij mijn donor gaat dat nog wel een tijdje duren.

Epiloog

Lieve donor,
Vandaag zag ik de zon in de zee zakken. Die grote, oranje bal kuste het water, zoals ik jou zou willen kussen. Want jij gaf me mijn leven terug. Het mooiste cadeau dat er is, het cadeau van het leven. Ik kreeg het van je. Ik, een totaal onbekende die je nog nooit had ontmoet. Er was een tijd dat ik er alleen nog maar van kon dromen om de zee nog eens te zien. Dat ik niets liever wilde dan de golven horen ruisen, de witte schuimkoppen aanraken met mijn hand. Maar ik lag te sterven terwijl ik zo hield van het leven. Mijn wereld bestond nog slechts uit de vier muren van een ziekenhuiskamer. Snakkend naar adem aan een zuurstofapparaat. Ik verlangde zo naar het zachtgele zand dat kriebelt tussen je tenen zoals een vlinder van geluk kriebelt in je buik. Ik wilde zo graag weer het zwarte silhouet zien van een meeuw voor die ene wolk in de lucht.

Door jou, lieve donor, is die wens uitgekomen. De lucht die ik door jouw longen weer kan inademen laat me zweven van droom naar droom die ik achter elkaar vervul. Zonder beperkingen en met de grootste lach. Door jou kon ik op huwelijksreis naar New York, fietsen over de Brooklyn Bridge, het Vrijheidsbeeld beklimmen. En bij al die mooie momenten dank ik jou, lieve donor, voor de tweede kans die jij me gaf. Dagelijks huil ik tranen van geluk dat ik door kon leven omdat jij en je nabestaanden de beslissing namen om je organen af te staan en het leven door te geven.

In 2005 overleed mijn vorige partner aan dezelfde aandoening waaraan ik lijd. Donorlongen kwamen voor hem te laat. Hij was zelf ook donor en redde uiteindelijk drie mensen. Dat er iets moois voortkwam uit zijn dood, heeft mij veel troost gegeven. Ik hoop, lieve nabestaanden van mijn donor, dat dat voor jullie ook geldt. Ik hoop dat jullie verdriet

wat wordt verzacht door de wetenschap dat jullie mij letterlijk en figuurlijk lucht hebben gegeven om te leven en dat ik dat koester met alles
wat ik in me heb.

Tranen van geluk, elke dag weer, dat ik wakker word in de armen van
mijn man en dat de plek naast hem nog gevuld is. Ik ben schrijfster en
leg op dit moment de laatste hand aan mijn nieuwe boek. Een boek dat
ik opdraag aan jou, want zonder jou had ik het nooit kunnen schrijven.
Hoewel schrijven mijn vak is heb ik moeite om de goede woorden te
vinden voor deze brief. Geen enkel woord, geen enkele zin doet recht
aan het grootse dat jij voor mij hebt gedaan. Wat jij me hebt gegeven,
dat kan ik niet beschrijven. Daarom sluit ik af met een stukje van een
lied dat ik vaak draai voor jou en dat ik door de lucht uit jouw longen
weer kan meezingen:

Aarzelend op weg in het donker, door de dagen naar het licht
Langzaam uit het zicht
De wereld schittert in een ander licht
Van ver achter de horizon
Tot in de ochtend waarin alles anders is
Plotseling, terwijl de regen valt voel ik de zon op mijn gezicht
En ik leef
Ik leef zolang ik jou maar niet vergeet
De wereld schittert in een ander licht
Ik voel de zon op mijn gezicht
Ik besef me dat ik leef
De deur achter me dicht
Ik draai me om
Ik zie dat alles openligt

Lieve, liefste donor, mijn hart klopt tussen jouw longen. Het klopt voor
mij, maar ook voor jou. Dankjewel.

Verantwoording

Als je de hoofdrol speelt in een autobiografisch stuk sta je nooit alleen op het toneel. Je hebt anderen nodig om het verhaal compleet te maken. Dat maakt het ook lastig. *Grenzeloos* is mijn verhaal, zoals ik het beleefd heb. Ik ben trouw gebleven aan mijn herinneringen en alle gevoelens die gebeurtenissen bij mij hebben losgemaakt. Maar dat wil niet zeggen dat andere mensen die ik opvoer de dingen die ik beschrijf hetzelfde beleefd of ervaren hebben. Sommige personen komen met uitdrukkelijke toestemming onder hun eigen naam in het verhaal voor, andere hebben uit privacyoverwegingen een fictieve naam gekregen. Ieder mens heeft zijn eigen waarheid en dit is slechts de mijne. Mocht ik onverhoopt mensen kwetsen met passages uit mijn boek dan is dat nooit de bedoeling geweest. Tijdens het schrijven heb ik zorgvuldige afwegingen gemaakt. Wat vertel ik wel en wat niet? Veel heb ik verteld, maar ik heb ook genoeg weggelaten.

Ik heb naar eer en geweten mijn versie van en mijn visie op het verhaal gegeven. Helaas ontkwam ik er niet aan om af en toe ook een kritische noot op te nemen. Maar altijd met het doel om mensen de ogen te openen en een verandering in benadering of beleid te bewerkstelligen. Vooral kritisch zijn naar de ziekenhuizen die me gered hebben, vond ik moeilijk. Toch voelde ik me genoodzaakt om bepaalde dingen die minder goed verliepen, te beschrijven. Onderzoeken die voor een arts routine zijn, zijn voor een patiënt niet zo vanzelfsprekend. Iets ondergaan en iets uitvoeren zijn twee heel verschillende dingen. Wat voor een arts een 'technische' handeling is, is voor een patiënt vaak zoveel meer. Angst, onzekerheid, pijn, om maar een paar emoties te noemen waar een arts niet altijd bij stilstaat. Ook het besef dat bepaalde uitspraken tussen neus en lippen door, het hele leven van een patiënt op zijn kop kunnen zetten, ontbreekt nog wel eens. De kern is dat een patiënt geen object is, maar een mens. Van vlees en bloed, maar ook van zoveel meer. Dat punt wordt in de gezondheidszorg nog wel eens uit het oog verloren en laat mensen onnodig lijden. Ik hoop dat de mensen die zich op dit punt aangesproken voelen de moed hebben om hun eigen handelen nog eens onder de loep te nemen. Artsen, verpleging en andere medewerkers in ziekenhuizen zijn er voor de patiënt, en niet andersom.

Maar ondanks de kritische noten staat één ding als een huis: ik ben alle artsen, verpleegkundigen en alle andere betrokkenen meer dan dankbaar dat ik er dankzij hun inspanningen nog ben.

Dankwoord

Ik heb de afgelopen jaren vaak te horen gekregen dat mensen me een held vinden, dapper, een bikkel. Maar ik ben geen held. Ik ben een eenvoudig mens dat van elke situatie het beste probeert te maken. Dat heb ik ook gedaan in de periode die *Grenzeloos* bestrijkt. Er zijn echter wel helden in mijn verhaal. De échte helden zijn de mensen die naast me hebben gestaan, me liefdevol verzorgd en gesteund hebben in de tijd waarin ik zelf tot niets meer in staat was.

Een aantal wil ik er even speciaal noemen, te beginnen met mijn transplantsupportteam. Jan als aanvoerder, met papa, mama, zus en Arian als onmisbare spelers. Floor en Mirte die bij me sliepen in het ziekenhuis zodat Jan af en toe even 'vrij' had. Jasmijn die ons huishoudelijk uit de brand hielp in de zware maanden voor de transplantatie. Zus en Ed, Marc en Nicole en Jans ouders voor de opvang van en goede zorgen voor Balou. De mensen van *Een Vandaag*. Van Dik Hout en in het bijzonder Martin Buitenhuis voor zijn inspirerende teksten. Chris en Sarah van Comfort Caffè voor de lekkerste, verse Italiaanse pasta's als ik te ziek was om buiten de deur te eten. Buurman Paul voor het verzorgen van post, bloemen en planten tijdens mijn verblijf in het ziekenhuis. Liz voor al je geweldige kaarten die me aan het lachen maakten als ik het moeilijk had. Do voor de was. De artsen die mijn leven gered hebben, alle verpleegkundigen en ander ziekenhuispersoneel: Revka, Zoila, Patrick, Dagmar en Wendela, Margo-zonder-'t'. De Haga-Apotheek en in het bijzonder Maarten Ploeger. Onze Belgische vriendjes Steven en Elke. Maud en Iris voor de geluksarmbandjes. Mijn oom en tante voor de heerlijke tijd in Domburg. Mijn geweldige donor. Lieve schat, jij hebt me mijn leven teruggegeven. Door jou kan ik weer ademen. Elke dag denk ik aan je en dank ik je voor je bijzondere cadeau.

Dokter De Koning en dokter Korporaal omdat ik ze mocht interviewen en ze bereid waren vragen te beantwoorden en feiten te checken. En dokter Hugo, omdat je er altijd voor me was en een speciaal plekje in mijn hart hebt.

Bijzonder veel dank ook aan mijn uitgeefmama Heleen. Voor die keren dat je naast mijn bed zat, voor je medeleven en je steun. Je bent veel meer dan mijn uitgeefster. Het uit handen geven van je ziel en zaligheid is heel moeilijk, maar bij jou is het in veilige handen. Hulde voor je integriteit en professionaliteit. Ik heb grote bewondering voor je. Dank ook aan Marion en Wim voor de prachtige cover, Maria en taalvirtuoos Wilbert, het was weer een eer om met je samen te werken. Ik heb groot respect voor je taalkennis en -kunde en buiten dat ben je ook nog heel grappig. Jet voor het persklaar maken van het manuscript, het opofferen van je vrije zondag en je waardevolle inhoudelijke commentaar. En niet te vergeten alle andere mensen van The House of Books die mij en *Grenzeloos* hebben omarmd. Dank, dank, dank.

Ook jou, Paultje/Suusje wil ik niet vergeten. Tijdens mijn hele ziekbed leefde je intens met me mee. Altijd als je in Nederland was, bezocht je me thuis of in het ziekenhuis. Ik heb het gered, maar jij bent er ineens tussenuit gepiept. Ik koester je prachtige quotes voor *Ademloos* en *Weerloos*. Ook dit boek had ik graag met je gedeeld, maar dat kan helaas niet meer. De trilzilbiljoen kusjes die ik je normaal per mail stuurde, zijn nu op weg naar de hemel. Dag lief vriendje, mis je.

En dan jij, lieve Jan. Dit boek is naast een ode aan het leven en de liefde een ode aan jou. Twee keer heb je letterlijk mijn leven gered. Voor jou en door jou heb ik het volgehouden. Altijd was je daar, niks was je te veel of te gek. We hebben de strijd samen gevoerd en gewonnen. Jij bent mijn engel, mijn grote held en er zijn geen woorden die kunnen uitdrukken hoeveel ik van je hou. De rest van ons leven zorg ik voor jou.

Relevante websites

Voor meer informatie over cystic fibrosis en de Nederlandse Cystic Fibrosis Stichting:
www.ncfs.nl

De Nederlandse Transplantatie Stichting:
www.transplantatiestichting.nl

www.longtransplantatie.nl

Voor meer informatie over Stichting Dierenopvang Bosnië die Balou naar Nederland haalde:
www.zwerfdieren.com/nl

Leesfreak? Kijk eens op www.ezzulia.nl   de website waarvoor ik recensies en interviews schrijf

Stichting Ambulance Wens:
www.ambulancewens.nl

Voor meer informatie over medium Yvonne Belle:
www.yvonnebelle.nl

De website van Van Dik Hout:
www.vandikhout.nl

De website van mijn uitgeverij:
www.thehouseofbooks.com

Mijn eigen website:
www.kimmoelands.nl

Je kunt me ook volgen op Facebook, Hyves en Twitter:
@KimMoelands

Geciteerde liedteksten

Wij hebben alle moeite gedaan om rechthebbenden van copyright te achterhalen. Personen of instanties die aanspraak maken op bepaalde rechten, wordt vriendelijk verzocht contact op te nemen met de uitgever.

'Ik leef', p. 10, 183, 263, 296: muziek: Dave Rensmaag; tekst: Martin Buitenhuis; door Van Dik Hout, cd *LEEF!*, 2010

'When You Love Someone', p. 44: muziek & tekst: Bryan Adams, Gretchen Peters & Michael Kamen; door Bryan Adams, cd *MTV Unplugged*, 2000

'Stop de tijd', p. 87-88: muziek & tekst: John Ewbank; door Marco Borsato, cd *Wit Licht*, 2008

'When I See You Smile', p. 89-90: muziek & tekst: Diane Warren; door Bad English, cd *Bad English*, 2004

'Everything Must Change', p. 124: muziek & tekst: Bernard Ighner; door Oleta Adams, cd *Circle of One*, 1990

'Don't Hold Back Your Love', p. 136: muziek & tekst: O'Brien, Page & Tyson; door Hall & Oates, cd *Change of season*, 1990

'Laat me', p. 170: muziek: Alice Dona; tekst: Herman Pieter de Boer; door Ramses Shaffy, cd *Sammy*, 1998

'Let Me Be Myself', p. 170: muziek & tekst: Arnold, Harrell, Henderson & Roberts; door 3 Doors Down, cd *3 Doors Down*, 2008

'Weg uit Nederland', p. 183: muziek: Dave Rensmaag; tekst: Martin Buitenhuis; door Van Dik Hout, cd *LEEF!*, 2010

'Untitled', p. 267: muziek & tekst: Simple Plan; door Simple Plan, cd *Still Not Getting Any*, 2005

'De steen', p. 276: muziek & tekst: Bram Vermeulen; door Paul de Leeuw, cd *Van U wil ik zingen*, 2007

'Comfortably Numb', p. 285: muziek & tekst: David Gilmour & Roger Waters; door Pink Floyd, cd *Delicate Sounds of Thunder*, 1988 (disc 2)

'Empire State of Mind', p. 289: muziek & tekst: S. Carter, A. Shuckburgh, A. Keys, A. Hunte, S. Robinson & J. Sewell-Ulepic; door Alicia Keys, cd *The Element of Freedom*, 2009

'Arthur's Theme (Best That You Can Do)', p. 294: muziek & tekst: Christopher Cross, Burt Bacharach, Carole Bayer Sager & Peter Allen; door Christopher Cross, cd *Arthur-The-Album* soundtrack film *Arthur*, 1981

Waarom een download van het nummer 'Ik leef' van Van Dik Hout bij mijn boek *Grenzeloos*? Ik vertel het je graag: Ik kan niet ademen. Geen lucht. Ik lig op een ziekenhuisbed. Als een pop. Slangen in mijn lijf. Wachtend. Op dat verlossende bericht. Dat er donorlongen voor me zijn die me een tweede kans op leven geven. Als ze niet snel komen, dan is het te laat. Muziek sleept me door de tijd, laat me wegzweven op mooie klanken naar een wereld die ooit de mijne was. Nostalgie, herinnering. Toekomst? Mijn iPod draait overuren op het nummer 'Ik leef' van Van Dik Hout. Zingen kan ik niet meer, maar in gedachten brul ik keihard mee. En dan, na zeven maanden onzekerheid, zijn er donorlongen! Afscheid van mijn geliefden nemen en de operatiekamer in. Onzeker of ik weer wakker zal worden. De verdoving wordt toegediend via mijn infuus, ik zak weg terwijl in m'n hoofd de tekst van 'Ik leef' rondzingt...

Ik word wakker. Met nieuwe longen. Ik heb het gehaald. IK LEEF!!!
Dankzij mijn donorlongen kan ik 'Ik leef' nu volop meezingen, als ode aan alle helden en heldinnen donoren die het cadeau van het leven doorgeven. Ik hoop dat het nummer jou net zo raakt als mij.

Hartelijke groeten,

Kim Moeland

Download gratis de single "Ik leef!" van Van Dik Hout!
Ga naar http://vandikhout.myplaydigital.eu
vul deze code in

ENNV7XQFD5NQ7SA

Van Dik Hout Special edition album *Leef!*
Nu overal verkrijgbaar
www.vandikhout.nl

SONY MUSIC

Deze actie is exclusief voor de eerste oplage van *Grenzeloos* van
10.000 exemplaren en loopt tot 1 mei 2012.